JN373370

홍보람

서성이는 발걸음

목 차

서성이는 발걸음

지나온 길을 뒤돌아보면 단순하고 또렷하게 그 궤적이 보이고 뭐 특별한 것이 있나, 여느 길과 다를 바가 하나 없이 객관적이다. 그렇지만 막상 그 길 위에 있을 때, 아니 아직 길이라 부를 수 없는 텅 빈 허공에 점으로 서 있을 때, 더군다나 내가 디뎠던 이전의 발자국에도 믿음이 생기기 전이라면 그곳은 막막하고 갑갑한, 발현되지 않은 무수한 조건들이 일렁이는 가능성의 장일 뿐이다. 이리 갈까 저리 갈까? 이것 아니면 저것? 내 의지로 선택한 것과 조건들에 의해 구부러져 나에게 닿은 것들이 뒤섞여 더는 버티고 머물 수 없을 때 비로소 굼뜬 한 발자국을 다시 내딛는다.

내가 무엇을 했는지, 매 순간 어떤 판단을 해서 어떤 행동을 기어이 혹은 간신히 하였는지는 시간적, 감정적, 정서적으로 한 발짝 저기 멀리 떨어져야 간신히 가늠할 수 있다. 나에게는 더욱이 시간이 필요한 이 과정을 이번 기회에 하게 되었으니 이것은 나의 반복되는 선택의 습관과 행동의 경향성을 지켜보는 기회이자 동시에 차라리 하지 말 걸 후회하며 한바탕 울어볼 핑계도 될 것인데 또 이것이 지나치면 전지적 작가 시점으로 저 높이 올라가, 세상만사가 애써 무얼 해 놓고 또 애써 해 놓은 것을 쪼개고 나누고 파고들어 또 애를 써서 기어이 부숴버리는 것 아닌가 하며 뒷짐 지고 다 아는 양 할 것이 뻔하기 때문에 선뜻 이 기회를 환영하며 나서기에 주저하게 되는 것이다.

그러나 적당한 고도에서 자신이 지나온 길을 살펴본다면 나와 떨어져 나를 볼 수 있는 퍽 드문 기회이니 한번 해보자고 마음을 먹고 기세 좋게 시작을 하였는데 뒤로 갈수록 또 익숙한 버릇이 고개를 든다. 은근슬쩍 구렁이 담 넘어가듯 처음의 호기로운 취지가 흐릿해져 가는 것을 또 이렇게 지그시 바라보며 뭐 다른 할 것 없나 두리번거리며 서성이는 마음을 다시 붙잡아 꼭꼭 씹어 먹으며 이 글을 쓴다.

수많은 밤들을 천장에 생각으로 수를 놓으며 내일은 이렇게 해봐야지 하면서 까무룩 잠들고 다음 날 아침 닥쳐오는 생활의 일들로 정신을 빼고 나면 막상 내가 무얼 하려 했는가 잊어버리고 서성대기가 일쑤인데 조금 높은 곳에서 바라본 나의 길도 그것과 다르지 않다. 이 작품집(작업 노트랄까 에세이 시집이랄까)은 작업을 해나가는 과정에서 느낀 아주 내밀하고 자잘하고 그다지 중요하다고는 할 수 없지만, 나의 다음 발자국의 발끝과 나의 작업과 삶을 어루만지는 손끝에 대한 소고이다. 그냥 남모를 작고 반짝이는, 일순간 떠올랐다가 사라지는 잔물결 같은 이야기다. 크게 <존재하기-위안의 형태들> 나무 조형물 드로잉 작업과 <찰나의 존재들> 평면 즉흥 드로잉 작업 이야기를 두 개의 큰 보따리에 나누어 담았다. 시처럼 읽히면 좋겠는데 그럴지는 모르겠다.

이 작업들은 대부분 나의 생활 공간의 한구석에서 이루어졌다. 작업하며 찍어둔 사진들과 글을 버무려 한 자락의 작은 정서를 담으려 했다. 느긋한 바람에 실려 당신이 몰두하며 내딛는 한 발자국의 발끝에 닿아, 애써서 이루고자 하는 일들이 갖는 공통의 정서를 불러일으켜 순간의 작은 물결이나 반짝임이 당신의 마음에 나타났다 사라지기를 바란다.

이 책의 제목은 매 순간 작업에 임하는 마음이나 내 삶을 대하는 자세에서 마주한 대로 『서성이는 발걸음』이라 지었다. 멀리서 보면 방향성이 있지만 지금 당장 내딛는 발걸음은 자신이 없고

주저하고 두려워하며 이리저리 서성이니까. 시간을 두고 보니 이 일도 기, 승, 전을 지나 결로 가고 있다. 이 글과 마찬가지로.

시간의 흐름은 나에게는 참으로 이해하거나 느끼거나 가늠하기가 어려운 것이다. 어느덧 다가온 가을과 저만치 멀어진 여름, 까마득히 기억의 저편으로 지나가 버린 봄과 그 너머의 겨울. 몇십 년을 반복해도 겪을 때마다 이리도 낯설고 이리도 다르다. 도무지 익숙해지지 않는 것은 사람과의 관계도 마찬가지인데 어느새 내 옆에 가까이서 이런저런 일들을 재미나게 함께 하다가도 그 속을 들여다볼 수 없어 애틋해하며 안절부절못한 채로 시간이 지나 둘러보면 저만치 파도에 흘러가 저기 멀리에서 손을 흔들며 서로의 존재를 지지하는 상태가 되곤 한다. 이 모든 경험들. 감각들. 더 이상 내가 붙들고 안도하며 쉴 기억도 사람도 없다는 것을 어렴풋이 느낄 때 지금, 이 순간만이 나의 온전한 장이란 것을 받아들이게 되는 것 같다. 나에게 허락된 것은 지금, 이 순간뿐이며 과거도 미래도 이미 그리고 아직 내 것이 아니라는 사실은 매 순간을 더 애처롭고 애틋하게 한다.

<존재하기-위안의 형태들>은 원래 종이에 만년필로 마음속에 떠오르는 형태들을 그린 것에서 시작했다. 20년도 더 전에 <마음의 힘>을 주제로 삼아 작업할 때 사람과 사람의 관계에서 주고받는 공감의 느낌을 추상적으로 표현하면서 그렸던 그림이 그 시초이다. 대학교에 들어간 선물로 부모님이 사주신 파이롯트 엘리트 만년필을 새하얀 종이에 그으면 삭삭 소리를 내며 촉촉하게 선이 그어진다. 그 잉크의 냄새와 종이에 얹어진 가늘고 가지런하고 볼록한 선들은 참 아름답고 가슴 벅찬 것이었다. 내가 제주로 이주해 살면서, 자연을 보며, 특히나 저 멀리 수평선에 걸려 있는 섬을 보며, 바닷가에서 오랜 시간 구르고 굴러 원만해진 돌멩이들을 보며, 시시각각 경계를 늘리는 구름을 보며, 햇빛을 향해 온몸을 뻗는 나뭇잎을 보며 그 형태들 안에 의지가 있는 것이 느껴졌다. 생에 대한 의지. 존재하고자 하는 의지. 나 역시 어떻게든 이 세상에 존재하려고

안간힘을 쓰고 있는데 다른 존재하는 것들도 그렇구나. 그런 생각들을 담은 평면 드로잉이 쌓여 갔다.

이 ＜존재하기＞는 ＜균형 연습＞, ＜균형 잡기＞ 등의 주제로부터 연결되어 나왔는데 곁다리로 말하자면 심지어 결혼식도 ＜균형 잡기＞라는 제목의 전시회로 했으니 생각한 대로 작업하고 작업에서 깨달은 대로 살려고 무진장 애를 쓰긴 했다. 어쨌든 결과는 세상에 이렇게 결혼하는 사람도 다 있냐, 세상에 되는 일과 안 되는 일에 대한 경계가 그 나이 먹도록 없냐는 반응과 나름 재밌다고 하는 반응이 뒤섞여 이불을 박차고 깨어나게 하는 자책이 지금까지 가끔 일기도 하는 것인데.

다시 ＜존재하기＞로 돌아와, 삶과 자연에서 느꼈던, 마음에 떠오른 이미지를 종이라는 배경 바탕 없이 스스로 존재하게 하고 싶어서 방법을 찾다가 나무 조각을 하게 되었고 그 위에 목탄이나 먹과 같은 자연 재료로 선 드로잉을 하게 된 것이 ＜존재하기-위안의 형태들＞ 작업의 연유이다. 그 과정에서 잘 모르는 것들이 많아 실수, 실패, 착오를 불쑥불쑥 만났고 그것들을 바로잡아 다시 조율하고 조정하는 과정에서 또 많은 것들을 배웠다. ＜균형 잡기＞, ＜균형 연습＞을 주제로 작업을 하면서 다다른 ＜존재하기＞는 나의 삶과 작업에서 여전히 매 순간 일어나는 배움이고 탐구이다.

＜찰나의 존재＞에서 즉흥 음악가와 함께 내가 그린 그림이 그에게 악보가 되고 그가 내는 소리가 나에게 그림이 되어 화면에 떠오를 때 순간은 무한히 확장되고 감각은 무진장 예민해진다.
우주가 그 순간을 주시하고 있는 것처럼. 그 안에서 둘이 만들어내는 시공간은 어디에도 없는 오묘한 것이 되는데 이 순간에 느끼는 것을 곰곰이 생각해보면 결국에 가 닿는 지점은 살아 있음에 대한 감사다.
각자 이런 감각을 느끼는 방도는 무수하고 다를 테니 '고작 그림 그리는 것으로'라고 생각할 수도 있겠다. 당신도 당신만의 방도가

분명히 있을 테니 잘 곰곰이 샅샅이 찾아보시라. 이것을 경험하면 가득한 충만함으로 마음이 잠시나마 긴장을 내려놓고 한껏 말랑말랑 보들보들해진다. 이런 순간에 그린 그림에는 사심도 없고 아이들의 그림같이 그저 난만하여 나는 그것이 참 좋다. 즉흥으로 작업을 할 때 춤추는 동무와 음악하는 동무와 함께 나 혼자서는 도저히 다다를 수 없는 지점까지 탐험하게 된다. 찰나에만 열리는 다른 세계로 확장하는 문같이. 이런 동무들과 함께 작업할 수 있다는 것은 커다란 축복이다. 이 동무들로 인해, 그리고 생사와 변화와 균형을 몸소 일깨워주는 자연으로 인해 내가 존재한다.

다시금 멀리서 바라보면 매 순간의 발걸음은 서성서성, 갈팡질팡, 주저주저하지만 나는 맴맴 돌며 느리지만 조금씩 위로 커지며 올라가는 회오리의 모양으로 걸어가고 있는 것 같다. 이 책이 부디 자다 깨서 후회하거나 자책하며 머리를 잡아 뜯는 이유가 되지 않기를 간절히 바라며 이만 서문을 마무리해야겠다. 이 지경까지 오면서 작은 마음을 오돌오돌 떨고 달달 볶기를 자주 하느라 가까운 사람들이 보지 않아도 될, 못 볼 꼴을 많이 보고 듣지 않아도 될 불안 섞인 투정을 많이 들었다. 그럼에도 불구하고 멀찍이라도 옆을 지켜주는 반려자와 아이들에게 미안함과 고마움을 전한다. 이런 귀한 기회를 열어준 예술경영 지원센터와 아트링크 이경은 관장님께 감사의 마음을 전한다. 마지막으로 부족함이 많은 나에게 한결같은 응원과 지지로 기댈 언덕이 되어주시는 부모님께 한없는 감사를 드린다.

여기까지. 드디어 다 했다. 끝.

2024. 10. 제주 서귀포 의귀리에서 홍보람

존재하기-위안의 형태들

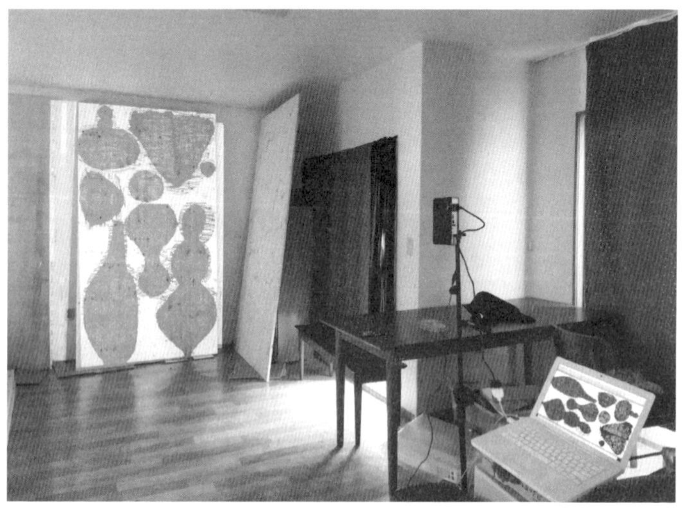

서서히
여름이
오고 있다.
더 이상 미뤘다가는
움직이기만 해도
등줄기에
땀이 좔좔
흘러내릴 터

어떻게 구조를 만들지
어떻게 머릿속의 이미지를
눈앞에 생생히 존재하게 할지

마음먹고 손발을
움직이게 하는 것이
작업하면서
제일로 어렵고
오래 걸리는 일

드디어
시간의 압박에
쥐어짜지는 듯
시동을 걸었으니

이제
분열된
머리와 몸
합체해서
여름을
통과해보자.

20230608

어떤 인연으로 이렇게 만났는지
처음은 2003년?
포춘쿠키로 홍대 클럽에서
공연을 할 때였는가
이십년 후
대학로 소극장에서
그가 공연을 할 때
임신한 둥근 배로
공연을 보러갔었고
또 몇 년 후
정현의 결혼잔치에서
감태를 먹으며
노래를 부른 것도
기억이 나는구나.

그는 서쪽에서
재활용 목재로
가구를 만드는 일을 하고
나는 동쪽에서
애 둘 엄마이자
작업이라는
무위의 활동을 일삼는
일상부적응자가 되었다.

나무에 대해서
물어본다는 게
믿고 의지할 사람을
통 찾을 수 없다는
핑계와 함께
이 작업의 가장 고난스런
나무를 따내고
접착하는 초반 작업을
미안스럽게 떠맡기고 말았다.

사람의 노고를
돈으로 바꾸는 것이
아무리 다반사여도
이런 일을 선뜻 해준다
나서는 이는 참으로 귀하다.

신선처럼 살고자 했으나
세상은 그리 놔두질 않아
괴로운 마음을 나도 잘 알아
가끔 신세한탄에
구 할의 농을 섞어
말동무를 하는 것 뿐
내가 할 수 있는 일이란 것이

이에 그는 한여름
땀에 범벅이 되어
그라인더로
사선을 무수히 그렸을 것이며
그 집 지붕에 나란히 앉은 제비들은
이집은 소음이 끊이지 않는다며
끊임없이 지지배배 했을 것이다.

존재는 누군가의 도움과 애정과
손길 없이는 이루어지지 않는다.
한갓 나무 조각일 지라도.

함께 흔들리는 배에 올라
항해의 돛을 올려주고
아직 존재하지 않는
하얀 언덕에 데려다주어
새로운 풍경을 일구게 도와준
스티브 잡부 백현일 작가에게
존경과 감사를

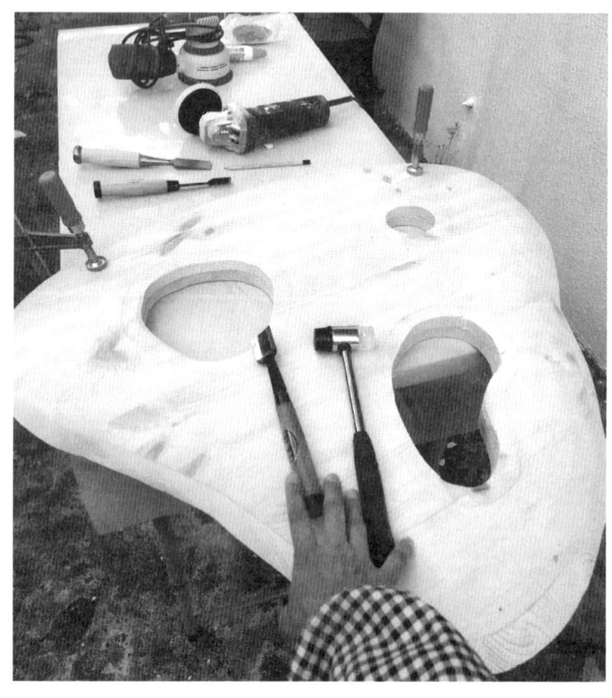

형태 테두리의 잘린 면을
그라인더로 둥글게 다듬는다.
어깨와 손목과 온몸에
저항과 진동이 전해진다.

소프트우드인데
하나도 안 소프트
근육이 더 있는 몸이길
체력과 힘이 더 있는 몸이길
이제와 바라보지만
할 수 있는 만큼
더 오래 시간을 들여
하는 수밖에

손목에 아대를 차고
그라인더를 들고
오늘도 한바탕
나무가 갈리는 소음 속에서
끵끵대며 씨름을 하고

이제 형태 안에 자리 잡은
구멍을 부드럽게
굴려보자아
끌과 망치를 손에 잡고
각을 어루만지며

탕탕탕
나무도 조금씩 깎이고
내 허황된 마음도 조금씩 깎이고

둥글게 되어라.
부드럽게 되어라.

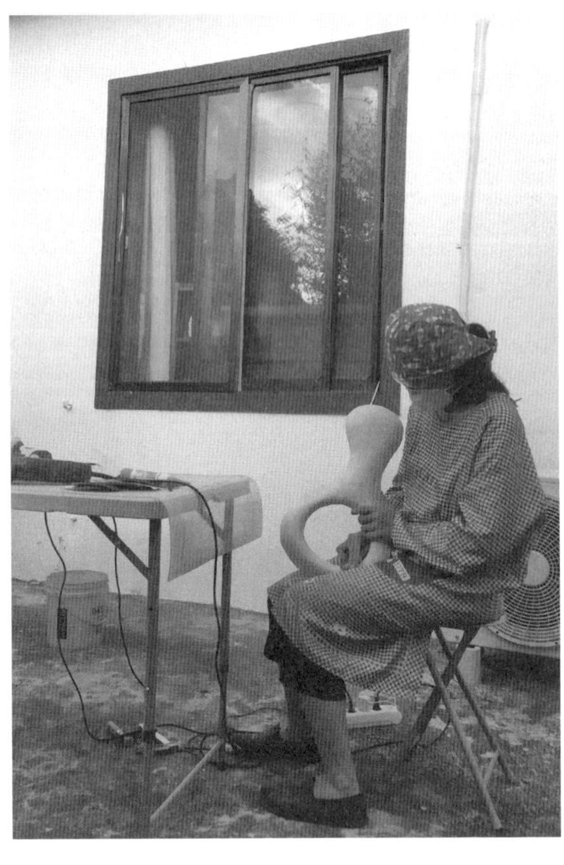

조금씩 둥그러진다.
끌과 망치로
툭툭치는
단순반복 움직임으로
머릿속의 형태가
눈앞에 드러난다.

그 과정이
어쩌면 전부다.
구현하는 과정에서
채워지는 에너지로
다른 많은 일들을
해나간다.

그러므로 도구를 사랑해.
내 생각대로 이루어지게 해주는
수십 년 된 마법의 물건들

이제 조금 더 둥그러지자.
깊이 난 상처를 아무도
알아채지 못하게.
언뜻 보면 험한 일이
세상에 일어났냐는 듯
순진하고 난만하게.

조금 더 부드러워졌다.
손 사포질은 무리가 많아
핸드 그라인더로 일단 갈고
집진기능이 있는 원형 샌더기에
거친 사포부터 고운 사포까지
갈아끼워가며 갈아낸다.

내 힘으로 다룰 만큼
적당한 힘과 크기와 무게의
도구들

그리고 나무형태를 꽉 잡아주는
너무 사랑스런 바이스
시간 날 때면 청계천과 을지로를
쏘다녔었는데 이런 도구들의
천국이라 눈이 돌아가기 일쑤

그립고나.
이제 온라인으로 시키면
문 앞에 여지없이 도착하니
나름의 로직으로
아름다움을 뽐내던
그 자태를 보기 어려워질 수도
있겠구나.

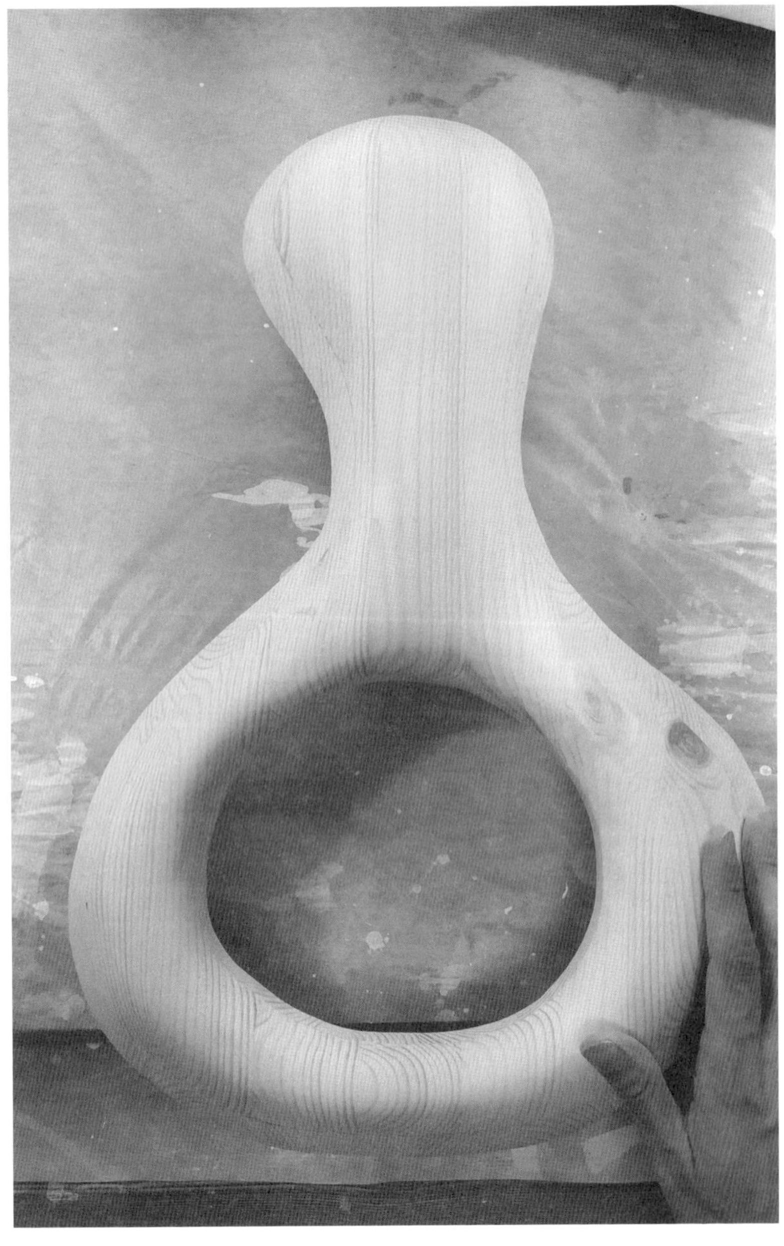

거칠거칠하던 것이 보드라미로
나의 손은 보드라미에서
거칠거칠로

품에 안고
이리 굴리고
저리 쓰다듬고
이리 어르고
저리 어루만져서

그림 속의 형상을
두 손으로 쓰다듬을
눈앞의 물체로
존재하게 하는 것

바탕으로부터
자유로워져라.
네 자신으로
존재하라.

내가 나에게
해주고픈 말

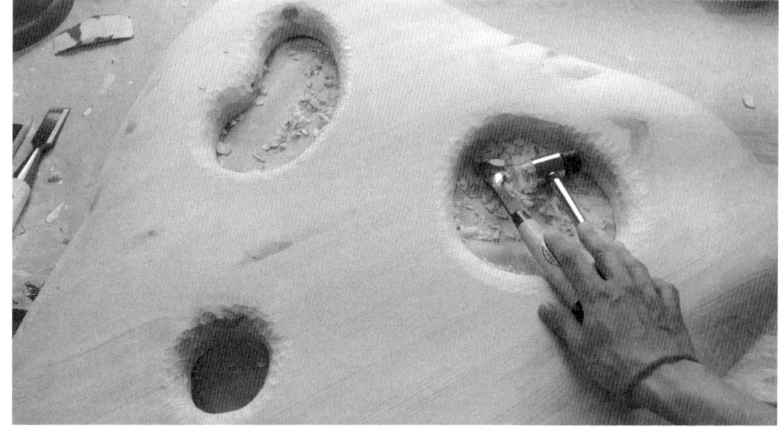

이번엔
둥글릴 구멍이 세 개

망치와 끌로
툭툭 쳐나가는 동안

서서히
가을이
오고 있다.

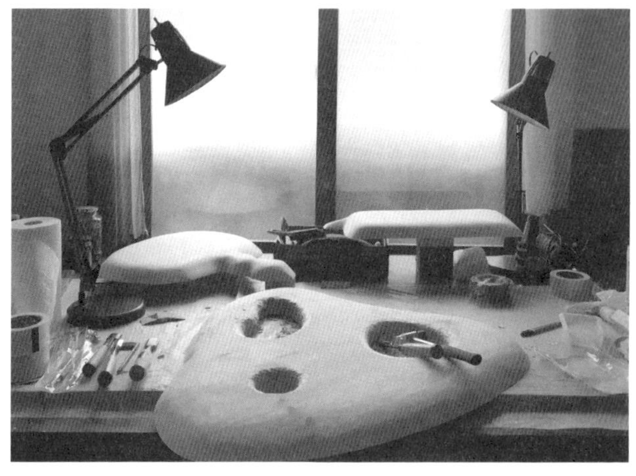

작업대 위에 점점 무언가 많아진다.
부드럽게 다듬어진 형태들엔
아교 호분액을 발라주고
마르는 동안
다른 형태를 다듬는다.

수공에는 몸을 움직이는
단순한 기쁨이 있다.

아침에 작업방 문을 열고
오늘 할 일들을
딴 생각이
끼어들 틈 없이
순순히 하는
날들은
뿌듯하다.

그런 일상에서
나는 안정감 있게
오늘 하루치의
성장을 한다.

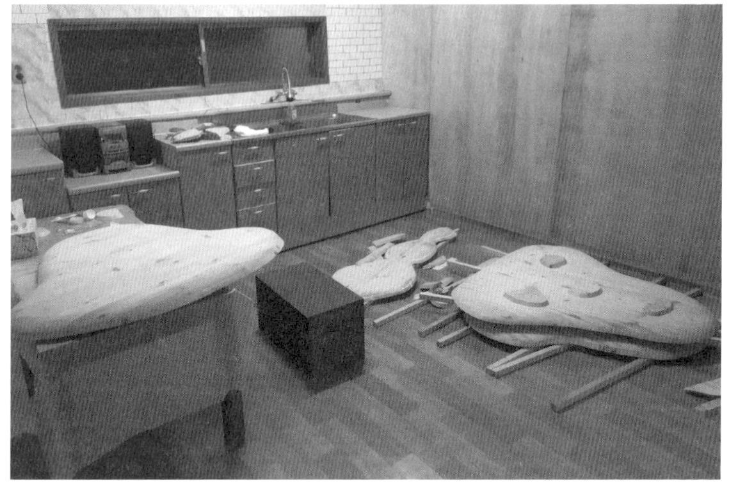

큰 작품들은 좁은 작업방이 꽉 찰
지경이라 밖거리*에 모셔두었다.

이 방의 벽에
손수 합판 벽을 맹그러 준
것도 스티브 잡부 백 작가다.
그 위에 큰 종이를 붙여
커다란 그림을
신나게 그려봐야지 했지만
아직 그런 일은 일어나지 않았다.

이 거대한 나무 조각들은
일차 그라인더로 모서리를 갈고
샌딩기로 다듬긴 했지만
여러 날 더
반복적인 손길이 필요한 상태다.

이 많은 일들을
언제 다 할 수 있을까
압도감이 들고
이걸 다 하려한 건
나의 욕심이었나 싶기도 하지만

이런 마음이 드는 날도 있고
마음이 묵묵한 날도 있으니
생각은 흘러가게 놔두고
쉽게 손에 잡히는 것들
먼저 다루어보자.

생각이 나를 압도할 땐
몸을 움직이면 좀 나아진다.

* 제주 가옥구조로 안채와 바깥채의 바깥채를 이르는 제주말

그래도 계속 하다보면
무언가 이루어진다는 것
그것이 무위의 것이라도
그것이 내가 만들 수 있는 희망

곱게 다듬어진 나무 형태 위에
호분과 아교액을 섞어
나무가 숨 쉴 수 있는
바탕칠을 한다.

흰 옷을 입은 형태들이
천천히 하나씩 늘어간다.

그것이 눈에 보이는
내 행동의 자취이자
덜 다듬어진 채 쌓여있는
형태들을 마주할 때
용기를 낼 수 있는
작은 증거이다.

매일의 움직임이
나를 나아가게 하는 것 같다.

끝은 아직 아득하지만
오늘도 오늘의 마음먹은 일을
딴 생각하지 말고
그냥하자.
응?
응

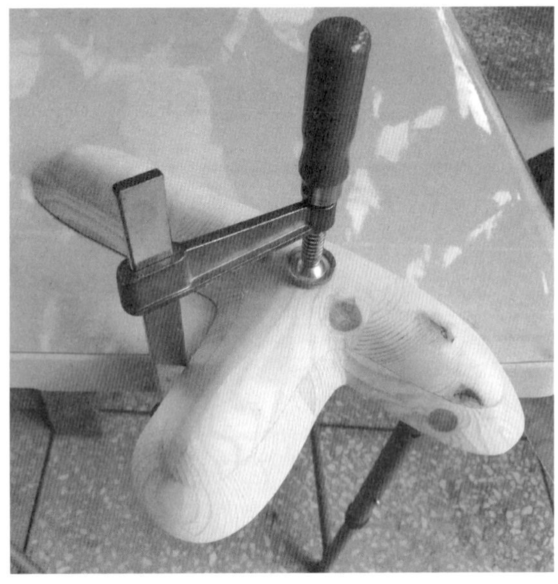

이십여 년 전
모양이 너무 예뻐서
을지로 청계천에서
냅다
모셔온
클램프

그때는
이렇게 쓰게 될 줄은
전혀 몰랐

두 손이 모자라
어쩌지 못할 때
니가 있어
천만 다행

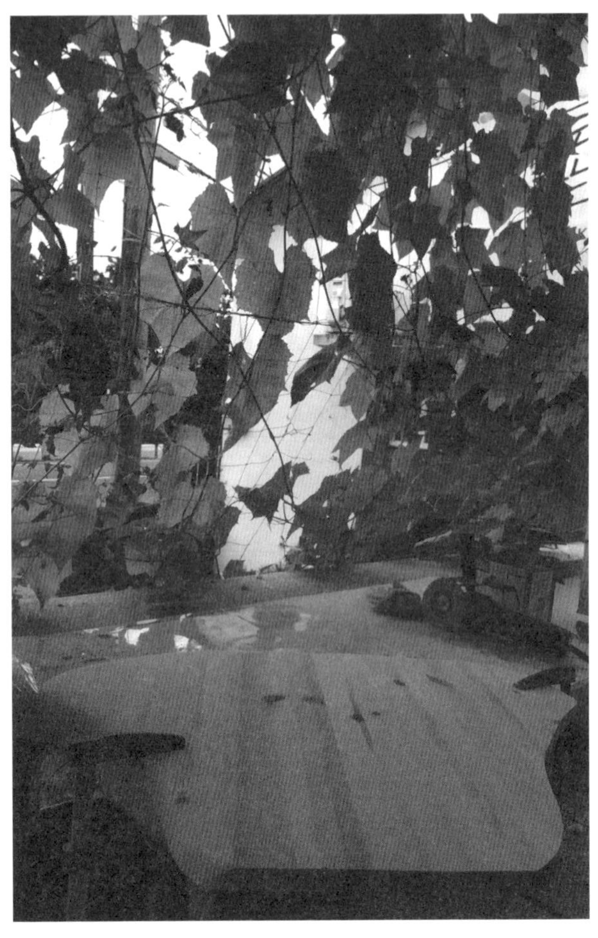

토종씨앗 모임에서
수세미 씨를 얻어서
모종판에 심고
한참을 기다려도
나올 기미 없다.

기다리다
애태우다
의심하다
포기하다
어느 날
육중한
떡잎이
나왔다.

오.
이것을 만드느라
그리 오래 걸렸구나.

씩씩하게 자라는 수세미를
지붕까지 타고 갈 수 있게
그물을 쳐주니
금세 타고 올라가 처마에 닿고

나는 수세미 잎으로 만들어진
멋진 야외작업실을 얻었다.

닮고 싶은
수세미의
엄청난
생명력.

한여름의
수혜.

20210827

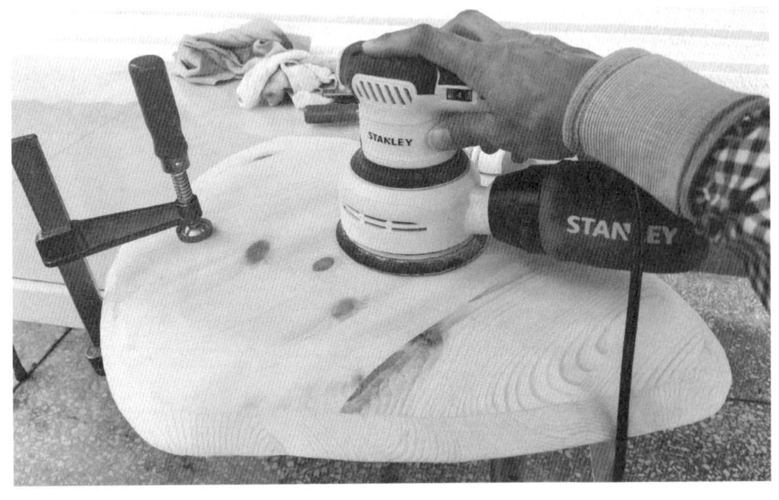

스텐리 핸드 샌딩기
손에 맞는 크기
분진망이 있어 좋지만
일단 그라인더로 갈아내면
먼지를 뒤집어쓰는 것은 기본이라
한여름에도 긴팔 긴바지에
두건과 보안경 방진 마스크로
무장을 하고
오늘도 한판을 벌인다.

이런 작업을
할 수 있는
야외공간이 있으니
얼마나 다행인가하며
한
숨
돌리고

20210928

하루의 작업을 마치고
잠들었다 일어나
다음날 아침

아이들을 챙겨
학교에 보내고
작업실 문을
열었더니

형태들이
머리를 맞대고
무언가
이야기를 하고 있다.

모른 척 하고
헛기침을 한번 하고
작업을 다시 하려고
도구를 들었다가

괜스레 한번 슬쩍
쓰다듬으며
간밤의 안부를
묻는 것이다.

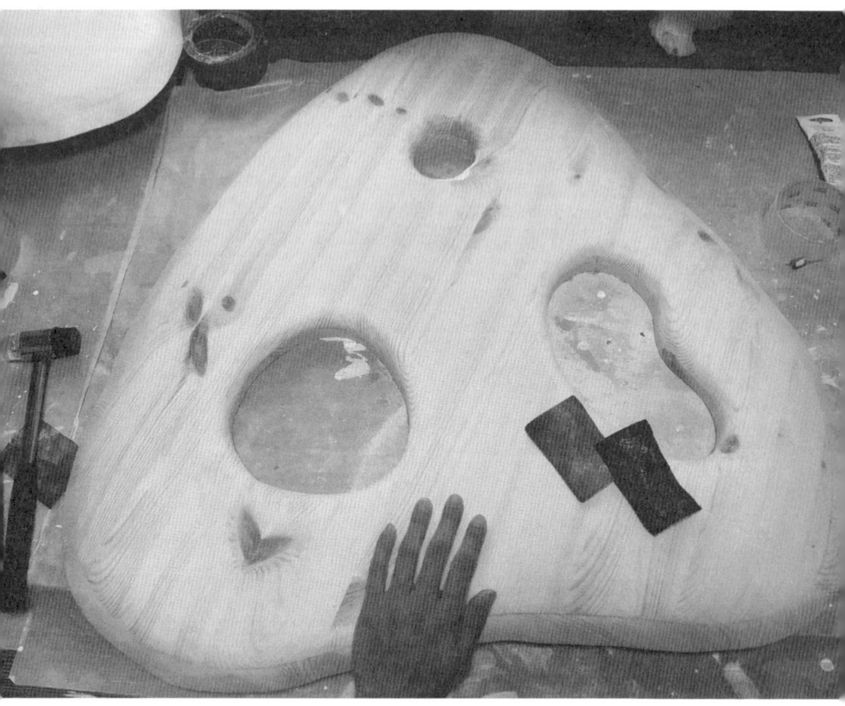

샌딩기로 40방부터 800방까지
갈아 부드러운 곡면을 만들어주고
합판을 붙인 틈새를
때맞춰 채워준 후
갈아내기를 반복한다.
마지막은 손으로
쓰다듬어보며
거친 부분을
손에서
열기가 느껴질 때까지
사포질한다.

나무가 숨을 쉬어서
가로 세로
엇갈려 붙인
틈이
줄었다 늘었다
어제 분명 메워놓은
균열에 다시
균열이 생겨있다.

그 사이에서
나의 손은
쉴 틈 없이
최선의 균형을
찾아간다.

계속해서 바뀌는 흐름에
쓰러지지 않고 균형을
잡아가는 것
그 쉴 틈 없고
지속적인 과정이
삶과 닮아있다.

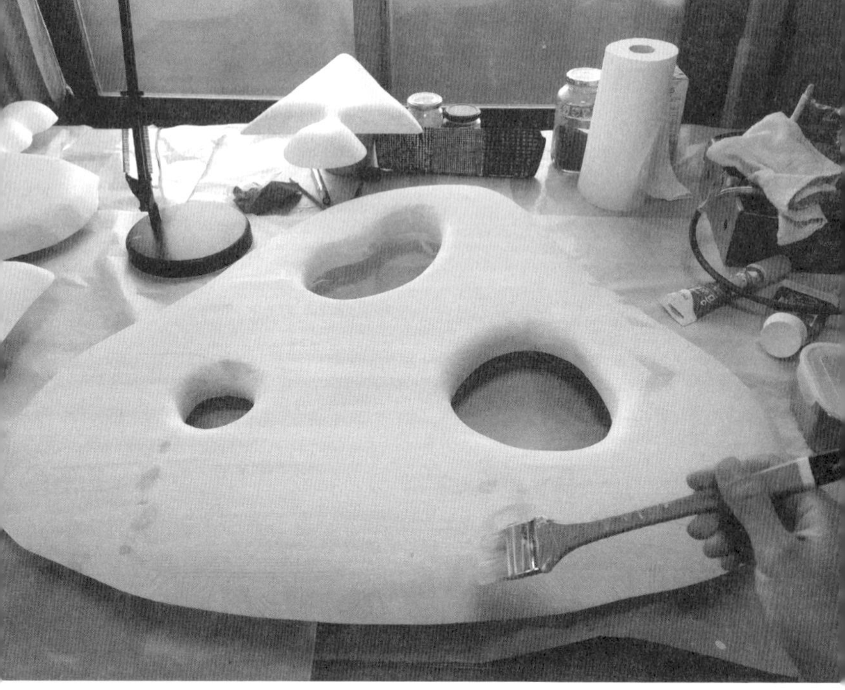

간밤 잘 지냈니.
오늘 아침은 상처가
더 벌어지지 않는 걸 보니
이제 하얀 옷을
입을 때가 온 것 같다.

나무에 어떤
바탕칠을 해야 하나
길을 찾던 중
한국전통 재료인 아교와 호분을
알려준 현덕식 작가

숨 쉬는 재료 위엔 숨 쉬는 재료를
숨구멍을 막는 재료 위엔 막는 재료를
갑자기 센 것을 올리면
색을 뱉어내고 날뛰니
천천히 여러 번
한 번에 받아들일 수 있는 만큼

바탕칠을 처음 한 번 하면
아무 티가 안 난다.
스무 번에서 삼십 번
칠하고 말리고 사포질을
반복하면 은은히 광택이 나는
곱고 새하얀 칠이 되고야 만다.

당장 눈앞에 변화가 보이지
않는 것을 못견뎌하고
무한반복에 지레 지쳐
내동댕이쳐버리기
일쑤인데

작업이 알려준다.
천천히 계속 하면
무언가가 눈앞에
분명히 이루어진다고.

그리하야
오늘도 명상적으로
둥근 형태에 따른
둥근 붓질을
반복하는 것이다.

20211127

이제 큰 형태들도
납시시기 시작했다.
작은 형태들을 대하며
익숙해진 손놀림으로
커다란 형태를 다듬는다.
그렇지만 무게도 크기도
만만치 않다.

그래도 한바탕
슥슥싹싹
갈고 메우고
묵묵히
반복하다보면
마음이 차분해 지고
머릿속 잡다한 소리들이
잠잠해지며
눈빛이 순해진다.

온전한 집중은
종교의 수혜와 같은
내밀한 충족감을 주며
작업에서의
반복적인 몸의 움직임은
늘 온전한 집중으로
이끄니
나에게
작업은
종교와도
같겠다.

틈새를 우드 필러로 메운다.
메울 때는 작은 헤라를 사용한다.
천천히 잘 말린다.

기다리며 다른 형태들에
바탕칠을 칠하기도 하고
다른 형태의 틈을
필러로 메우기도 한다.

작업을 한번 시작하면
할 일들이 줄을 선 것처럼
눈에 들어오고
쉴 틈이라곤 거의 없다.

필러가 굳으면 굵은 사포로 간다.
그 다음 고운 사포로 간다.
기계로 하면 너무 갈려버려
눈으로 보면서
손으로 만져보며 한다.

강력한 조치보다
부드러운 돌봄 같은
손길이 필요한 때이다.

제주는 습하다.
제습기에 65에서 90사이
다양한 숫자가
날씨에 따라 표시된다.

이 틈새 메우기는
나무가 숨 쉬는 진동의 폭을
쫓아가지 못하고
늘 한 발짝 늦게
발을 동동 구른다.

나는 그 틈새로
나무가 숨을 쉬고 있다는 것을
느낀다.

숨 쉬지 못하게
붙잡아 멜 수 있지만
그러면 뒤틀릴 수 있으니

청소년기의 아이를 다루듯
적당히 살살
어르고 달래며
네 본성대로 되어가라며
부추기는 것이다.

언젠가
다시 벌어질
틈새를
메우며
이런 생각들이
허공에
새의 궤적처럼
한 획씩
스치운다.

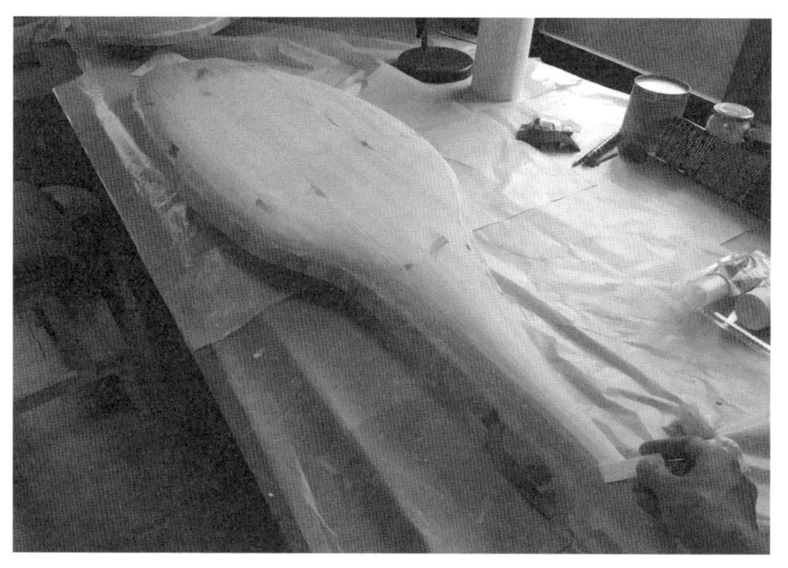

매일 하루치의
흩어지는 생명의
먼지를 모으듯
조금씩 천천히
이루어진
작업들이
벽에
한 자리씩
좌정하고
다른 동료가
만들어지는
과정을
함께한다.

텅 빈 집안에
하루 종일
이 작은 방에
박혀있어도
혼자 있는
느낌이
전혀 들지 않는
형태들의
따뜻한
존재감.

먼 길을
함께 걷는
소리 없는 응원은
내부로부터
온다.

이것이
어쩌면
유일하게
내가
만든
세계

제주는
겨울이
천천히
온다.
서늘하니
갈고 깎는
작업을
하기
딱이다.

이
중간지대의
시간이
참
좋다.

불평할
것은
찾을 수
없는
한 해를
잘
견뎠다는
시간이
주는
선물

먼지를
뒤집어
써도
좋은
이
희귀한
시간

그리하여
서로 다른
단계의
형태들이
한자리에
모였다.

천천히
시간의
흐름에 따라
순순히
변화해가는
형태들이

나를
또
순순히
이 행동을
반복하도록
이끈다.

20210927

잔잔히.
흘러가는.
시간의.
모래가.
소리 없이.
천천히.
쌓인다.

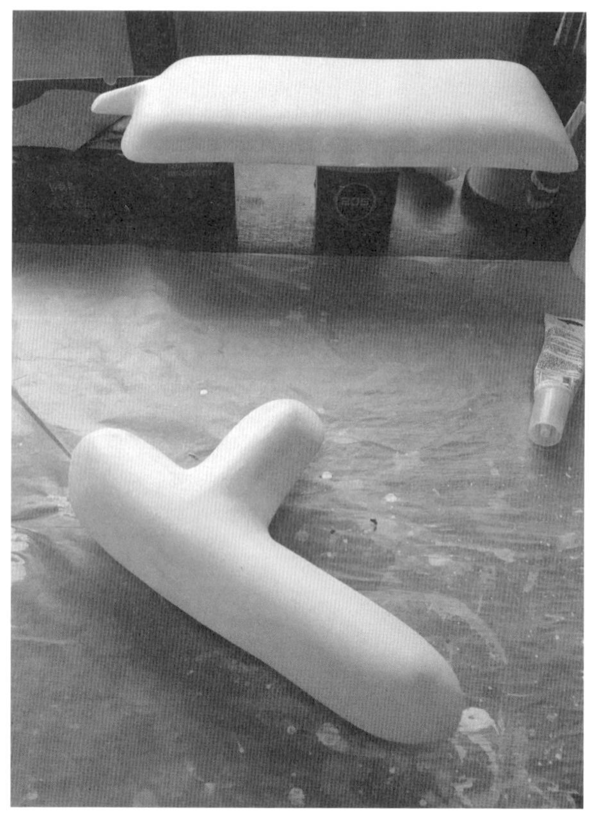

아교 호분액을
붓으로
칠하고
말리고
칠하고
말리고
하다가
우연히
놓인
모양새가
예뻐서
한참을
보고 섰다.

그러고는
고민을
하는 것이다.
여기서
멈출까
한 발짝
더 갈까.

대부분
원래
계획한 것을
놓지 못하고
그 아름다운
순간을
아쉽게
스쳐
지나가고
마는 것이다.

우연은
내가
애써
해낸
것보다
난만한
아름다움과
순박한
자연스러움을
슬쩍
들춰
보여준다.

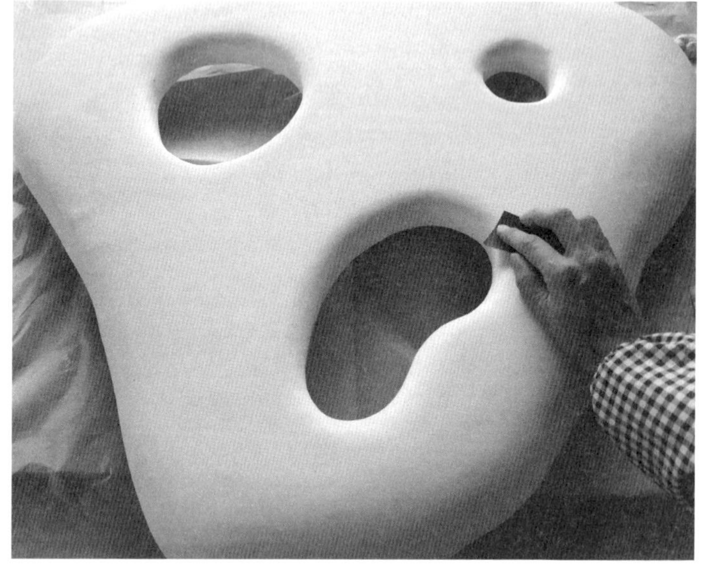

부드러움은
터진 상처
갈려진 피부
이물질의 침투
저항과 균형
본성과의 동조를
품고
마침내
도달하는
한순간의
상태이다.

20210913

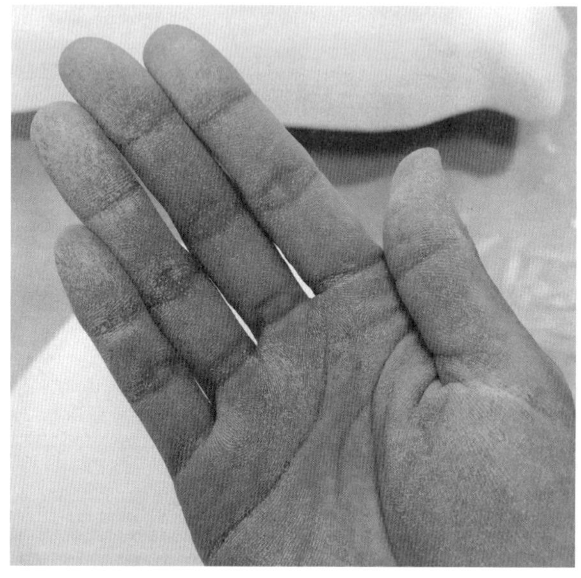

형태를 갈면서
나도 갈린다.

힘을 가하면
저항이 오는

세상이 돌아가는
당연하지만
늘 만만찮은
이치

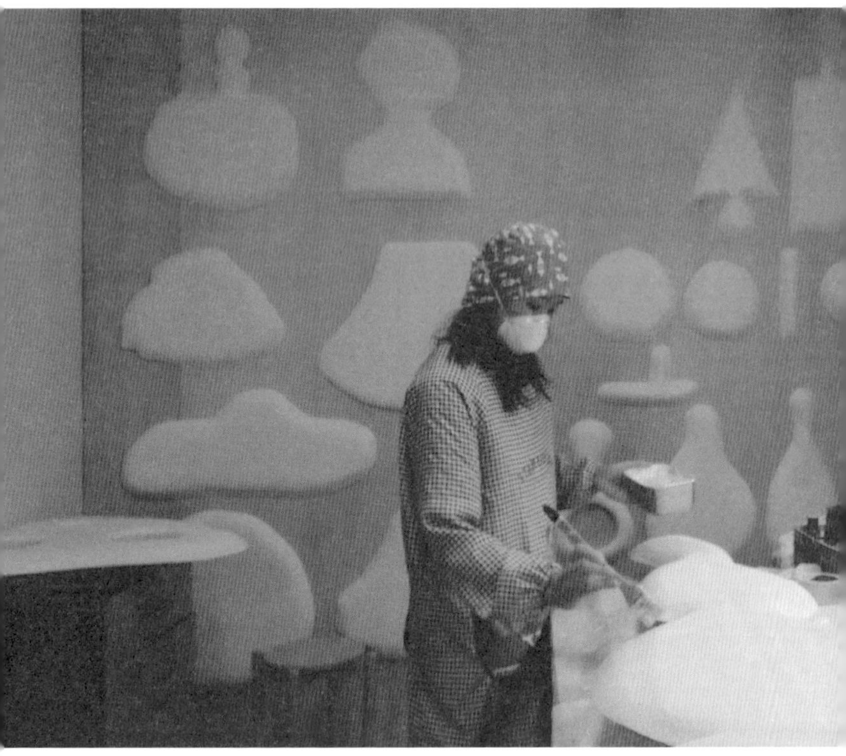

마음에
품었던
생각의
꼴들이
눈앞에
손으로
만질 수
있는
존재로
드러난다.

이것이
내가
하는
일
여기가
나의
연약하고
소중한
세계

이제
품에
들어오는
작은
형태들은
모두
흰옷을
입었다.

가만
서서
멍하니
바라보게
되는 것이
딱
지금
여기서
멈추고
싶다.

더
갈까
말까
고민하고
서성이며
맴맴 도니
잔잔히
떠오르는
미소

20211125

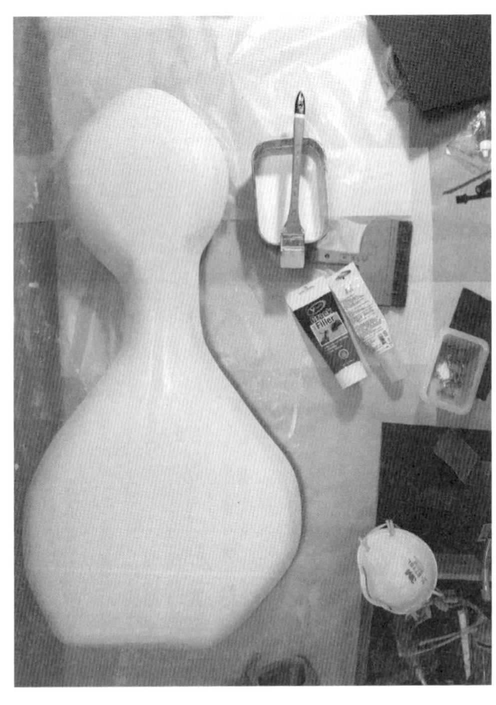

안녕
어제도
잘
잤니?

오늘도
한 꺼풀
흰 빛을
입어보자.

갸우뚱
수줍은 듯
장난어린
너의 모습

어리숙하고
숫기 없는
위안의
형태

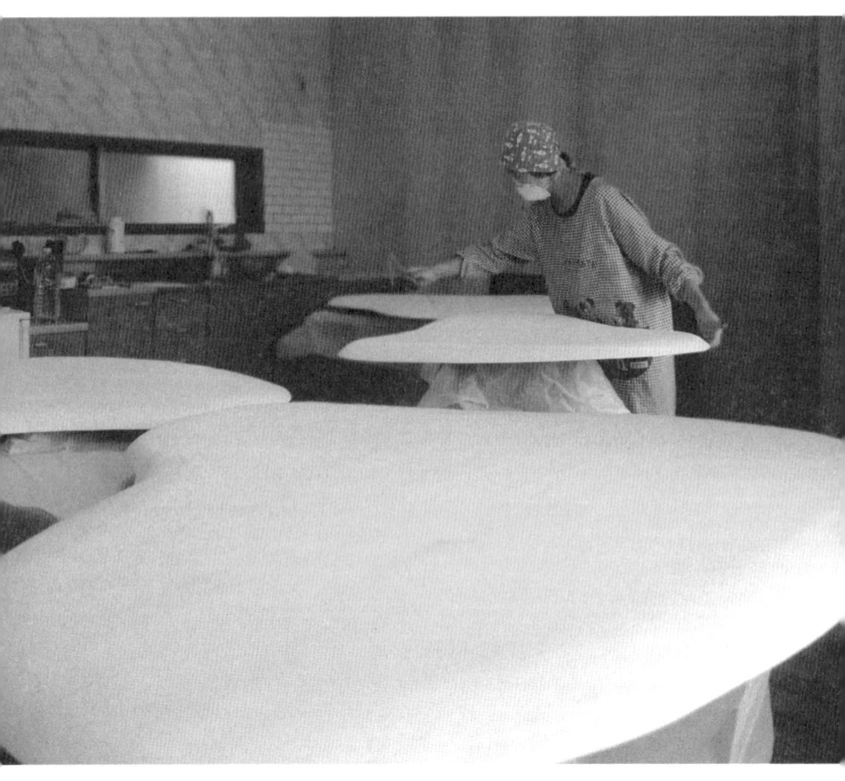

이제
감히
손대기가
두려웠던
큰
형태들의
얼굴을
마주한다.

손
댈
곳이
아주
많다.

과연
내가
할
수
있을까?

흠
하
음
흠

애정
결핍에는
애정
폭포가
필요하다.

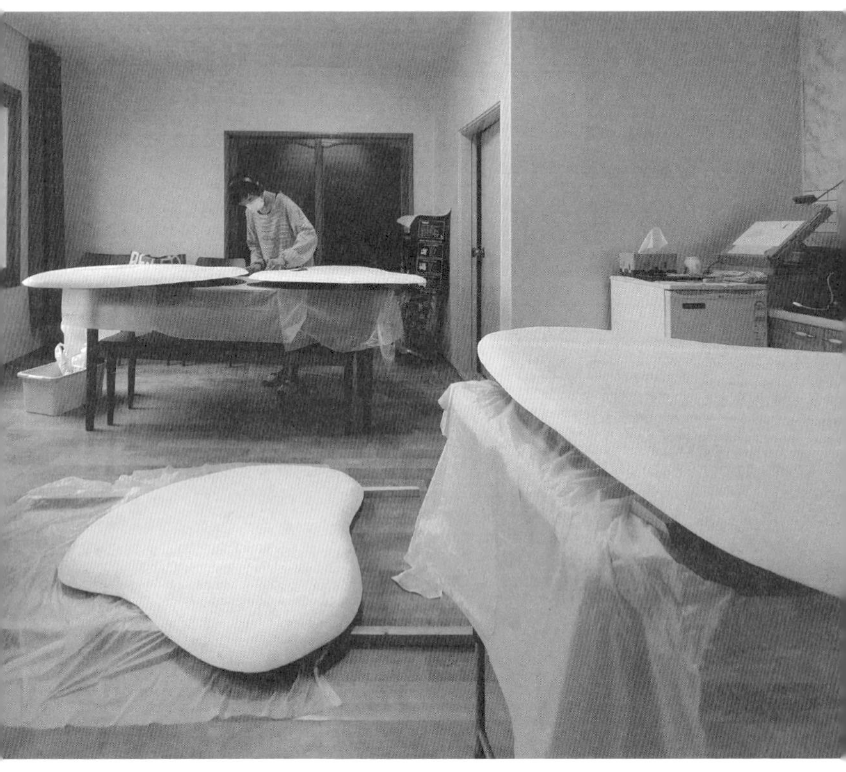

물기가
닿으면
곱게
갈아놓은
나뭇결이
마르는
와중에
다시
거칠게
선다.

그럼
별
수
있나.
다시
갈아야지
부드럽게
결을
고르자.

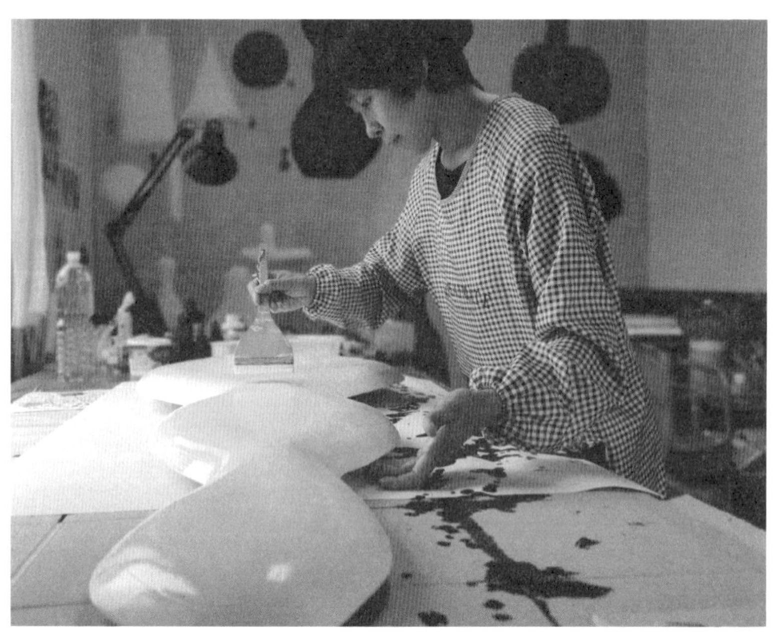

붓질이
춤 같을
때가
있다.

아기 다루듯
형태를
어루만지는
부드러운
붓질

어느덧
투명했던
얇은 막이
진한 흰빛이
되었다.

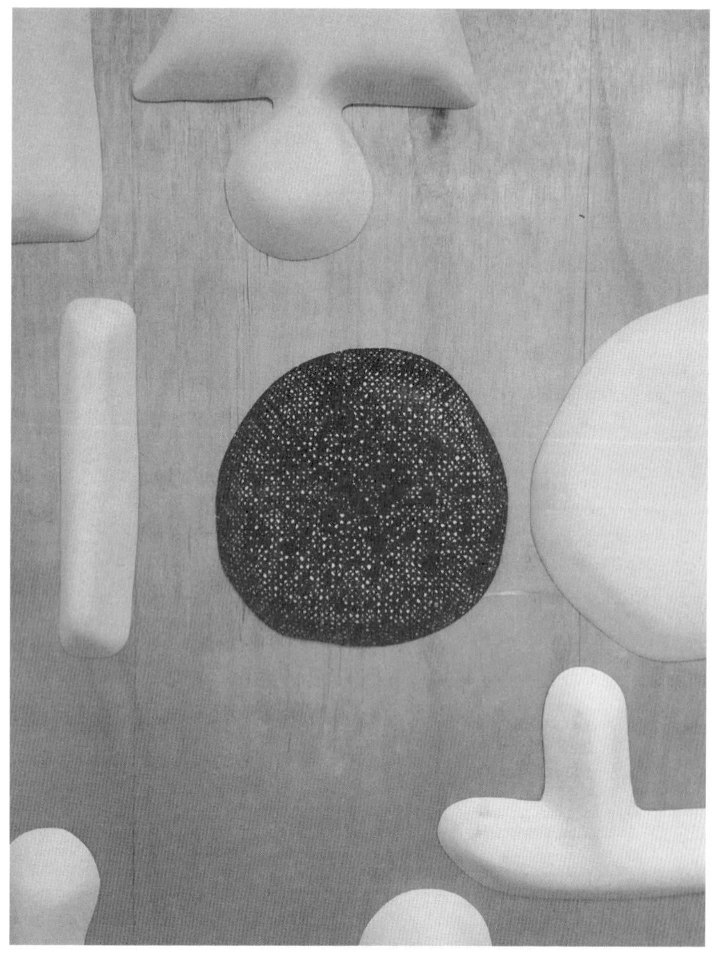

드디어
하나에
먹 선을
올렸다.
흠
이런
느낌
이구만.

먹이
곡면을
따라
주르륵

어쩌지?

그냥
머물고
싶던
마음을
일으켜
한 걸음
딛고 나니
다음에
디뎌야할
자리가
보인다.

아직
그려지지
않은
지도는
이렇게
만들어
진다.

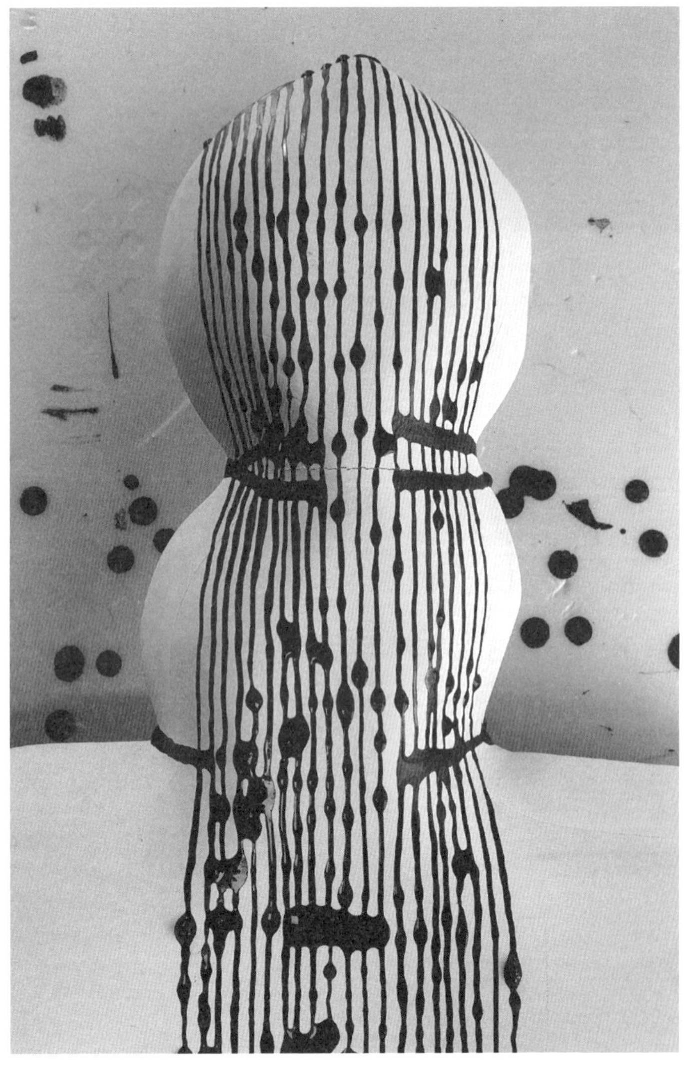

먹 선을 그을 때
공기가 들어가기도 하고
일정하지 않은 내 손의
압력으로
선 사이에
동그라미들이
생긴다.

굴곡을 따라
먹이 모여 흐르고
숨을 들이쉬었다가
천천히 내쉬고
어떤 것이
나올 건가

잠깐
숨 고르고
들여다보니
음표들
그리고
리듬

눈앞에
펼쳐지는

음악

ORZO

매일 아침
아이들을
챙기고

집도 한번 돌보고
빨래도 한번 돌리고
걸레질도 한번 훔치고

이런저런 일로
일상 시간의
덩어리가
조각조각
허물어져
내려도

지금
이 순간은
시간이
흐르지
않는 듯
고요하니

이것이
나를
존재하게
하는
오아시스

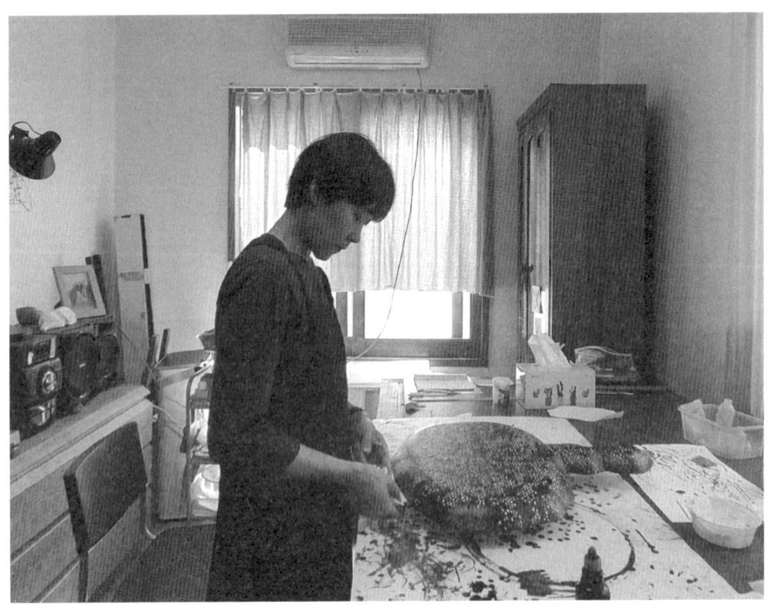

먹 선을 한 방향으로 긋고
하루를 말리고
다음날 또 한 방향을 긋고
반복해서 선을 쌓아
면을 만든다.

점점 검어지는 면
사이사이
구멍으로
흰 빛이
나타난다.

전보다
더욱
밝은
빛으로

20230510

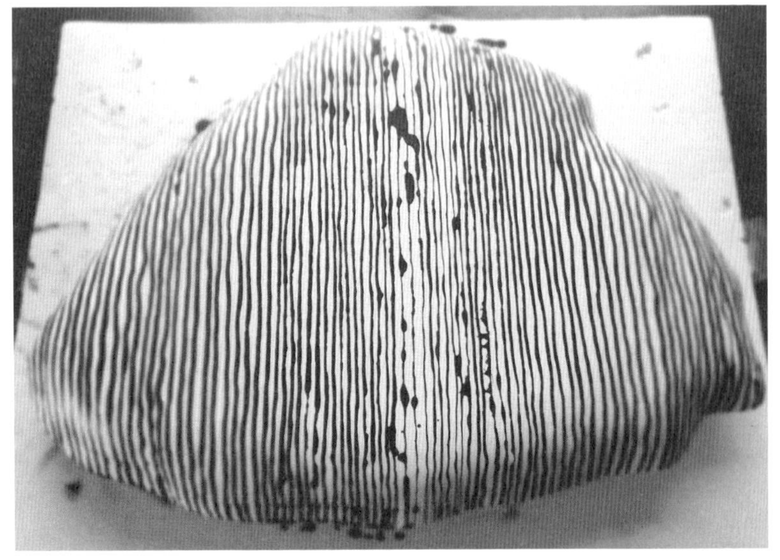

비처럼
먹으로
선이
내린다.

경계선에
맺힌
먹물이
눈물 같아

하나씩
조심스럽게
닦아준다.

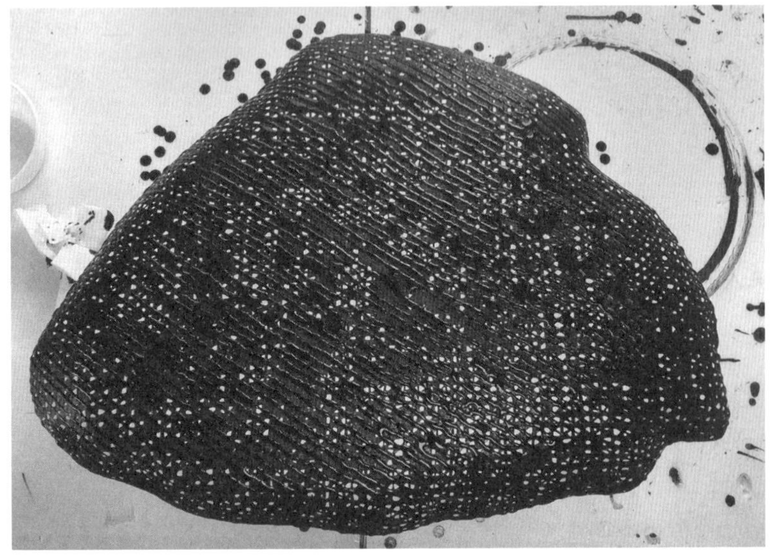

한 방향의 선
하루의 쉼
한 방향의 선
하루의 쉼

선들이 쌓여
지어진 어둠
흰 바탕은
별처럼
빛나는
어둠의
숨구멍

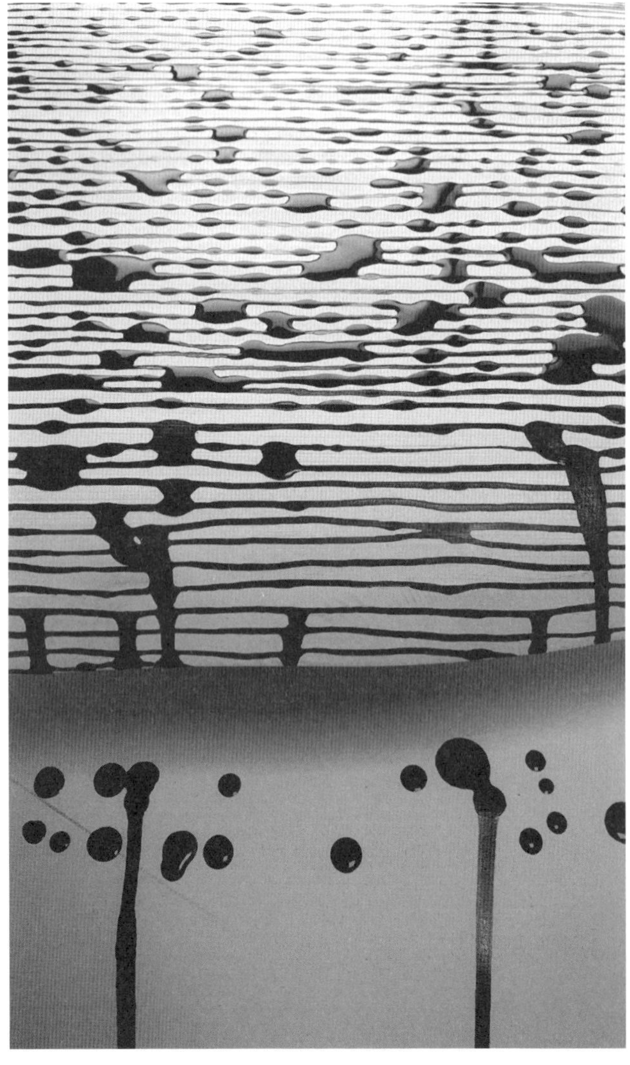

먹물이 곡면을 따라
주르르 흐르고
튜브안의 공기로
먹 웅덩이가 생겨나.

선을 그었을 뿐인데
생겨나는
우연의
난만함

나와 작업사이의
재밌고 신기한
둘만의 대화

먹으로 선을 그으면
곡면을 따라 먹이 흘러
경계선에 맺힌다.
대롱대롱
검은 방울들이
떨어지기도 하고
매달려 있기도 하고

떨어진 방울들은
바닥에
내 발등에
그림을 그린다.

어쩔 땐
그게
더
멋져
펼쳐지는
장면을
있는
그대로
마주하고
눈만
꿈뻑꿈뻑

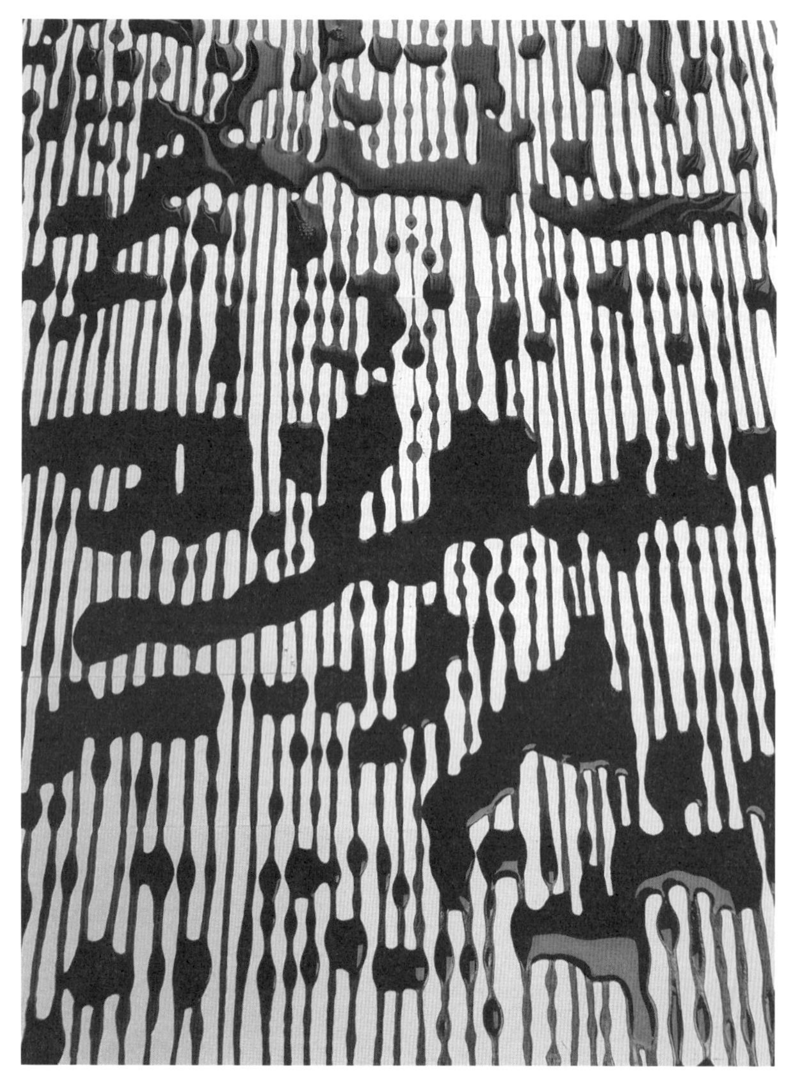

선을 그으니
저절로 생겨나는
지형도

마주보고 싶다.
흘러내리니
벽에 붙일 수도 없고

별 수 있나
내가 의자위에
올라가
마주볼 수밖에

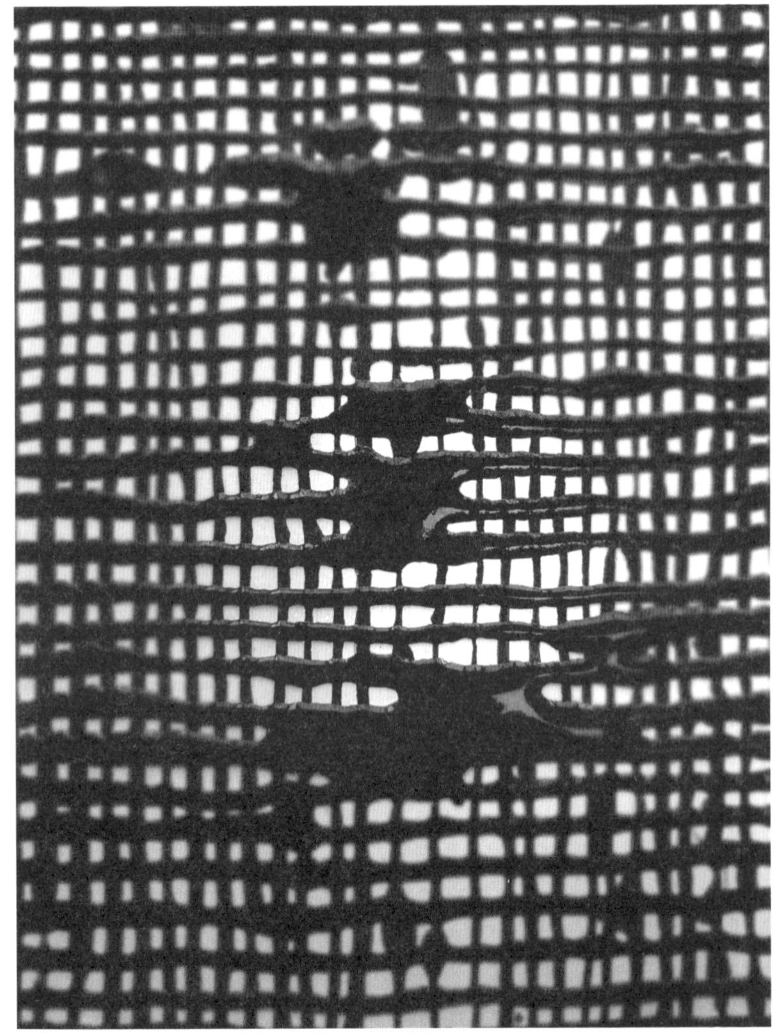

오늘도
또 하나의
선이
어제의
선
위에

그 사이에
머문 것은
시간

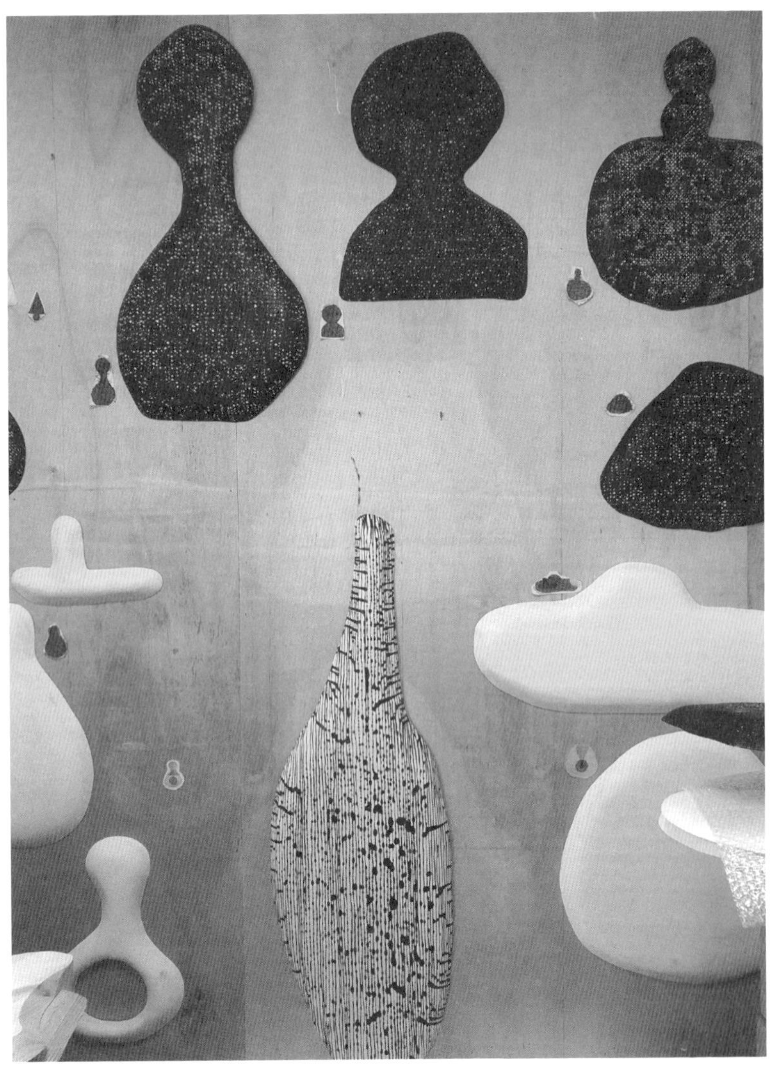

위에서
아래로
한 겹의
옷을
입은

경쾌하고
가벼운
지금에
잠시
머물

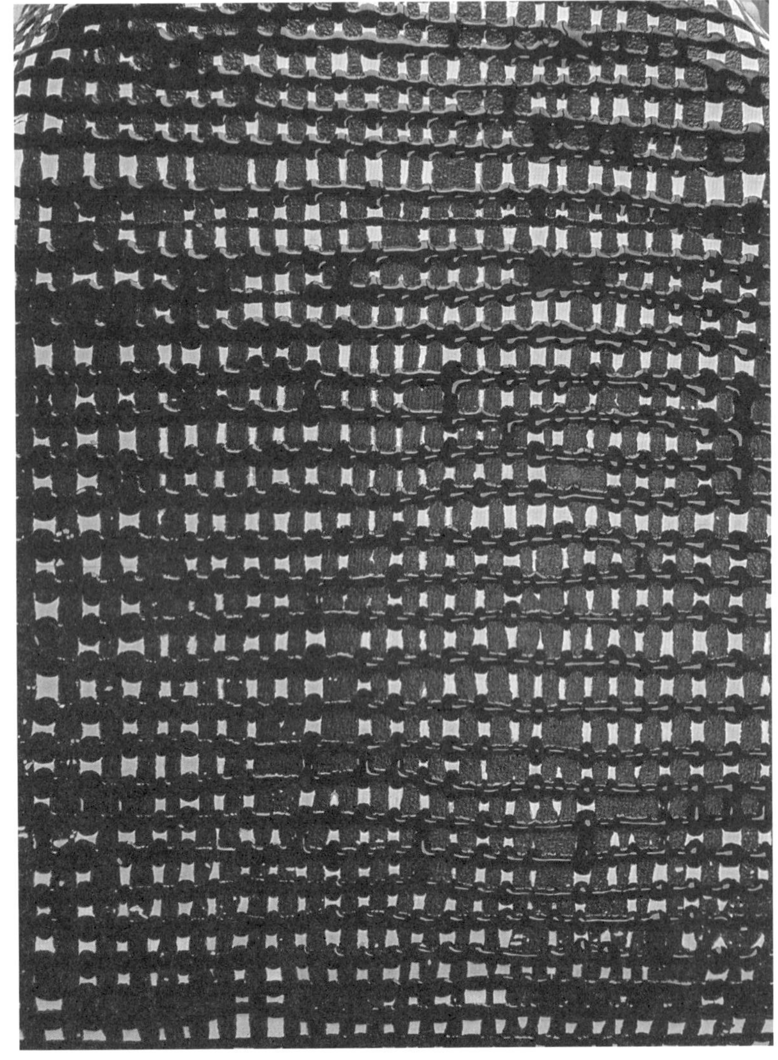

흰 바탕
위에
나이테처럼
그어지는
선

동글동글
맺힌
눈물자국은
시간의
흔적

20230620

살살
차분하게
마음을
가다듬고

먹과 아교수를
적당히 섞어
먹물을 만든다.

먹물 병이
가벼워지면
아 이제
만들 시간이
되었구나하고

그날
작업을
마치면
내일을 위해
먹물을 만든다.

이 시간이
난 좋다.
오늘의 내가
내일의 나를
위해
온전한
마음으로
움직인다.

내일의
나는
안정적으로

집중의
순간들을
누릴 것이다.

요즈음
어제의
나에게
고마울 때가
종종 있다.

귀찮아하거나
대충한 것
없이
흔쾌히 한
일들은
좋은
여운을
남긴다.

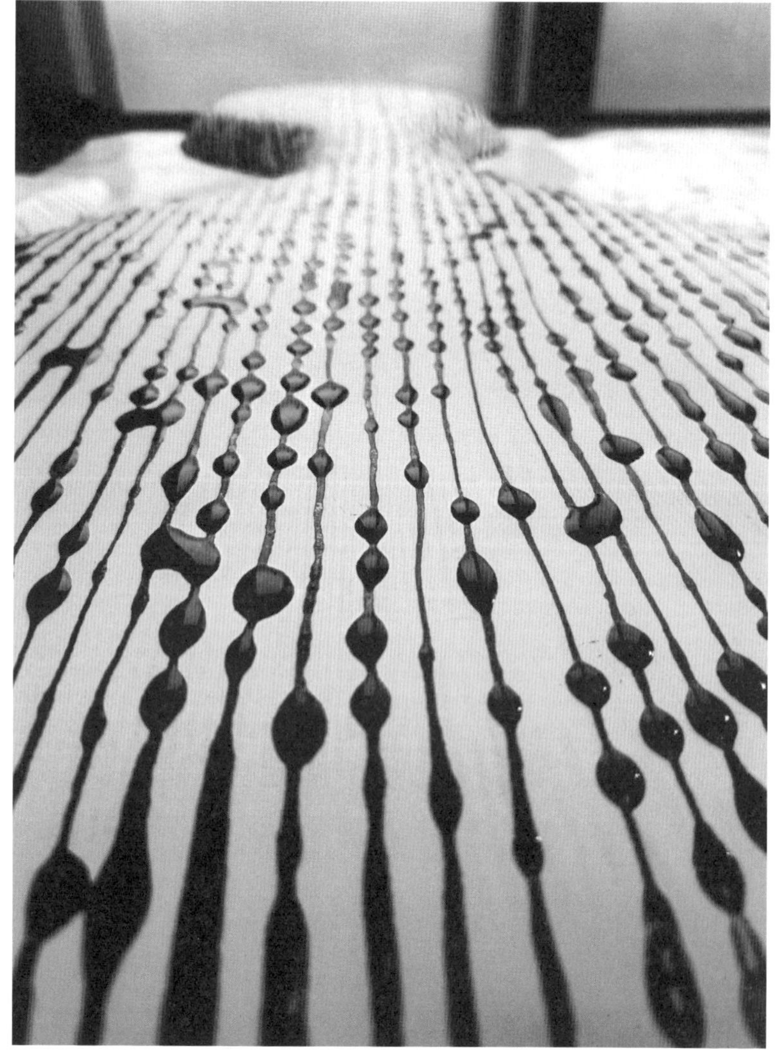

오늘도
여지없이
작업방
문을 열고
들어가
심호흡
한번하고
새하얀
나무에
먹을
그으니

오늘도
여지없이
예측을
넘어서는
난만한
먹 방울의
리듬이
펼쳐진다.

오늘
하루
더할
나위
없는
것은
이
순간들
덕분

20230608

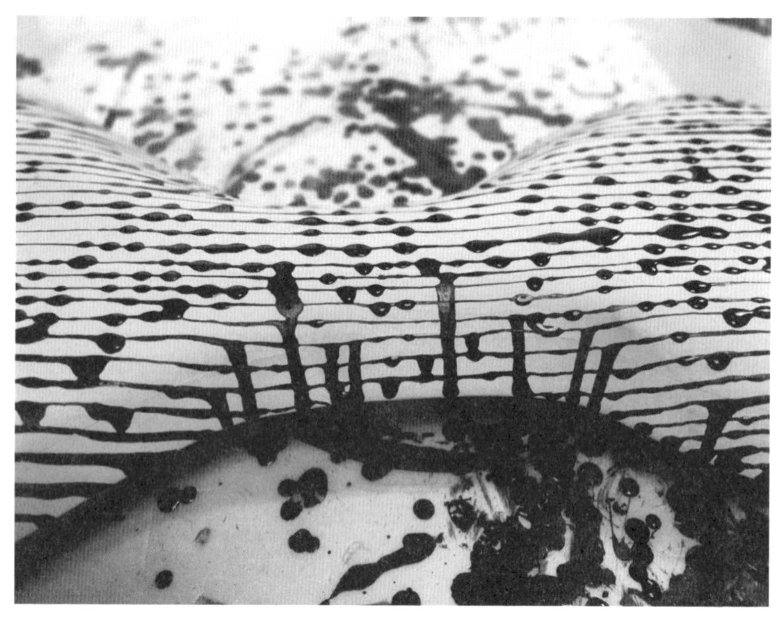

처음엔
당황했지
어쩌지
어쩌지
먹물이
흐르네

이제는
묵묵히
먹물이
당연히
흐르지
안 흐른담

어떤
무늬가
떠오를까
기다리고
무심코
나아가기까지

여러번
졸였던
마음도
이제는
어제의
풍경

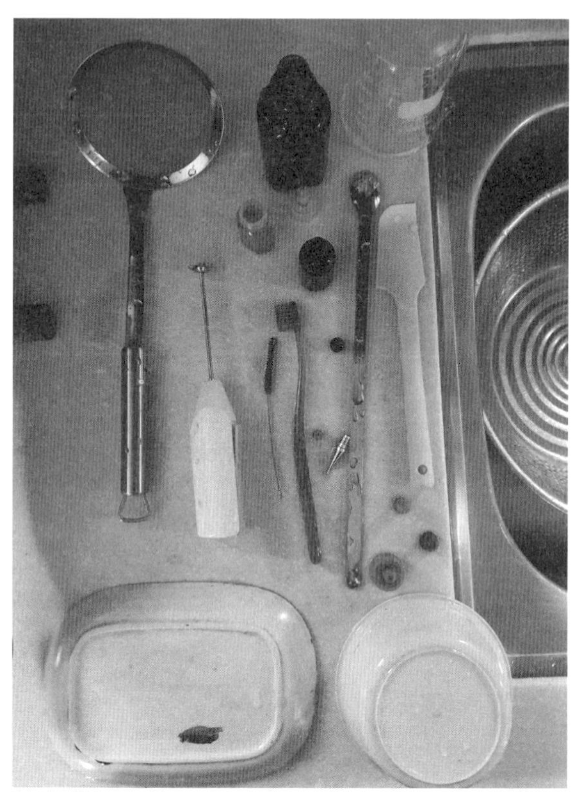

작업을
하면서
이 도구들이
없었으면
힘들었을
거야.

이런 거
없을까
하고
뒤져서
찾아
한자리에
모인
멋진
도구들

하나씩은
별 볼일
없을지
몰라도
이렇게
모이면
하나라도
없으면
안 되는
존재들

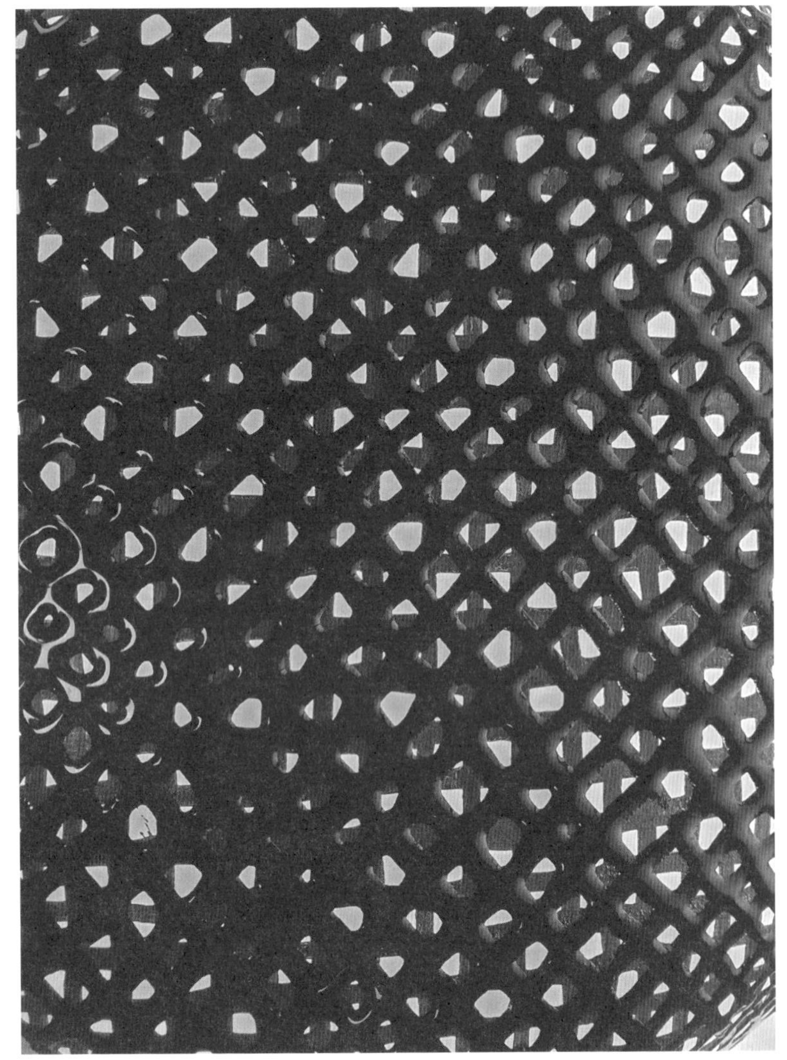

아래
위로
선을
그어놓고
예뻐서
한참을
머물다가

그래도
한번
더
해볼까
하고
사선의
선을
긋고서

한참을
바라본다.

이렇게
해도
좋으네.

또
그냥
여기서
머물고
싶어.

이
난만한
마음

돌림판 위에
뱅글뱅글
한 가닥씩
선을 그어서
짜잔

이제
다
된
것
같아.

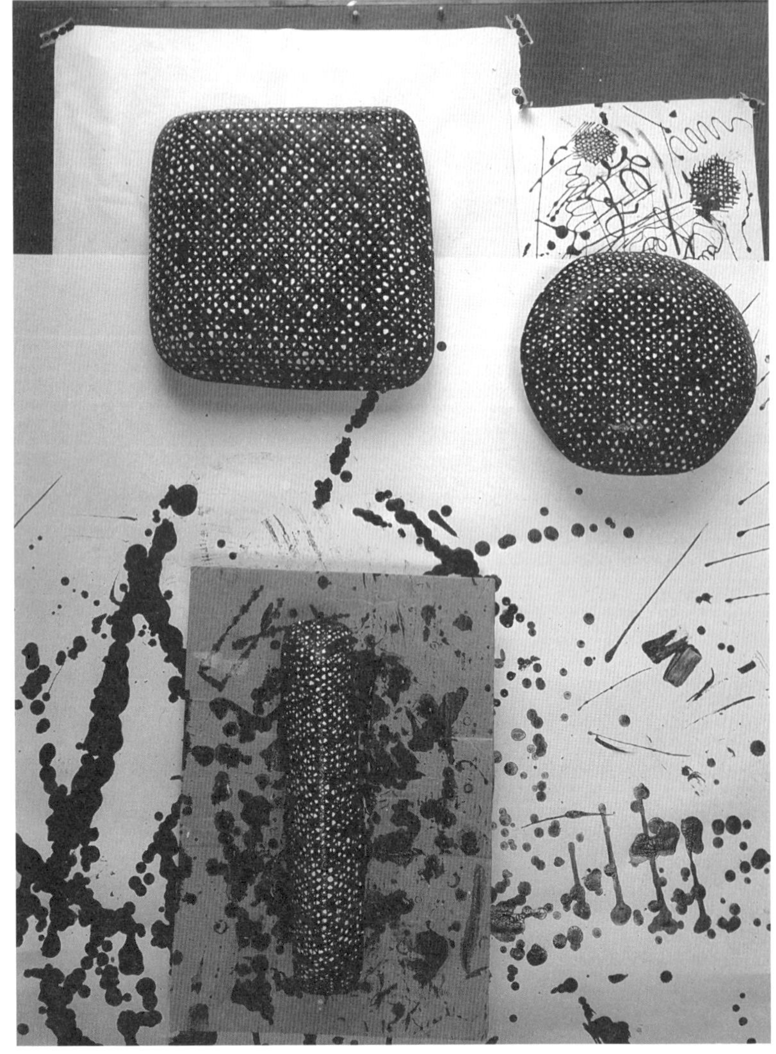

옹야.
작은
아이들
셋이
모였구나.

너희는
몸이
작으니
여린
선이
어울리려나

형태가
단단하니
굵은
선이
어울리려나

이리저리
맞춰보며
하다 보니
아름다운
순간이
왔네.

멈추어
두 눈과
마음에
담고

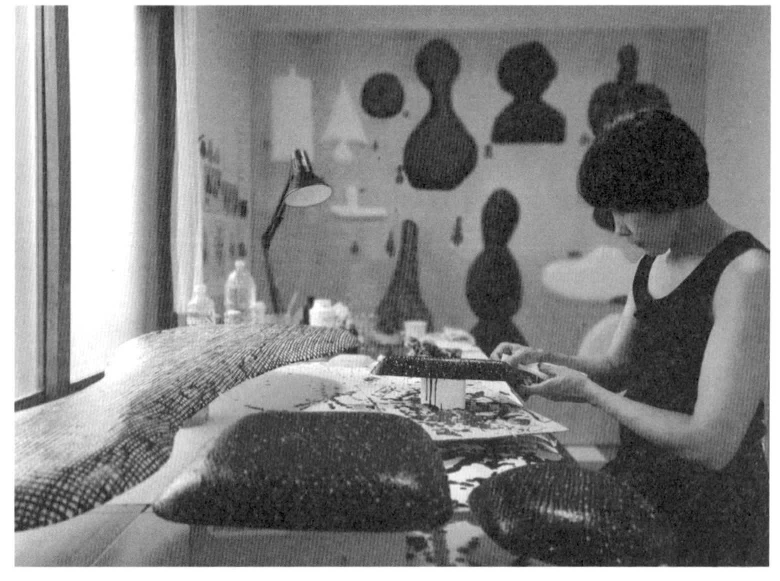

작으면
가벼워서
더
살살
다뤄야한다.

맺힌
먹방울을
닦을 때도
들썩이지
않게
손끝에
힘을
준 듯
만 듯

그러는
내 몸은
긴장해서
어깨가
점점
굳어도

전해지는
손길은
한없이
부드럽고
가볍게

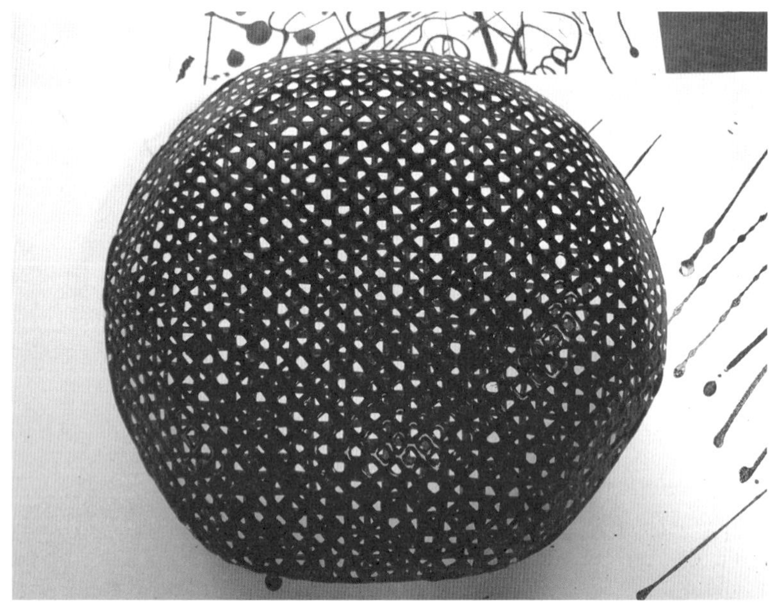

나의
어여쁜
빵떡이

선을 그어도
예쁘구나.

이정도도
가볍고
경쾌한 걸

이 상태로
남은
아이는
하나도 없어

밝고
가벼운
유년기를
지나
묵묵한
청년이
되어있네.

성장과정을
보는듯해
기쁘고도
아련하고

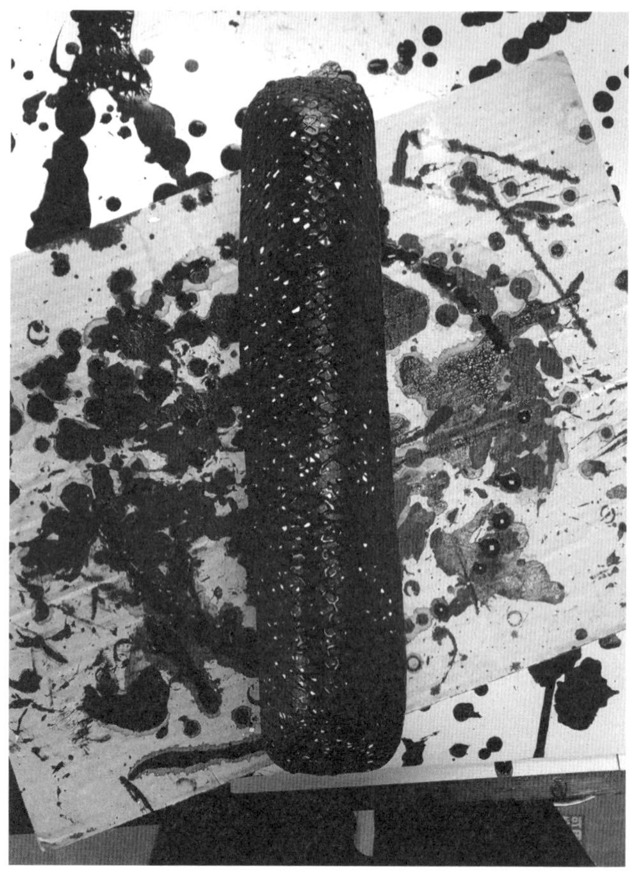

나에게
위트를
주었던
짝대기

너만 보면
미소가
떠올라

어찌
그리
어정쩡하고
어수룩한
모양인지

하지만
너는
누구보다도
높고
가파른
능선을
가졌지.

마음이 가고
눈이 가고
사랑하지
않을 수
없는

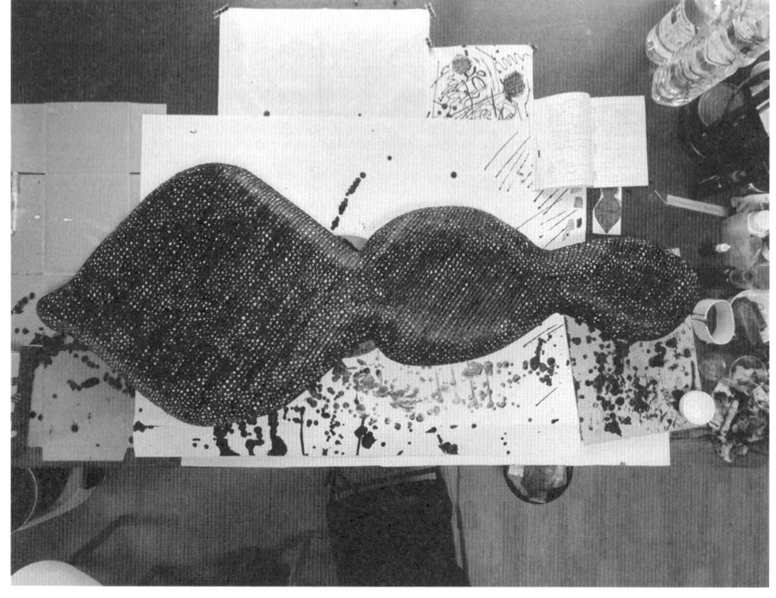

마마
엄마
둥글둥글
가만히 서서
나를
지켜
볼 것 같은

큰 것은
한번에
한 방향
선을
긋기도
벅차다

선이
겹칠수록
굳건해지는
형태

잠시 멈춰
숨 한번
고르고

20230717

나의 작은
북향의 방
지나다니는
것들을
등지고 있어
고요가
머문다.

텅 비었던
벽에
하나씩
나무작업들이
좌정하시었다.

이제는
오히려
나를
묵묵히
굽어
살펴보고

오늘도
안녕하냐고
조용하고
따뜻한
위안의
시선을
건넨다.

20230717

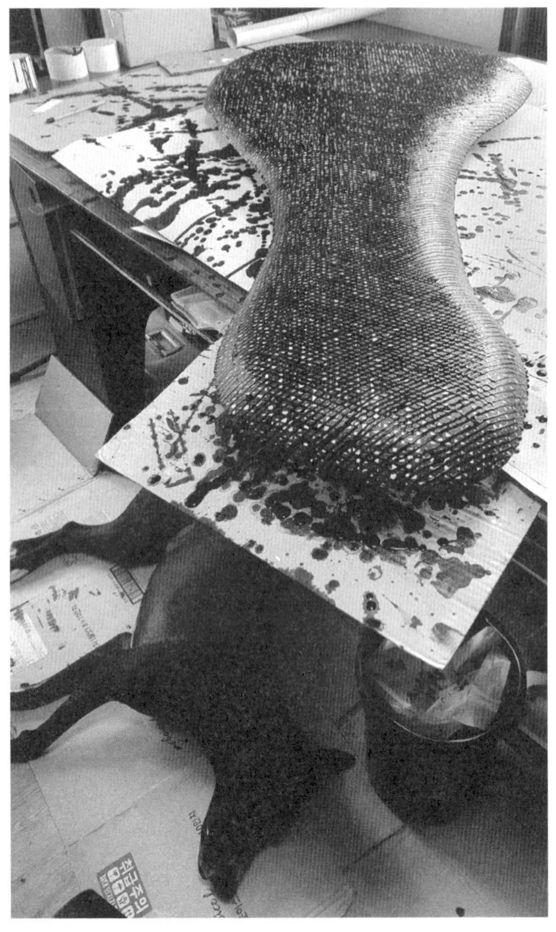

검어지고
있는
형태가
누워있는
작업대
아래

이미
검은 맥스가
누워 잔다.

먹방울이
흘러내려
몸 위에
떨어져도
아랑곳없이
코골며 잔다.

나는
웃음을
참으며
선을 긋고는
맥스가
깨지 않게
검은 털에
묻은
검은 먹을
살살 닦는다.

너도 여기가
편하고 좋니?
나도 여기가
편하고 좋아.

같이
있어주어
고맙다.

20230718

선을 그을 때
딱 적당한
훈련과
익숙함으로
나 자신과
재료의
유순함이
느껴질 때
탄생되는
작품에는
이전에
쏟아 부은
모든
삶의
시간과
정성과
노력과
바램의
순수한
정수가
담긴다.

그럴 때
나의
마음도
참
순순하고
밝고
차분하다.

이런
멈춘 듯한
순간을

또 다시
만나려고
한참의
애쓰는 시간과
엉뚱한
헛짓거리와
맴맴 도는
서성임으로
실패의
골목들을
부러
헤매게
되는
것이다.

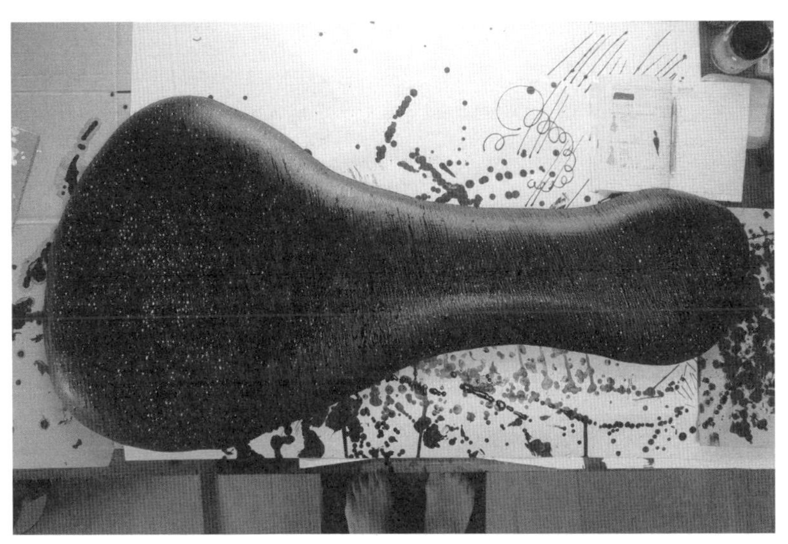

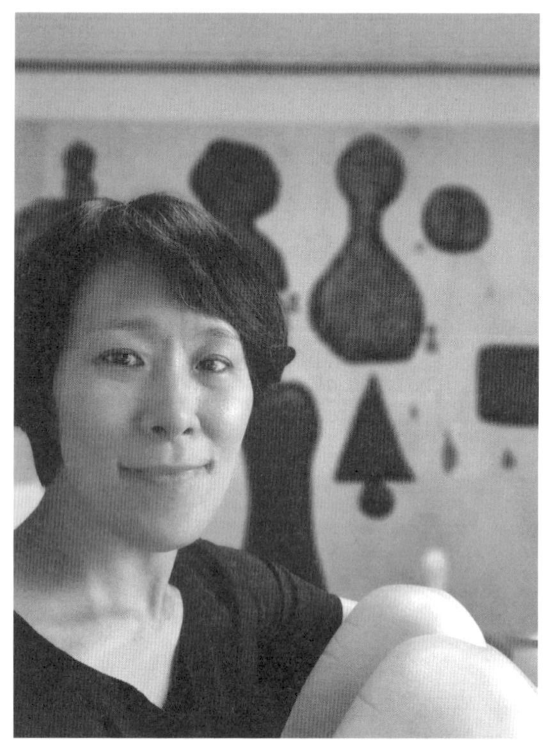

이 순간도
지나갈 것을
알지만

머뭇거리며
서성이며
내딛었던
발걸음이

지나고 보니
내 인생에서
스스로
내딛은
제일
의미 있는
발자국

앞으로
어떤
지도를
만들어 갈 지
나도 모르지만

두려워
않고
자신의
발걸음을
믿기까지

세상의
차가운
시선보다
더 긴 시간이
필요하다.

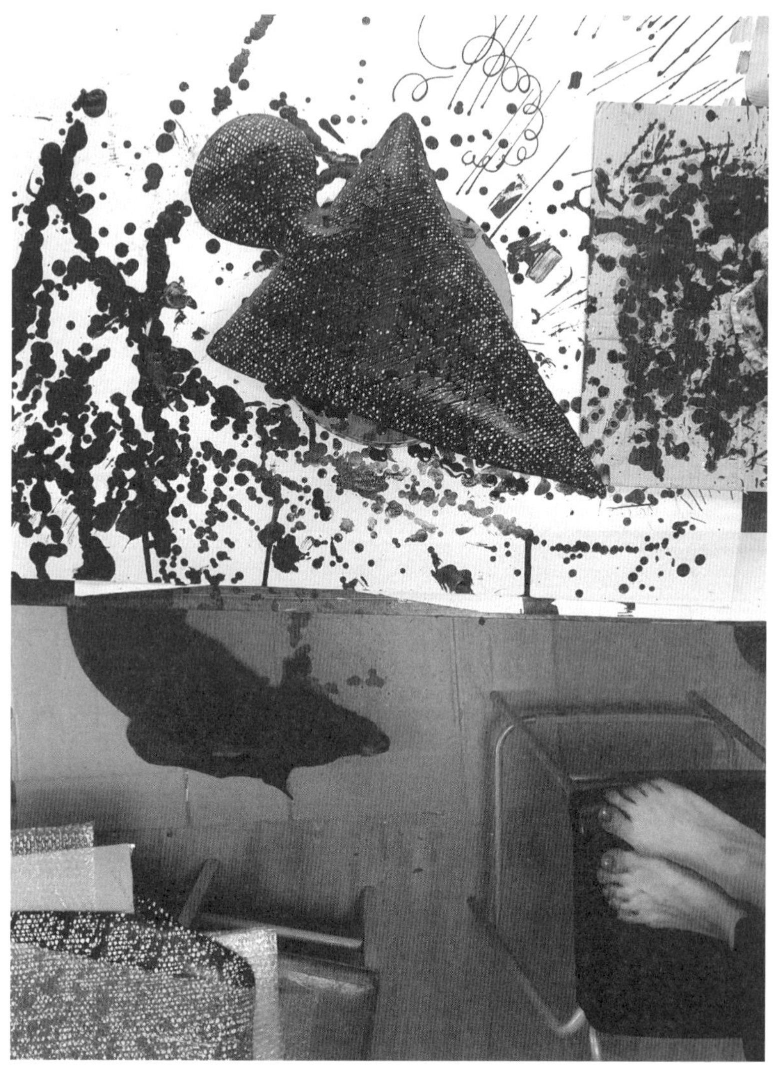

뱅그르르
돌림판을
돌리며
선을 긋다
아래를
보니
맥스가
누워 잔다.

각도도
잘
맞췄네.

재밌어
의자에
올라가
사진을
찍으니

흰 눈
내리길
벌써부터
기다리는
한여름
봉숭아가
부끄럽게
붉다.

20230723

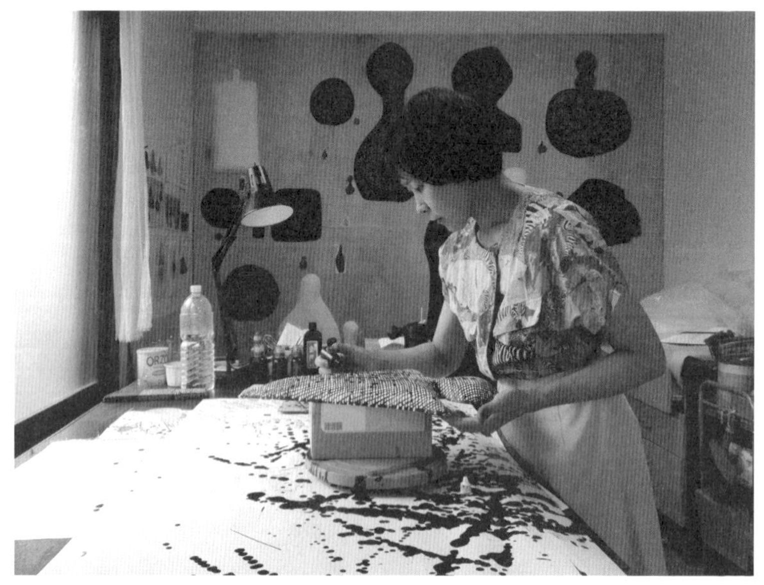

임흥순 작가가
김동일 할머니의
유품인
산더미 같은
옷들 중
마음에 드는 것을
사람들에게
고르게 하고
그 옷을 입고
생활하는
사진을
찍으라 하여

할머니의
옷 중에
마음에 드는것을
골라 입고
매일의
작업을 한다.

할머니의
깊고 깊은
허전함이
옷으로
남은듯하여
이제 여기
남은 외로움
훌훌 떨치시고
금빛 날개로
영혼들의
세계를
자유롭게
누비시길 빌며
오늘도 나의
하루를 보내며

20220317

하얗고 매끄럽게
다듬어진
나무판 위에
처음으로
목탄을
그을 때
마음이
너무
설레고
안절부절못해서
좋아하는
사람 앞에서처럼
긴장하고
발만 동동였는데
그 시간이
돌아보니
저어기
한참
뒤에
있고나.

그때
눈앞에
펼쳐졌던
첫 광경은
참으로
깊게
뇌리에
남아있다.

여전히
긴장하고
떨리고

안절부절못하지만
그 순간 이후
집중이
너무나
깊고 달콤해
살아있다고
느끼게 하는

나의
생의
정수가
그곳에
있다.

이제 전시가
코앞인데
해보고 싶은 작업은
여전히 줄을
서 있고나.

시동 거는데
긴 시간이 걸리고
또 예열한 후
부드럽게
움직일 때까지
긴 시간이 걸린다.

압축적으로
살고 싶은데
그게 어렵지

하나하나
내가 만든 것은
진짜였으면 좋겠고
허투루
해버리고 싶지
않은걸.

우선순위
메길 수 없게
지금 하는
모든 일이
일순위인 나의 삶

뒤죽박죽 돌아가도
서서히
나의 속도로
안착되길

맥스가
우리집에
온 다음부터
검은 옷만 입는
둘째

엄마를
작업에
빼앗겨
작업실 문을
들썩이며
엄마가
작업에
먹히지
않고
잘
살아있는
지
내내
살핀다.

그러다
잠시
짬이
난다
싶으면
냅다
들어와
옆에
착
붙어서
이제
자기랑

놀자고
꼬신다.

안
넘어가기
쉽지
않다.

방학인데
엄마는
작업만하고
나는
여지껏
기다렸는데
엄마는
안 놀아주고

여기까지하면
이제 작업은
다 한 거다
오늘은
그럼
여기까지
할까?

이리와.
꼭 안으면
마음이
따뜻해지고
말랑말랑해진다.

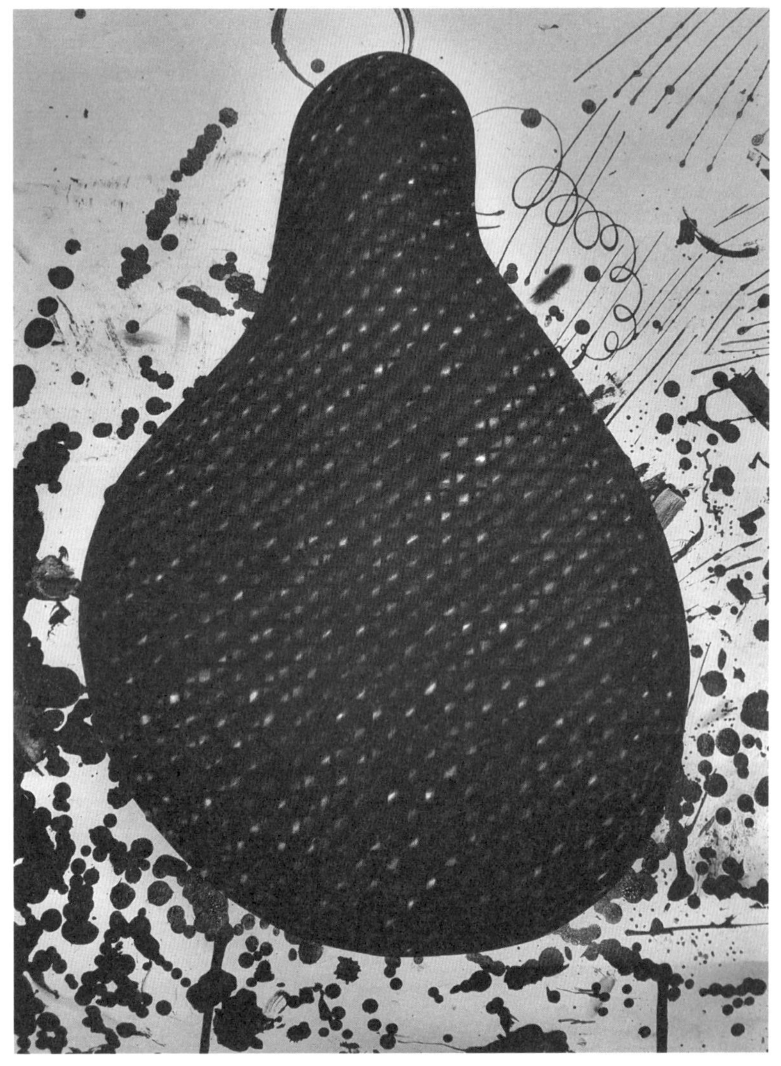

점점 더 검어진다.
목탄을
올리려고
종이분과
점토가
섞인
밑칠을
했는데
목탄의
고운 가루를
떨구지 않고
잘 잡아준다.

음
이제
고착시키는
것을
어떻게 한담

언덕에 올라
멋진 풍경을
한번 보고
다시
골짜기로
내려가는
발걸음

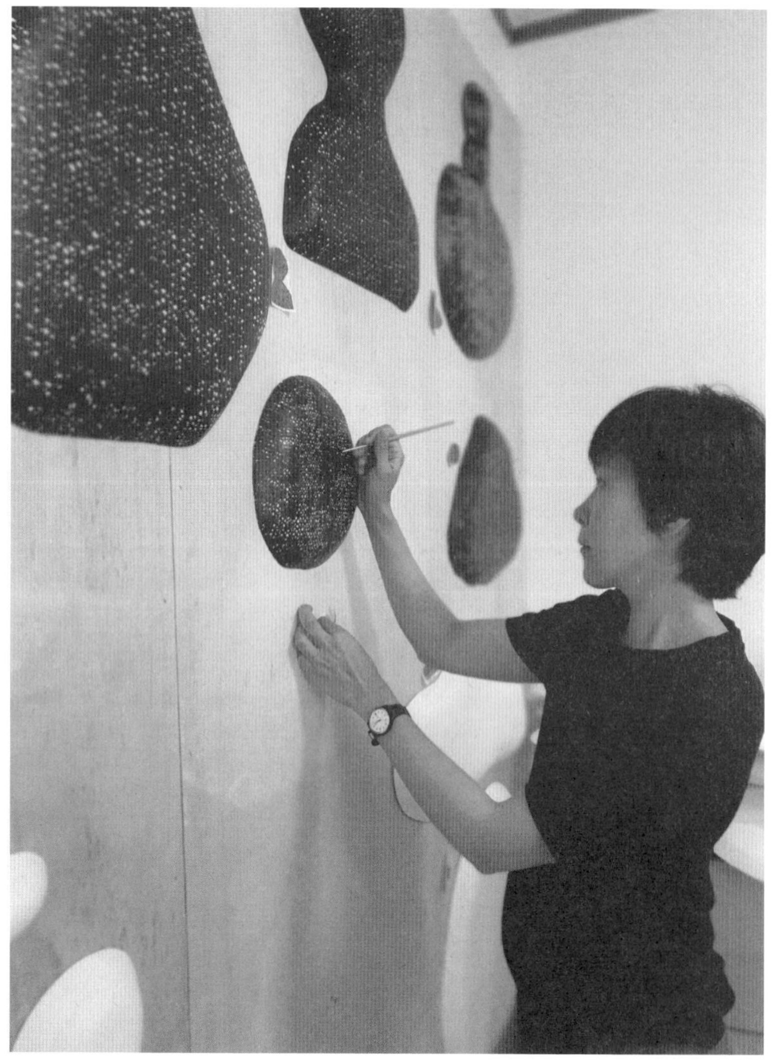

벽에 작품이 붙어있고
나도 벽에 매달려
조그만 붓으로
조그만 선으로
조그만 구멍을
다듬는다.

큰일이나 작은 일이나
세세한 뒷마무리가
필요하다.

차분하게
단정하게
더할 나위 없을
때까지

20230723

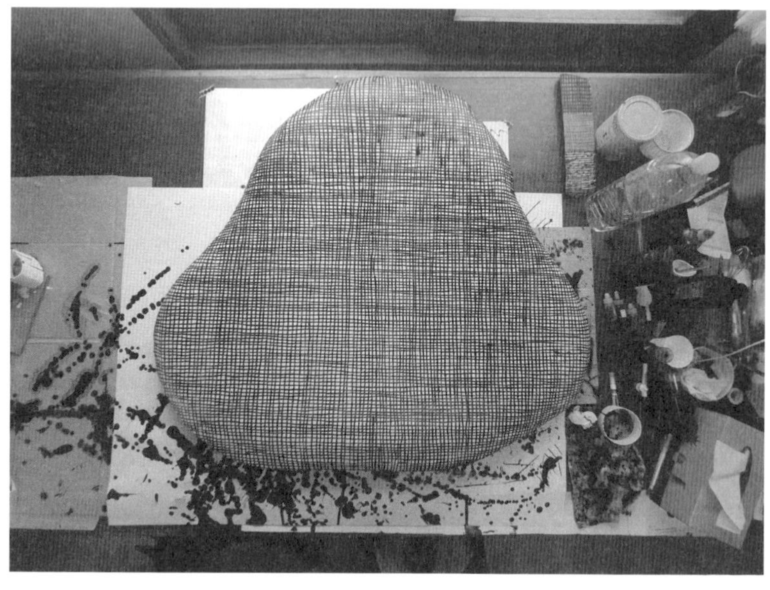

커다란 하나
가로
세로
선을
그리니
구멍이
숭숭 난
면이 되었다.

아직
허술하고
어수룩
난만하고
푸르른
사춘기를
지나고
있고나.

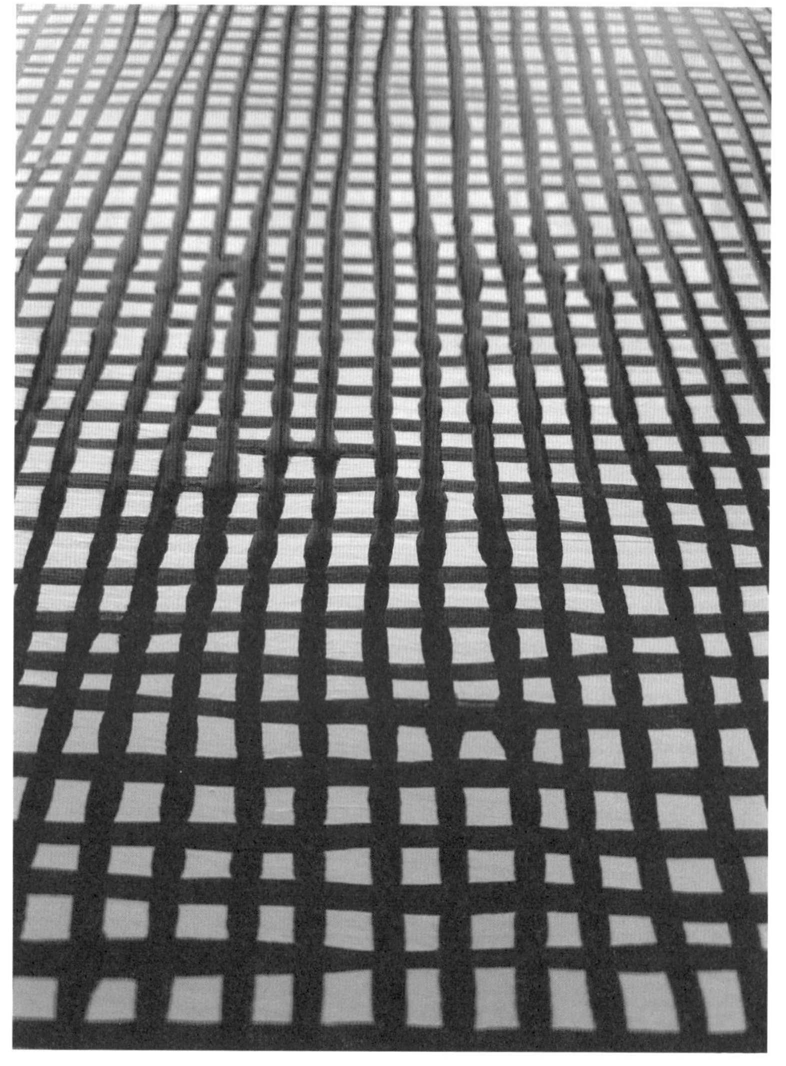

선들이
좌우로
달려
면을
이루고
공간이
만들어지고
존재는
단단해
지고

나는
매번
그게
참
신기하고
기쁘다.

하안거처럼
작업에
집중하는
이 시간이
참 소중하고
귀하여라.

데드라인의
힘이란
대단하구나.

엄청난
압박감에
쫓기면서도
집중해서
할
일을
한다는 건

어쩌면
혼자
힘으로는
하기
어려운 일

덕분에
더운 줄
모르고
지나간
여름

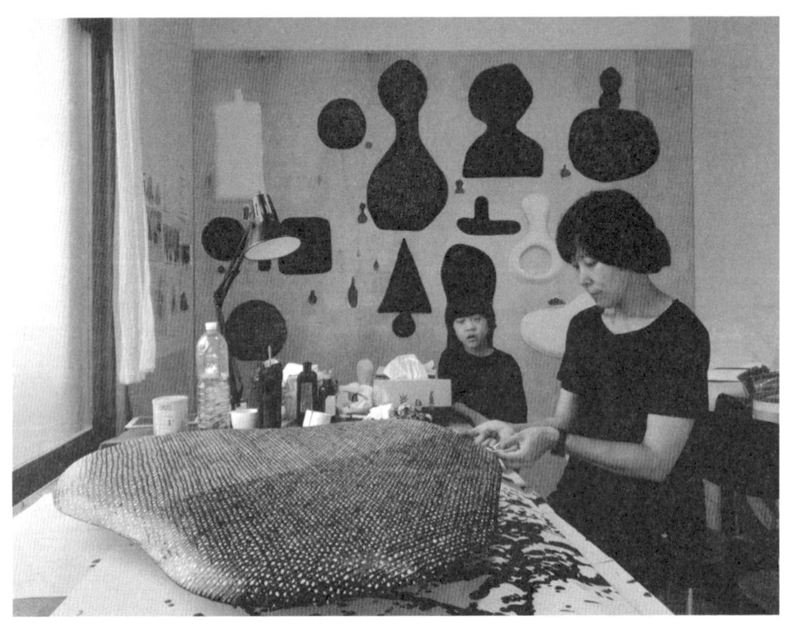

시간과
공간은
겹쳐있으니
나의
집중의 시간이
아이에게는
또 다른
의미로
기억되겠구나.

공동의
기억이
서로에게
편안하게
남기를

둘째의
오늘의
사건과
느낌과
감정들을
들으며

손은
부지런히
고요하게
오늘의
할일을

가끔은
머리를
많이 쓰지
않아도
몸과
감각이
알아서
길을 찾고
균형을 잡아
고요한 물을
가르는
조각배처럼
나아갈
때가 있다.

이런
순간
생생히
살아있음을
느끼고
머릿속의
기름때를
씻어내며
조급함으로
바싹 마른
목도한번
축이는
것이다.

이 생의
샘물을
종종 만나는
삶을
살고 싶다.

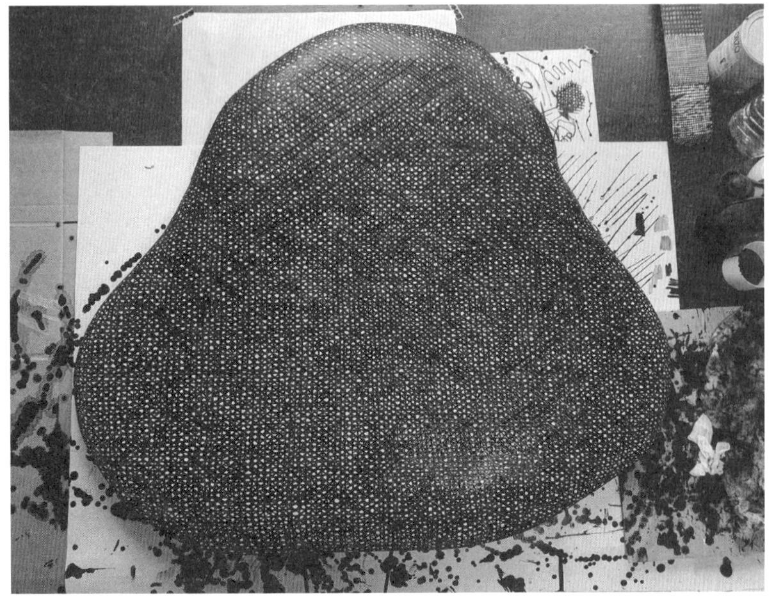

자연으로부터
나에게 온
둥글고
어딘가
똘똘치 못하게
이지러진
형태가
나를
거쳐
나와
어느 날
문득
다시
보니
나를
보고
웃는다.

20230806

태풍이
올라오고
있다하니
이를
어쩌나

일주일
앞당겨
작업
시간을
압축해
소진하고
이제는
포장의
시간인데

포장재료
구하러
스티로폼
공장도
가보고
친환경
뽁뽁이도
마련한다.
이 방면의
세계도
참으로
넓고
깊고나.

선배언니가
다른
선배언니를
연결해주고
조각하는

그 언니가
난관이었던
운송의
묘를
전수해주니

세상이
참 좁기도
하고
넓기도
한 것이
신축성 좋은
남대문
속옷과도
같고나.

선배언니의
말이
포장을
귀신같이
잘해야
한다고
했으니
이제는
내가
귀신이
될
차례고나.

못할 것
없지.
귀신이
되어보자.

20230806

스티로폼을
잘라
딱 맞는
관을
만들고
그 안에
별 모양
완충제를
넣는다.

방학을
맞은
아이들은
하루 종일
관만
짓고 있는
엄마가
대체
뭘 하는
중인지
궁금하다.

옆에 붙어
별모양
완충제를
하나씩
딱 맞게
넣기
시작한다.

도와줘서
고마운데
빨리
마치긴
포기해야겠다.
이제
아이들은
틈새
메우기
삼매경이다.

말릴 수도 없고
내버려 둘 수도 없어
그냥 두고 보는
오늘의 풍경

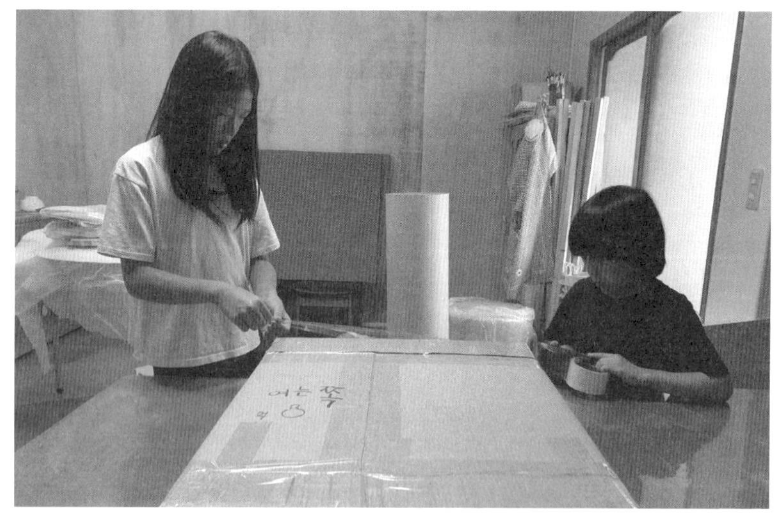
여는 쪽

이제
포장이
자기들의
일이
되었다.

작품의
모양을
상자에
그리고
앞뒤를
쓴다.

그리고
테이프를
쫙
붙여
마무리

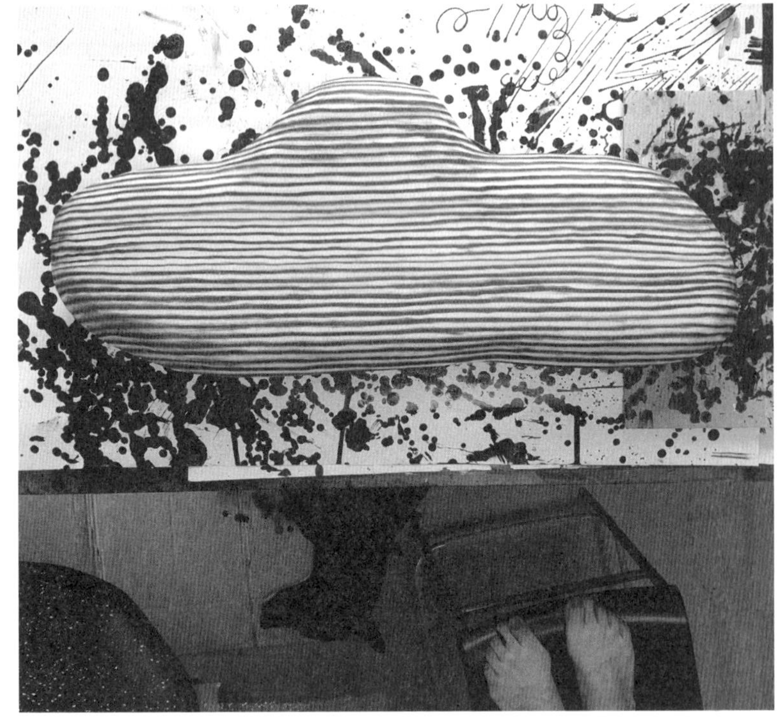

태풍이
올라오고 있으니까
포장은 포장대로
하면서
마지막
작업을
번개에 쫓기는
사람의
심정으로
시계 바늘에
등을 떠밀리며
내적 저항 없이
순순히
작업한다.

오늘도
작업대 아래에서
한없는
무경계의 상태로
누워 자는
맥스의
평온한 마음가짐에
힘입어
힘을 내어 그으니
목탄의 선이
어수룩이
아름답게
되어간다.

폭풍전야의
붙잡을 곳 없이
흔들리는 나의 마음에
도움을 준 이
맥스

20230804

엄마에게
이 모든
일들이
어떤
의미이기에
이토록
정성과
시간을
들여
하고 있는 가
이해는
잘 안되지만
파악해보려는
여덟 살 아이

함께 한
순간들이
어떻게
마음에
남을지는
지금은
알 수
없는
일

마음을
들여다
봐줘서
고맙다.

20230805

나는
여기
섬에
있고

너는
저어기
바다를
건너
가야
한다.

너의
몸이
딱
안길
관을
짜고

눈
감고
아웅일
지라도

친환경
뽁뽁이로
너의
몸을
감싸고

그
틈새에는
조각가
선배님의

조언으로
그
존재를
알게 된
별
퐁퐁이를
꼼꼼히
채워

먼 길
가는
동안
온 몸에
전해질
진동을
마주하고자
한다.

긴
여행
끝에
서울에서
뚜껑을
열었을
때

우리
둘 다
고스란히
다시
만나자.

20230806

하나씩
포장된
작업이
천천히
쌓인다.

이것이
또
나에겐
지금
마주잡고
용을
쓰는
일인
것이다.

아침부터
밤까지
꼬박
일주일에
걸쳐
몰두한
작업의
결과

스티로폼을
자르고
테이프를
붙이는
단순한
작업이지만
여지없이
시간이
드는 것

태풍은
오고 있고
마음은
급한데
손은
급하게
움직일
도리가
없다.

재깍재깍
시간은
가고
작업은
언제나처럼
시간의
흐름을
벗어난
듯
유유히
일어난다.

될 만큼의
시간이
들어야
된다는
것을
부러
알려주듯이

20230807

노심초사
포장을
마치고
잠시 쉬고 있는
그때
마침
용달
기사님의
전화가 온다.
잘 하면
태풍
전에
작품을
실을 수
있겠다고.

포장은
다 되었다고
하니
지금 바로
오신단다.

이 모든
것들은
나의 능력
밖의 것이다.
매순간
일어나는
나를
돕는
이 힘들은
나의
외할머니에게서
오는 것 같다.

정화수를
떠놓고
빌고
나를
볼 때마다
우리 강아지라고
엉덩이를
툭툭
쳐주시던
투박한
손길

그 애정의
힘은
나를 보호하고
모든 것을 통해
나를 지극한
애정으로
돕고 있음을
느낀다.

내가
할 수 있는 것은
매순간
정화수를 떠놓고
비는 마음으로
순간순간을
지어나가는
것뿐일 것이다.

작업을 마주하며
하는 모든 행위들과
아이들을 마주하며
하는 모든 행동들과

자연을 마주하며
하는 모든 공명에서
나는
나를
보호하는
고운 마음이
내게 하듯이
나의 마음으로
그것들에
애정의
보호막을 씌운다.

작품들은
폭풍 앞에
작아지며
안간힘을 썼던
나의 마음을
잊은 채
홀가분히
작은 트럭에
몸을 실었다.

이제 이후의
일들은
나의
힘으로
어쩔 수가
없는
영역의
것이 되었다.

그저
기사님께
친절하게
인사드리고

눈에서
사라질
때까지
작아지는
뒷모습을
배웅할
뿐이다.

20230811

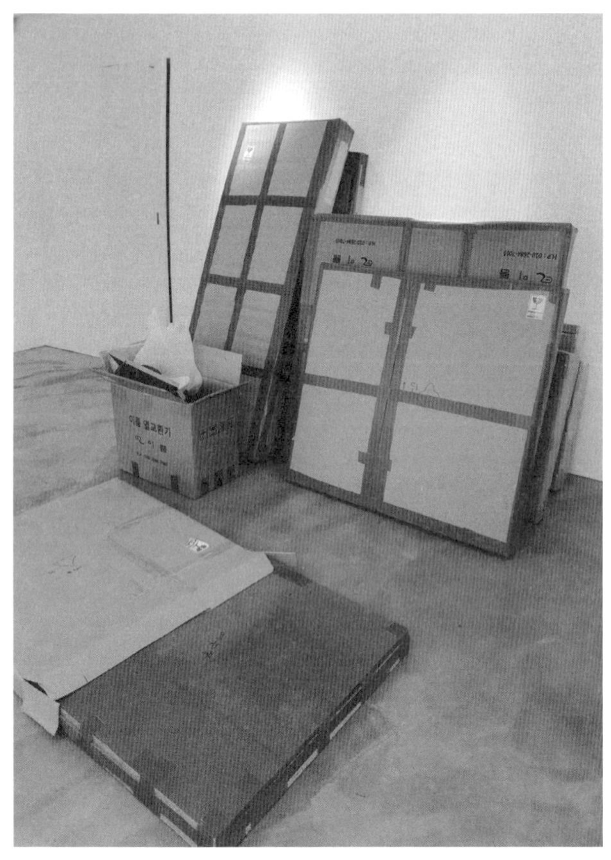

여러분의
도움으로
작품들은
태풍이
오기
전
무사히
전시공간에
옮겨졌다.

머릿속으로
그렸던
여러 갈래의
복잡성과
가능성은
모두
잠잠해졌다.

잠시.
정적

이제
관속의
작품들이
무사한지
꽁꽁 싼
포장을
풀어
확인하고
머릿속으로
수차례
그려본
그림과
현실의
간극을
만날
차례

전시공간의
흰 벽은
건들기 전까진
고요하다.

말 걸지 않으면
대답하지 않듯이

크기와 넓이만으로는
가늠되지 않는
벽들의 가능성

소곤대는
공명

묵직한
존재감

그것은
공간과
작품과
내가
무난히
서로를
지지할 때
일어나는
일시적 사건

작업노트에
그려보고
계획한 것이
과연 그러할
것인가

그것을
확인하는
일
앞에
서

빈 벽을
마주하기는

늘
긴장되고
두려운 것

20230815

작품
설치는
어떻게
지나갔는
지도
모르게
뭉텅이로
사라진
기억으로
끝이
났다.

무언가
여러 번
들어
올리고
나사를
박고
뒷걸음질
쳐
멀리서
보고
서로의
간격을
가늠하고
미세한
수평을
맞추는

과정들이
분명히
시간이라는
척도 아래에서
진행되었건만

그 순간은
기억과

복기를
불가능하게 하는
완전하게
몰입된
초집중의
진공이어서
시간이라는
차원을
벗어나
있어서일까.

변화의
무질서와
들썩임과
가능성의
파도가
지나간
후

벽에
좌정한
작업들은
원래
그 자리에
붙박여
있었던 듯
너무나
자연스럽고
차분하게
거기
있다.

가만히
변화한
공간이
나를
본다.

해가
지고 있다.
공간의
기운은
이제
네가
할 일은
다 했다며
안심시킨다.

나는
전시공간을
나서며
다시
한번
공간을
향해
감사의
인사를
건넨다.

내가
온
마음으로
오랫동안
짓고
있던
것들이
내
밖으로
나오고
그것을
이
공간이
받아들여
주었다는
것에

혼자서는
이룰 수
없는
이
모든
무탈함에

다시
또
온
마음으로
이후의
모든 것이
무탈하길
비는
마음이
되어
떨어지지
않는
발걸음을
땐다.

머리를
쓰다듬고
등을
토닥이며
이제
가서
쉬라는 듯
공간을
감싸는
그림자와
빛 사이로

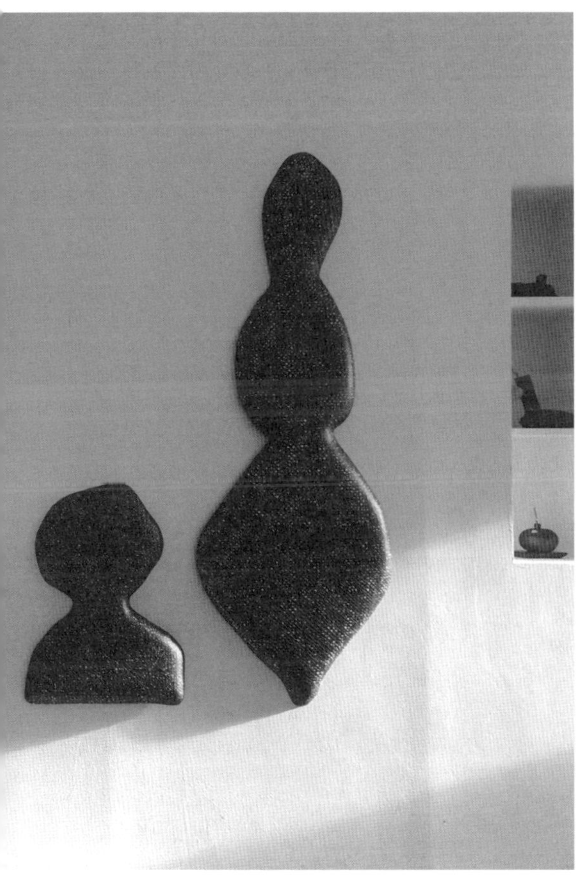

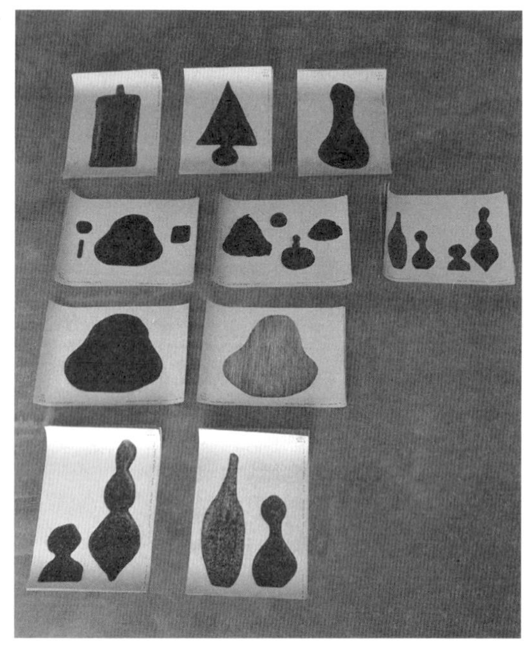

포스터도
무사히.

무슨
마음에서

이렇게
다종
소량
인쇄를
했을까.

여러모로
번잡했을
디자이너
보라와

라미나
인쇄소
진주에게

허리 숙여
감사인사

이런
어리광은
이제
그만
할
때도
된 것
같은데

막상
닥치면
하나라도
더
붙잡고 싶어
안달이니
나도
참

지금
다시금
부끄럽

20230930

평론가
두 분을
통해
작업을
바라보는
새로운
지평을
만나고

교정
교열
번역을
거치고

작품
촬영을
하고나서

이 모든
내용이
담긴
책을
만든다.

이제
이 모든
것들이
동등한
재료가
되어

책이라는
결과에
다다를
때까지

나는
디자이너의
옆에서
그의
작업이
되어가는
것을
신기한
마음으로
지켜본다.

작업을
하고
전시를
하며

내가
할 수
있는
영역보다
다른
사람의
도움의
영역이
더더욱이
드넓고
다양하니

이
아니
감사한
일인가.

지면에서
작품이

떠오르게
만들고
싶어요.
전시장
벽에서
작품이
솟아오르게
만든 것처럼
그것들이
지탱되어지는
바탕 없이
스스로
존재하게
하고 싶어요.

이상주의적인
나의
순진과
진지
사이의
이
말에
디자이너
보라는
며칠 밤을
새며
작품 사진의
배경을
지워야
했다.

다른
사람의
등골은

빼먹으면
안 된다.

깊은
사죄와
감사를

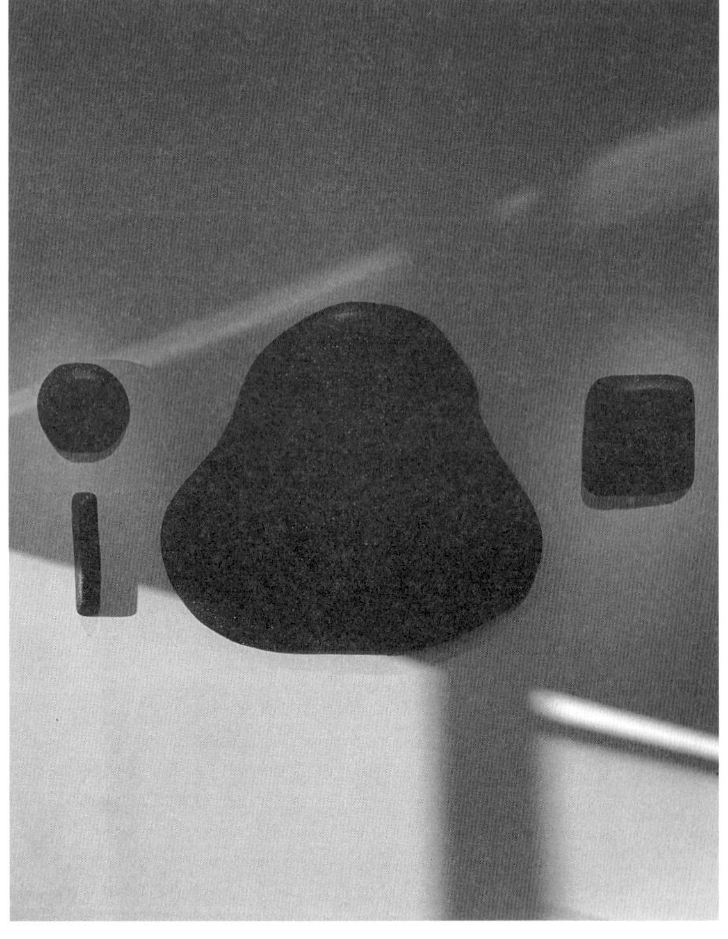

도록은
이제
나의
손을
떠나고

디자이너의
손도
떠나고

인쇄소 사장님
손을 거쳐

접지와
실제본 집
능숙한
손들에
맡겨져
있을
것이다.

이 안심은
어디서 오는가.

얼굴도
모르는
많은
사람들이

이
일에
모두
얽혀

하나씩
맡은
역할을
해낸다.

다시금
고요해진
나의
마음과

그걸
아는 듯
스쳐가는
저녁 해의
다정한
그림자

가을
해가
이렇게
짧아졌고나.

몇 개의
계절을
반복해

어루만졌던
작품들은
이제

따뜻하고도
쓸쓸한

가을볕의
쓰다듬음을
받는다.

긴
한 바퀴의
흐름
안에

내가
있다.

나를
기억하는
지인들이
깜깜한
시간의
공백을 건너

나와 내가
만든 것을
보러 온다.

시간을
나누며
순간의
기억을
같이 짓는다.

모두가
떠나고
꿈같은
들뜸이
가시면

나와
작업이
다시금
슬며시
마주한다.

고요히
오늘도
각자의
자리에
있다.

비어있던
전시장을
작품으로
채우기 위해
애썼던 시간들과

전시장을
지키며
사람들과
이야기 꽃을
피우던 시간들과

전시를
마치고
작품을
다시 포장해
원래 있던곳으로
실어 보내는
시간들은

이제
다
지나갔다.

지금 다시
텅
빈
벽을
마주하며
조용히
건네는 안녕

위안의
형태들

20240111

이십년이 넘도록
내가 하는
작품 활동을
응원하고 지지해주는
작업 생명의 은인이
있다.

위안의 형태들 작품 중
커다란 것 하나가
그분과 함께
지내게 되었는데

집 공사로
벽에 기대놓은
작품이 쓰러지면서
충격에
두 개의 판을
이어붙인 자리가
터져
벌어지기 시작했다고
연락이 왔다.

작품 수리를 하러
다시금
도구들을 챙겨
서울로.

초반에
형태를 오려내는 일과
판 두 개를 붙이는 일을
내가 했으면
이런 일이 없었을까.
곰곰이 생각해보아도
그럴 리 만무하다.

이미 벌어진 일
책임은 나의 것

전통 목공예를
하는 전문가에게
조언을 구해
재료와 기법을
몸과 마음에 익혀
작품을
다시 만나러 가는

이
죄스럽고
조심스럽고
불안한
마음이십년이 넘도록
내가 하는
작품 활동을
응원하고 지지해주는
작업 생명의 은인이
있다.

위안의 형태들 작품 중
커다란 것 하나가
그분과 함께
지내게 되었는데

집 공사로
벽에 기대놓은
작품이 쓰러지면서
충격에
두 개의 판을
이어붙인 자리가
터져

벌어지기 시작했다고
연락이 왔다.

작품 수리를 하러
다시금
도구들을 챙겨
서울로.

초반에
형태를 오려내는 일과
판 두 개를 붙이는 일을
내가 했으면
이런 일이 없었을까.
곰곰이 생각해보아도
그럴 리 만무하다.

이미 벌어진 일
책임은 나의 것

전통 목공예를
하는 전문가에게
조언을 구해
재료와 기법을
몸과 마음에 익혀
작품을
다시 만나러 가는

이
죄스럽고
조심스럽고
불안한
마음

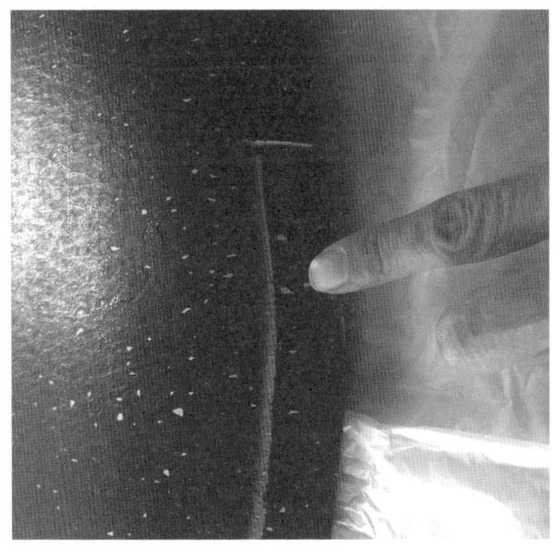

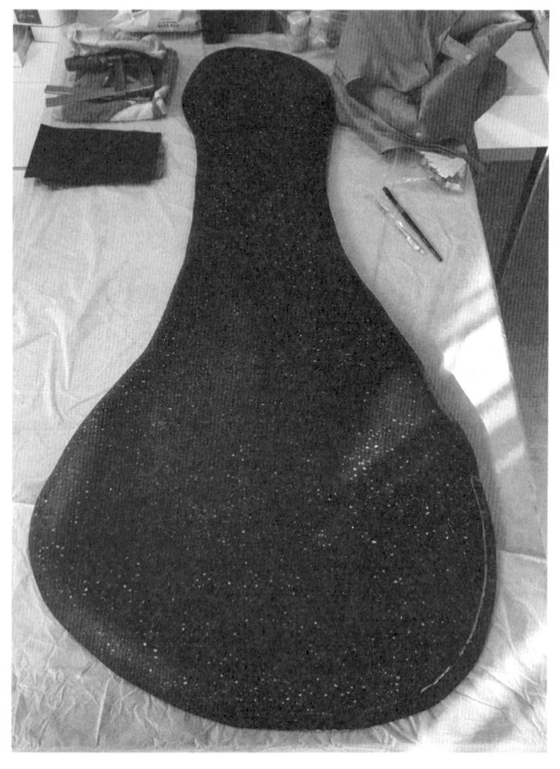

창으로
스미는
여린
겨울 빛

다시
작업대에서
마주한
묵직한
형태

아픈
몸을
돌보는
마음으로
곳곳을
살펴

어디에
어떠한
상처가
났는지
지그시
안색을
살핀다.

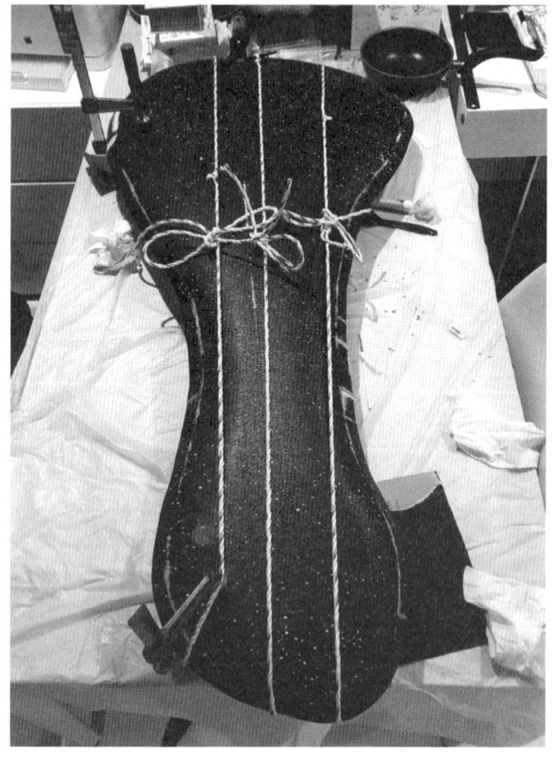

터진
방향의
수직으로
강하게
감싸는
노끈

노끈을
풀리지 않게
조여 주는
작은
막대기

저항을
저항으로
상쇄를
상쇄로
다스린다.

밤새
서서히
일어날
변화를 위한
조건들

견고히
하는 것은
시간의
몫

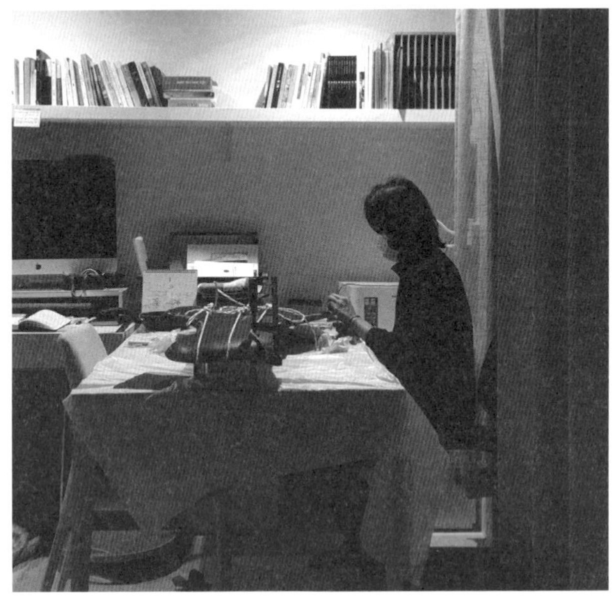

작품을
끈으로
동여매놓고
자리에 누워

나의
몸도
꽁꽁
매인 듯
잠을
설치다

간밤에
상처는
잘
아물었니?
눈치를
살피며

가만히
다시
마주하고
앉으니

매순간
할 수 있는
최선을
다하라고

새벽은
몇 번이고
나를
다시
가르친다.

이곳에
머물며
작업할 수
있는 시간은
정해져
있고

나를 따라온
아이들도
인내심의
한계가
있다.

시간이
압축되어
흐른다.

마음은
급하지만
수리한
부분을
갈아내고
다시
호분과
아교를
켜켜이
바른다.

고요하게

작품
주위를
위성처럼
맴맴 돌며
손을
놀린다.

드디어
이제야
다시
떠오르는
상처를
감싼
희고
깨끗한
공백

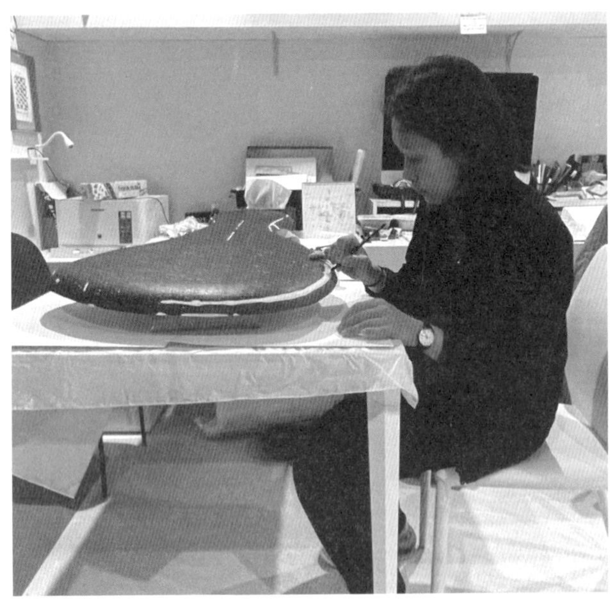

해가 뜬 지
얼마 안 된 것
같은데
벌써
해가
지면
어찌해요.

아직
해야 할
일들이
많이
남아 있고

가고자
하는
길은
저어기
멀리에
이제
조금
보이기
시작한 걸요.

마음은
답답하지만
손은
평온하게

반복적인
움직임이
가르치는 것

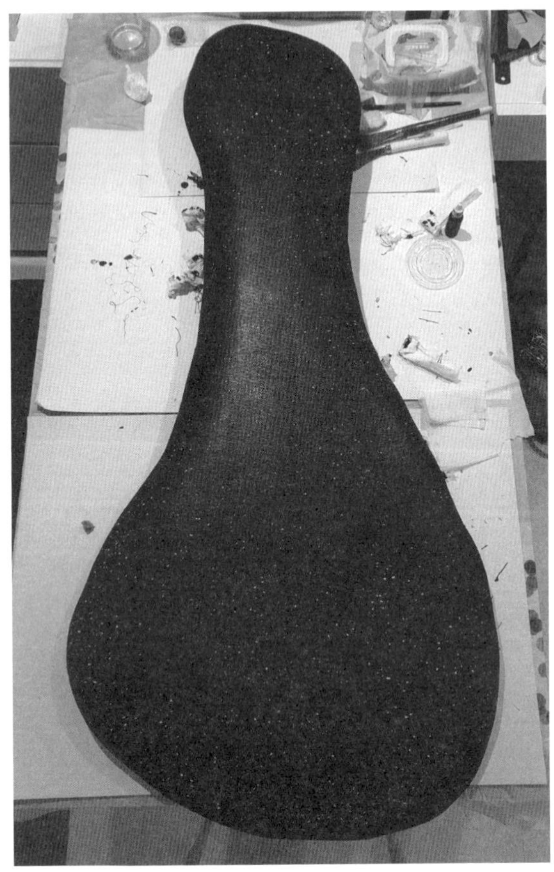

먹 선을
올리는
작업까지

모두의
도움과
지지로
무사히
와
닿았다.

칠흑같이
어두운

차분하고
침착한
곡면을
마주하니
마음이 한결
놓인다.

언제 다시
마주할 수 있을 지
알 수 없지만
소중한 분 옆을
별 탈 없이
오래도록
지켜주기를

또
다시
안녕

위안의 형태들

위안의 형태들
작업을 하며
깎아내고
남은
자투리들이
모였다.

자잘자잘
재잘재잘

언제
다시
시작
할 지
모르는

또
하나의
여운
긴
이야기

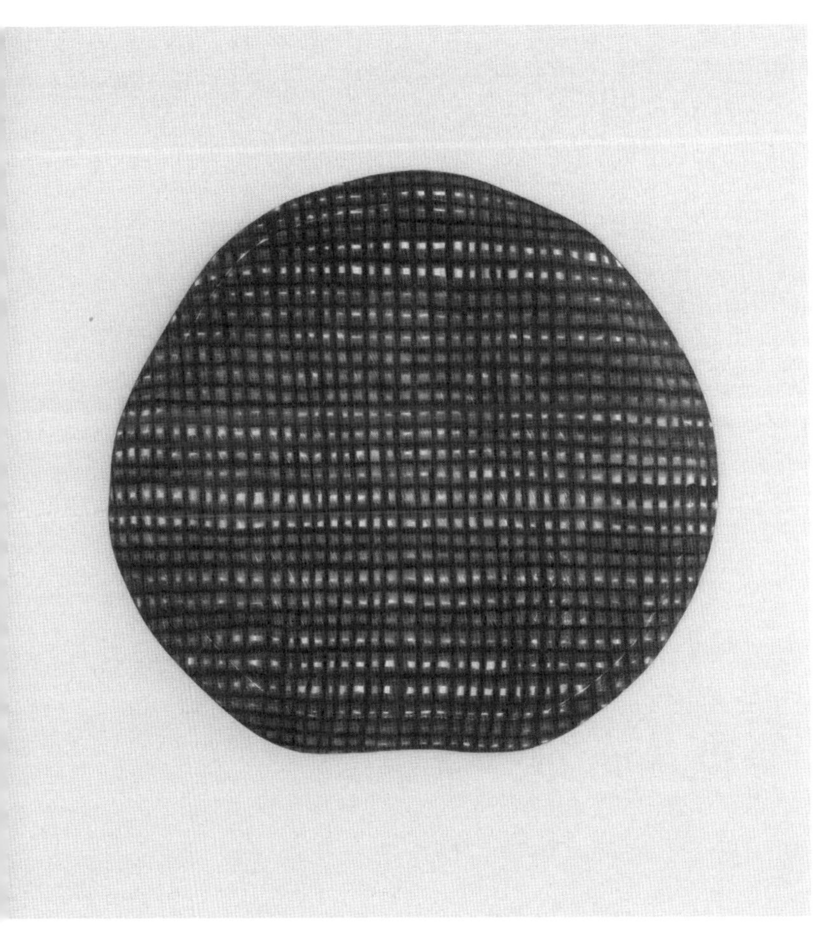

위안의 형태들 20221419 35x31x4cm 압축목탄 호분 아교

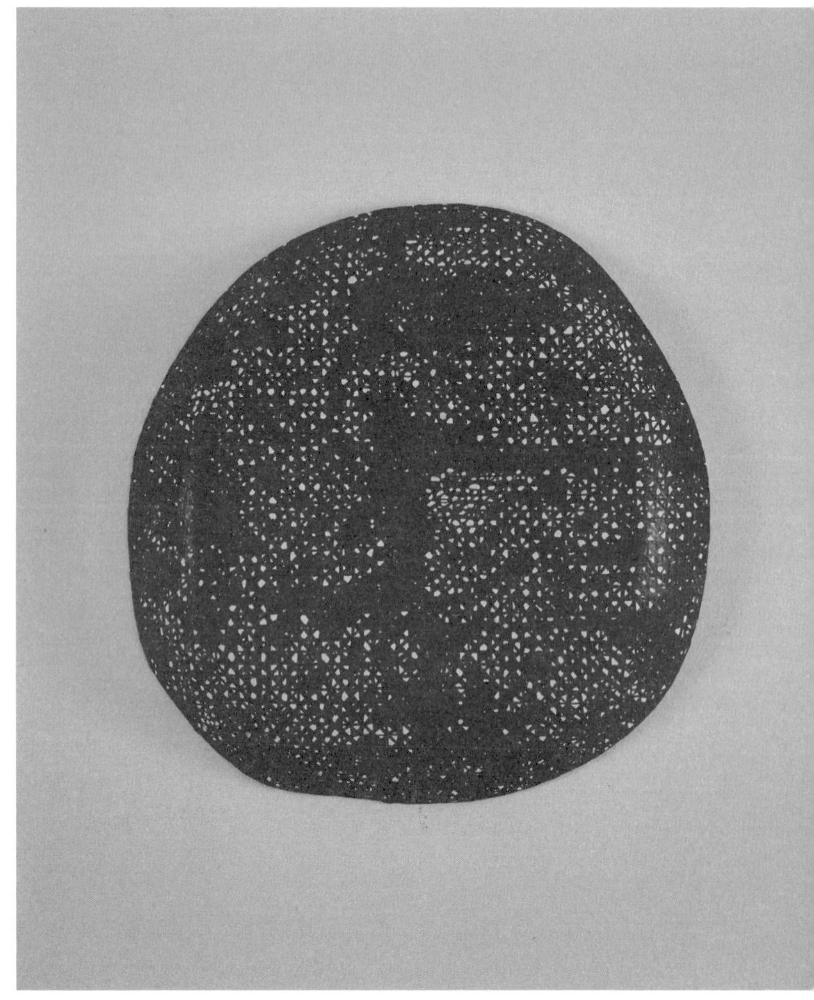

위안의 형태들 20230405 27x27x4cm 나무,먹,호분,아교 2023

위안의 형태들 20230516 54x39x4cm 나무,먹,호분,아교 2023

위안의 형태들 20230525 51.5x60x4cm 나무,먹,호분,아교 2023

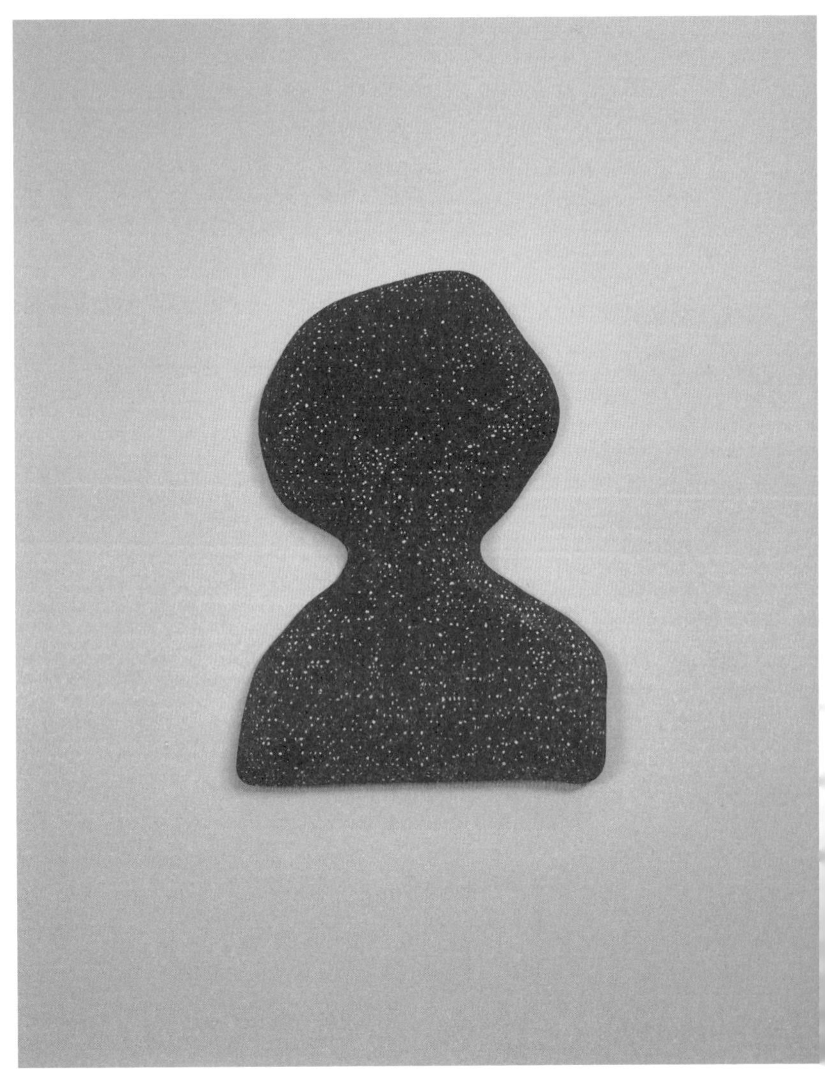

위안의 형태들 20230725 30.5x52.5x4 나무,먹,호분,아교 2023

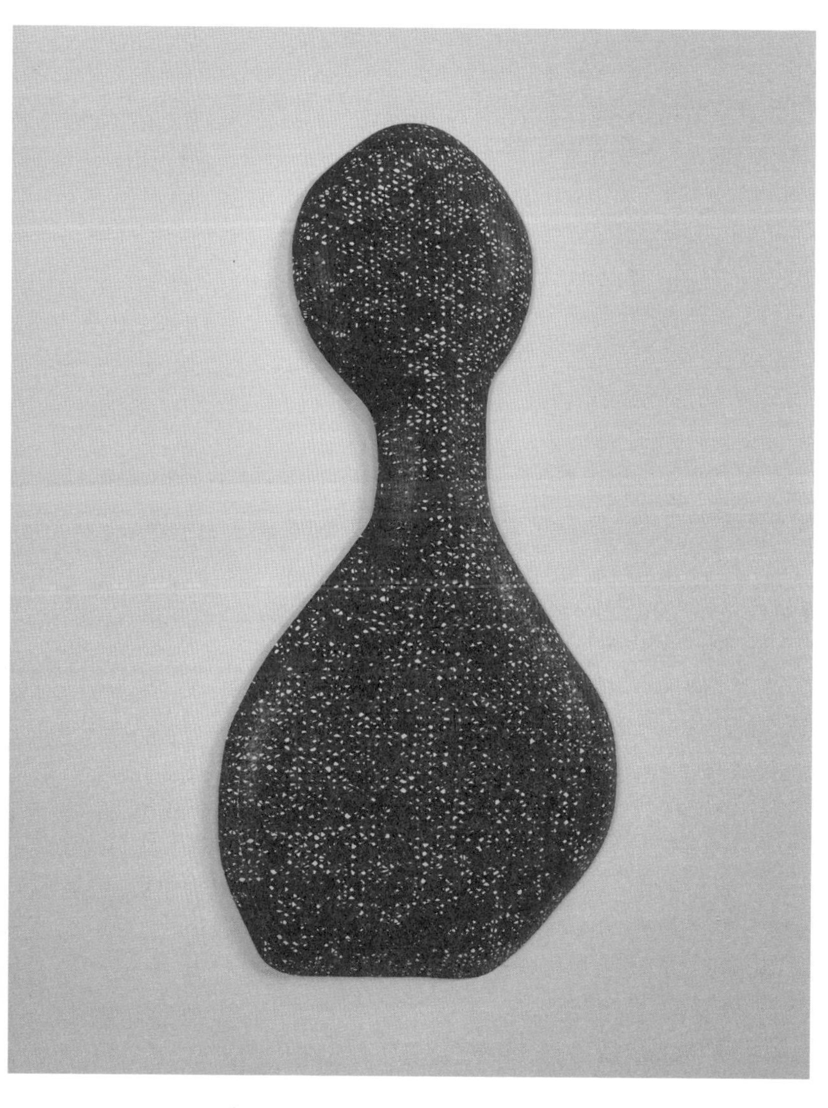

위안의 형태들 20230616 45.5x89x4cm 나무,먹,호분,아교 2023

위안의 형태들 20230627 43x130x4cm 나무,먹,호분,아교 2023

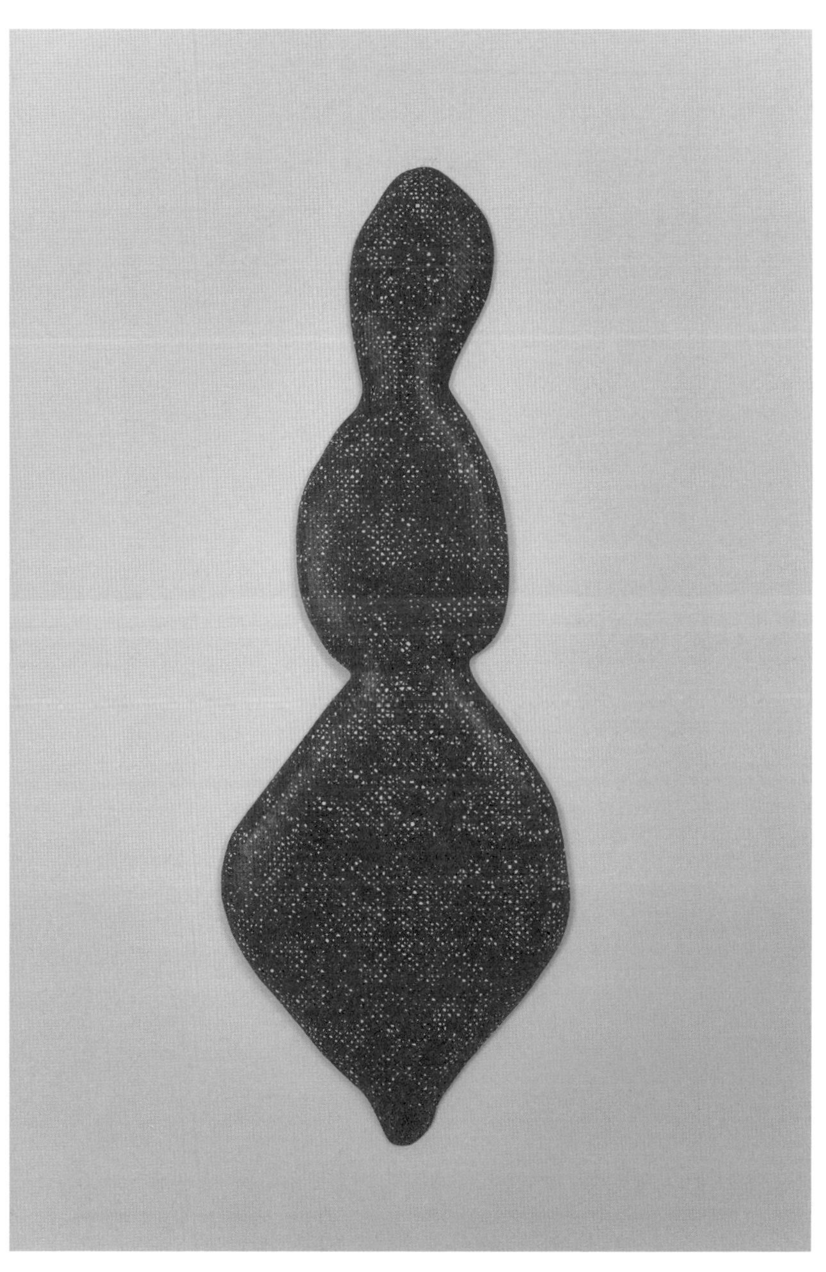

위안의 형태들 20230713 60x155x4cm 나무,먹,호분,아교 2023

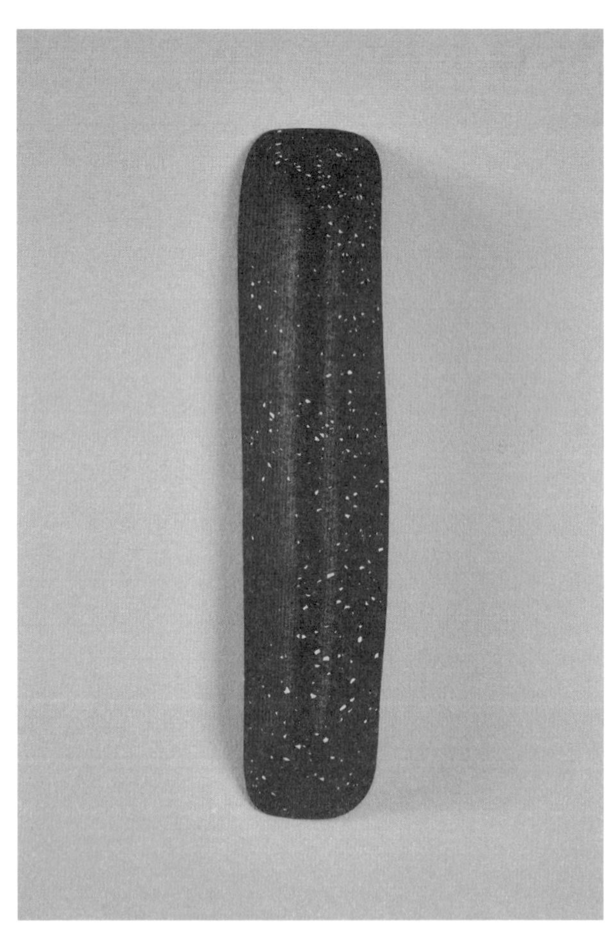

위안의 형태들 20230714 7x31x4cm 나무,먹,호분,아교 2023

위안의 형태들 20230714 24x22.2x4cm 나무,먹,호분,아교 2023

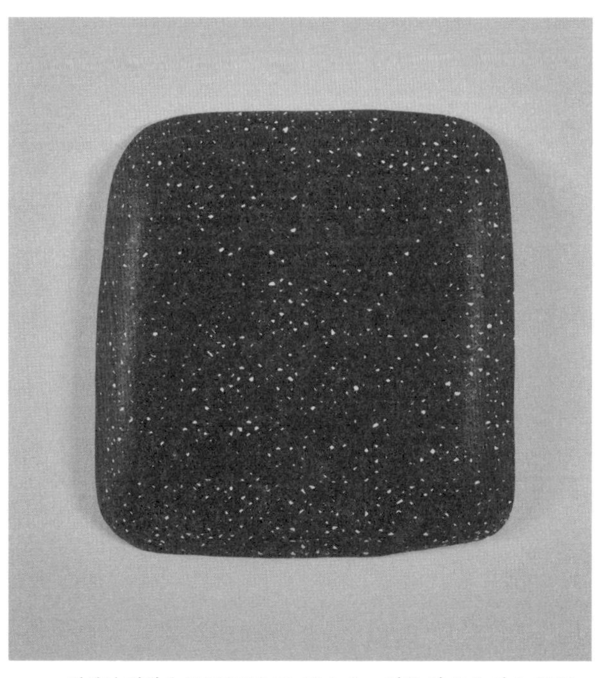

위안의 형태들 20230714 24x22.2x4cm 나무,먹,호분,아교 2023

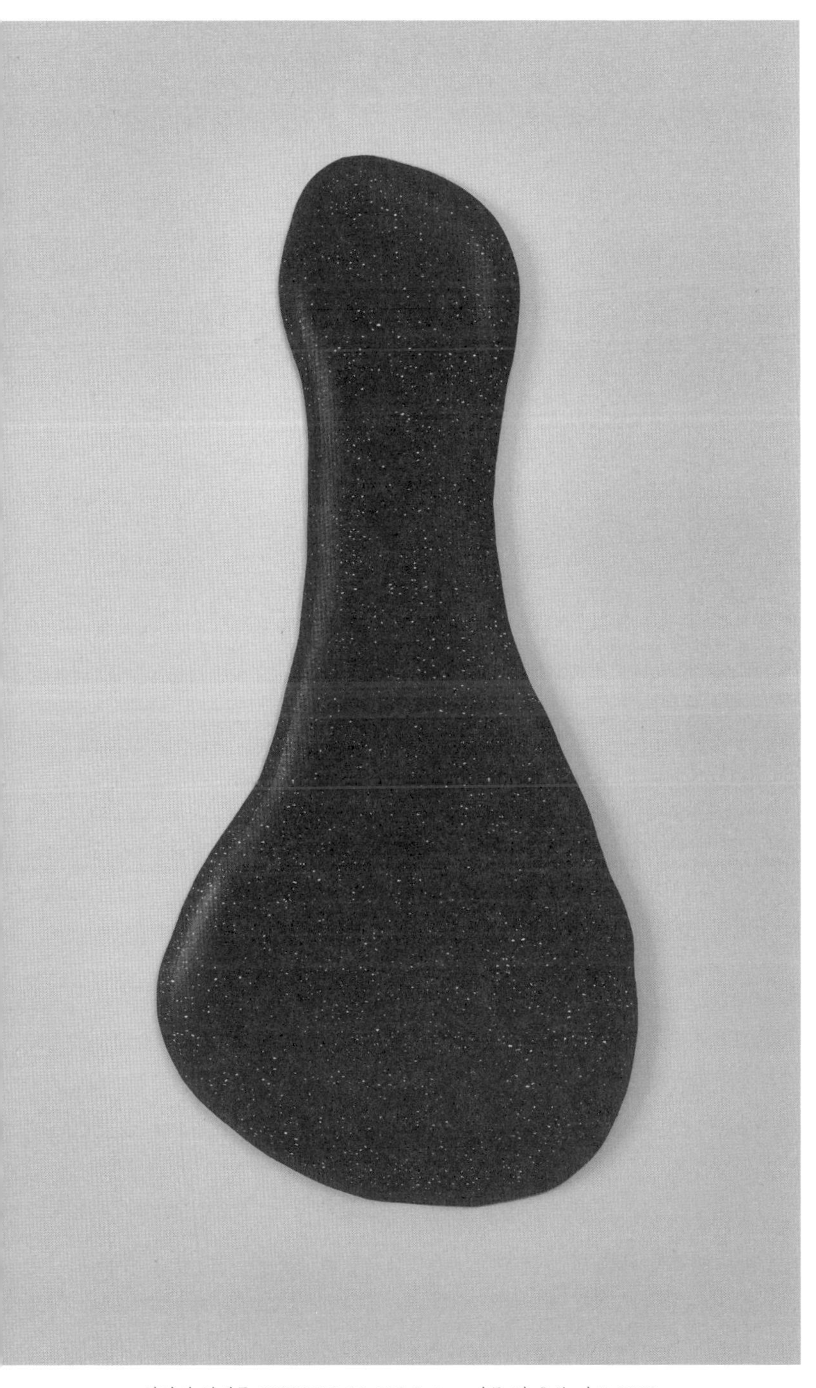

위안의 형태들 20230720 65x135.5x4cm 나무,먹,호분,아교 2023

위안의 형태들 20230725 30.5x52.5x4cm 나무,먹,호분,아교 2023

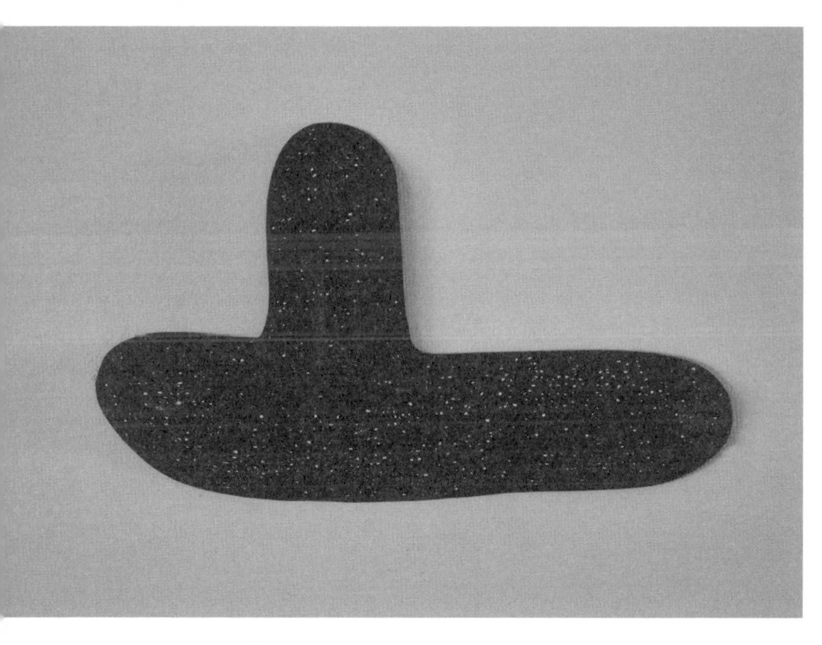

위안의 형태들 20230725 37.5x21x4cm 나무,먹,호분,아교 2023

위안의 형태들 20230727 102x88.5x4cm 나무,먹,호분,아교 2023

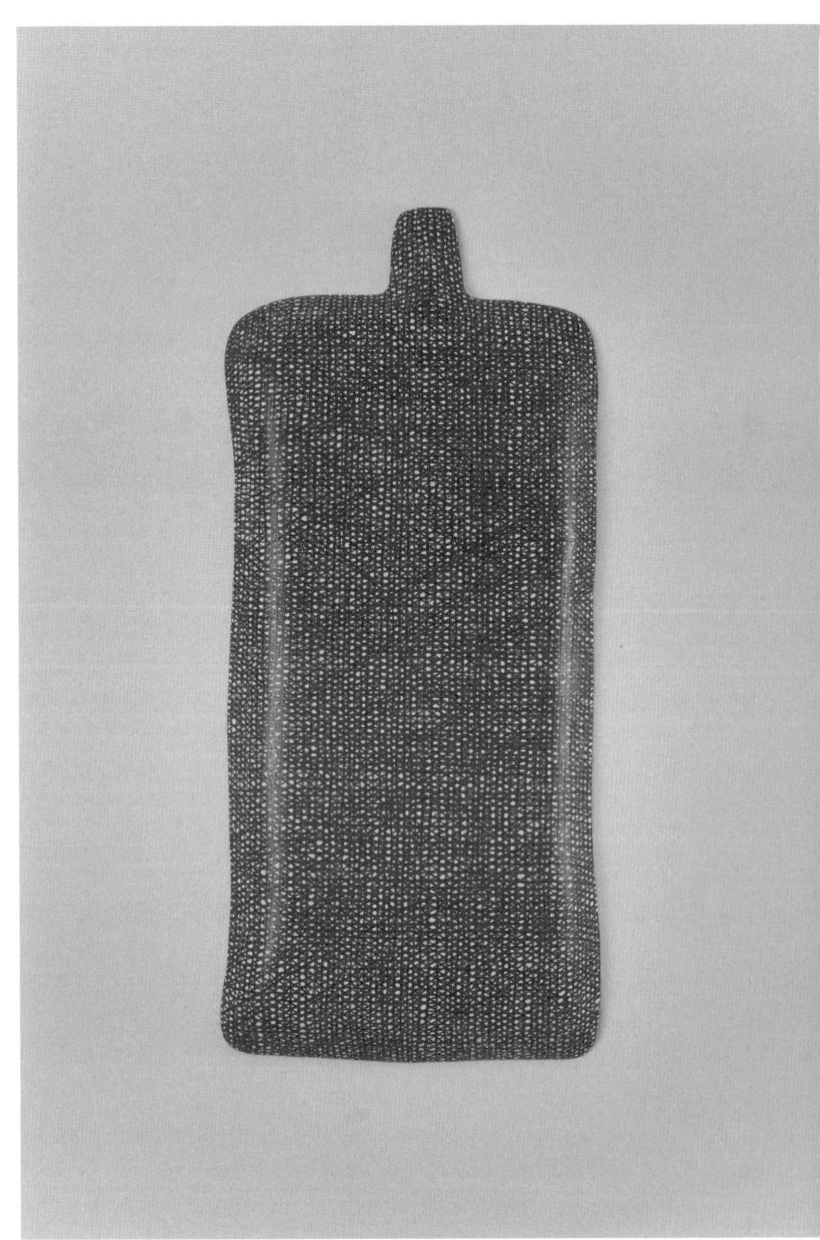

위안의 형태들 20230731 27x58.2x4cm 나무,잉크,호분,아교 2023

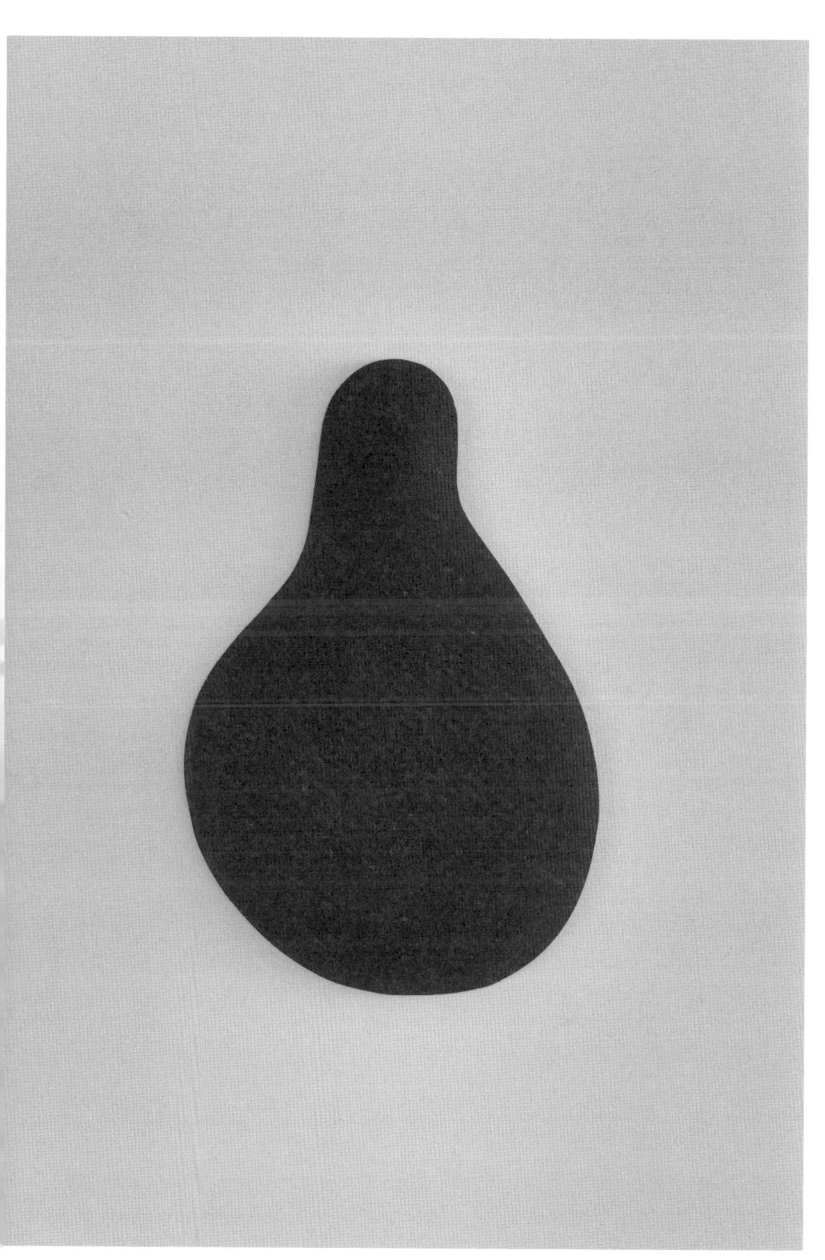

위안의 형태들 20230802 38x57x4cm 나무,목탄,호분,아교 2023

위안의 형태들 20230802 84x35.5x4cm 나무,목탄,호분,아교 2023

위안의 형태들 20230802 109x102x4cm 나무,목탄,호분,아교, 백토, 종이분 2023

위안의 형태들 모음1-2

위안의 형태들 모음2

위안의 형태들 모음3

위안의 형태들 모음4

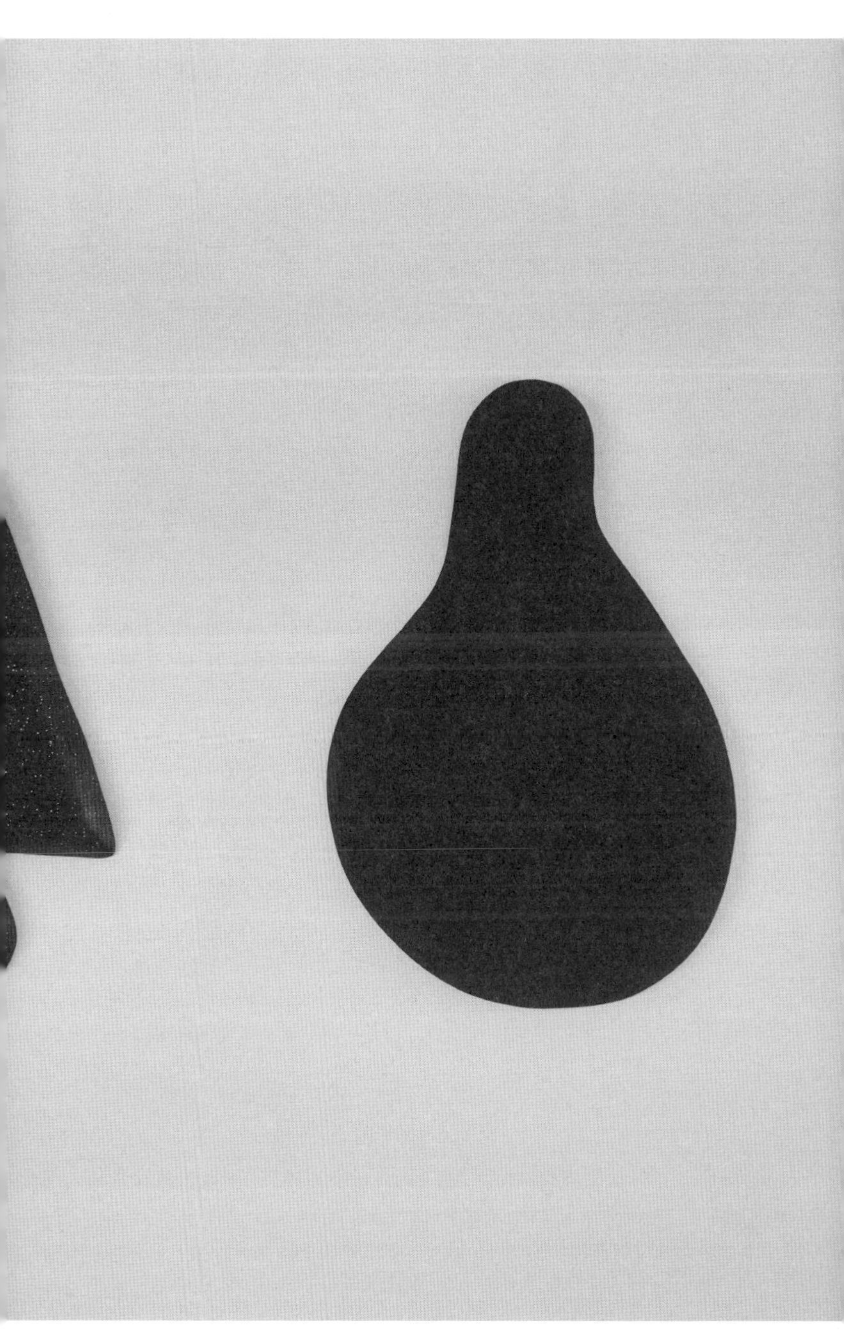

위안의 형태들 모음5

전시전경1 입구

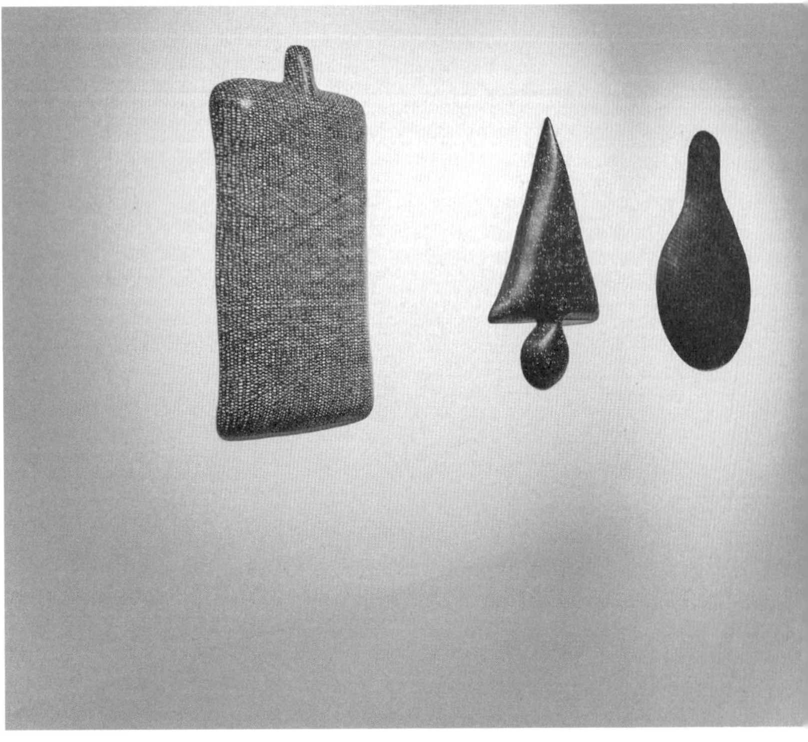

전시전경2 중앙홀

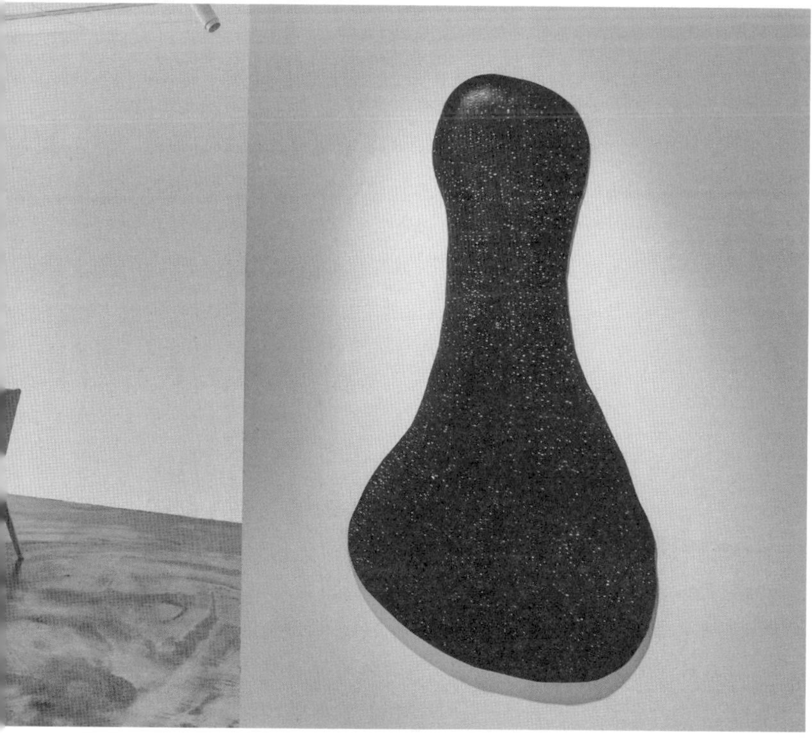

전시전경3 회랑

2021- 2023 존재하기- 위안의 형태들

자연에서 만난, 나를 위안해 주었던
구름, 바위, 섬, 바람, 노을, 언덕, 물결들.

이 모든 존재하는 것들은 나름의 균형을 잡고 있다. 나를 지탱하는 것들은 가족, 아이들, 집. 그리고 짧은 순간이라도 작업이라는 이름으로 완전한 몰입을 가능하게 해주는. 그림 그리는 일. 이토록 연약한 세계에서 나는 간신히 균형을 잡으며 존재한다. 위안이 필요한 수많은 순간들. 나는 결코 당신이 어떤 것을 견뎌내고 있는지 알지 못한다. 그처럼 누구도 내가 무엇을 겪어내고 있는지 알 수 없을 터이다. 화살처럼 와서 박히는 수많은 정신적, 정서적 충격에 흔들리고 넘어지며 다시금 머리를 들어 하늘을 보고 시선을 멀리 던져 수평선에 걸린 구름과 섬을 바라본다.

인간 사이의 고민이나 머릿속을 휘젓고 가는 밑도 끝도 없는 질문을 마주했을 때 자연의 현상들, 형태들은 묵묵히 어떤 것을 보여준다. 법칙이랄까 이치랄까 말로 표현하지 못하겠지만 어쨌든 느껴지는 형태로. 당장의 해답이라기보다는 그 전체의 과정을 깨닫게 한다. 물과 뭍. 용암과 물. 시간의 흐름. 반복되는 순환. 태어나고 생명을 낳고 키우고 늙고 사라짐. 기다림과 잊힘. 어제와 오늘과 내일의 관계 등. 이 모든 관계들이 돌아가는 평범하고도 현란한 와중에 자연에는 생에 대한 의지가 가득하고 매 순간 그것을 이루는 데 최선을 다한다.

2002년. 장소에 담긴 기억을 나누는 공동체 미술 프로젝트 《마음의 지도》를 만들어 2007년까지 곳곳에서 많은 사람들을 만난 후, 쉬기 위해 찾았던 2008년 미국 버몬트 아티스트 레지던시. 밖을 향했던 질문들을 내 안으로 향하게 했던 큰 힘은 자연이었다. 텅 빈 시간, 텅 빈 공간. 그 안에서 두려운 마음으로 시작된, 자신으로 향한 시선을 따라가다 보니 나 자신과 다른 생명들이 연결된 느낌에 닿았고

달라진 시점으로 다시 나와 세계의 관계를 바라보게 되었다. 나를 포함한 존재하는 모든 살아 있는 것의 애씀에 대한 공감과 긍휼함이 느껴졌고 그것을 어떻게든 표현하고 싶었다. 그 한 가닥으로 현실과 자연이 은유적으로 뒤섞인 구상적 이미지를 작은 수채화와 파스텔로 그려《흔들리는 자아, 흔들리는 세계》(2008)전을 열었다. 다른 또 한 가닥은 난데없는 추상이었다.

처음으로 만난 추상적 이미지. 그 전까지 추상은 도대체 어떻게 하는 거야? 뭘 표현하고 싶어서 이런 것을 반복적으로 그리는 거지? 했던 나였는데. 무언가 표현하고 싶은데 어찌 할 바가 없으니 그렇게 한 것이구나. 어찌 담아볼 수 없는 자연이 갖는 느낌을 내 나름대로 표현하는 유일한 방법. 자연을 관찰하면서 쌓이고 추출된 단순한 형태가 머리에 떠올랐고 그것이 추상의 시작이었다. 그렇게 처음으로 그린 이미지는 물과 물이 서로 닿아 물결이 이는. 물과 뭍의 관계를 그린 포물선과 같은. 화산이 솟아오르는 느낌을 그린 봉우리 같은. 바다 앞에 섰을 때 나를 감싸고 지나가는 바람의. 엄마의 품과 연결되는. 부드럽게 감싸는 모양 등이었다. 2009년 제주 서귀포 이중섭 창작 스튜디오에서 이런 그림들이 나오기 시작했고 섬섬 나의 머릿속에 맴돌던 관계에 대한 질문들도 추상적 이미지로 표현되기 시작했다. 그림을 그리다 보면 그림이 그것에 답을 알려주는 느낌이 들었다.

형태 혹은 존재는 의지를 갖는다. 의지가 고스란히 발현된 형태들. 인체, 생명, 세포, 생물의 형태들을 보면 그런 느낌이 더해진다. 중심을 감싸는 둥근 형태는 태초의 생명을 떠올리게 한다. 연약한 것들은 몸을 안으로 말기 마련이다. 공격하는 것들의 끝이 뾰족한 것처럼. 이런 형태와 관련된 이미지는 말에서도 느껴진다. 위로의 말은 둥글며 공격의 말은 날카로운 것처럼. 형태들은 의지를 내포하고 있고 나는 그 형태를 보며 형태의 의지를 읽으려 애쓴다.《상상-생각의 꼴》(2009) 전시는 그렇게 시작된 작업들로 꾸며졌다.

우연은 나의 작업을 지탱하는 또 하나의 거대한 축이다. 자연 안에서 관찰되는 아름답고 자연스러운 형태를 따라 그리면서

조금씩 우연에 맡기는 시도를 해보았다. 내가 어쩌지 못할 부분은 우연에 맡기는 것. 우연의 형태들은 아무런 주장도 하지 않지만 무수히 많은 가능성의 이야기들을 품고 있다. 나는 그 우연이 빚어내는 자연스러운 형태들을 보며 '존재한다'고 하는 다양한 가능성들의 난만한 아름다움을 느낀다. 아무런 외침 없는 형태들.

우연과 즉흥은 서로 맞닿아 있다. 내가 우연으로 가기 위해서는 즉흥의 힘을 빌릴 수밖에 없다. 끊임없이 돌아가는 생각은 나의 손이 무위로 움직이는 것을 내버려두지 않기 때문이다. 처음에는 자연에서 우연히 발견된 아름다운 형태들을 바탕으로, 의도함과 의도하지 않음 안에서 조화로움을 찾아보는 실험을 해보았다. 나와 잘 맞았던 것은 즉흥 음악가들과 함께하는 즉흥 드로잉이었다. 음악과 그림이 서로에 의해 동시에 생겨나는 완전한 몰입의 과정은 내가 이 순간 생생하게 살아 있다고 느끼게 해준다. 그럴 때 그림에서 느껴지는 에너지는 순순하고 난만하다.

균형 잡기. 사실 그림의 주제라기보다는 나의 매일의 삶이 그것을 수행하기 위한 것이다. 특히 가까운 사람들과의 계속 진행되고 유지되는 관계는 나에겐 참으로 어려운 일이다. 그래서 그렇게 끊임없이 관계에 대해 질문하고 있는 것 같다. 균형 잡기 위해서는 유연함과 여유로움이 필요하고 나는 그 상태를 갈망한다. 우연에서 배우기. 그 안에서 자유로울 수 있음을 느끼기. 그것이 우연과 즉흥 작업을 통해 내가 배워가고 있는 것이다.

균형 연습. 화면 안에서 균형 잡힌 형태들을 표현하기 위한 연습으로 추상적인 드로잉과 함께 인체 드로잉을 계속해오고 있다. 인체를 느껴지는 대로 그리면서 나는 인체 안에 조용히 타고 있는 생명의 불꽃을 느낀다. 화면 안에 균형을 생각하며 언제 멈춰야 할지, 언제 더 나아가야 할지 연습하곤 한다. 완전한 몰입과 자유로움, 우연과 만난다.

존재하기. 제주에서 볼 수 있는. 띄엄띄엄 따로 떨어져 바다에 떠 있는 섬들을 보면 그것들이 하나의 존재처럼 느껴진다.

내가 섬인 것처럼 다른 사람도 섬인 것 같다. 그 안에 하나의 아름다운 세계가 운용되고 있는. 나는 섬과 섬이 함께 있는 모습을 본다. 서로의 존재로 물결이 바뀌고, 그 물결에 또 서로의 모양이 바뀌는. 서로 연결되어 있는 존재들과 그 존재들이 함께 있는 풍경을 본다. 하나의 장 안에서 싹을 틔우고 꽃피우고 시들어가며 서로의 안위를 묻는. 이러한 하나하나의 존재, 모양, 존재방식이 나에게 위안으로 다가온다. 위안의 형태들. 우리가 섬이라면 세계는 우리를 품고 있는 바다다. 한없이 외로운 섬이면서도 서로의 영향을 끊임없이 주고받는. 나는 자연의 현상들을 통해 내 주변의 관계들을 돌아보고 공명한다.

존재하기- 위안의 형태들. 나의 삶에서 느껴지는 존재들을 애정 어린 시선으로 관찰하여 자연의 형태들이 반영된 추상적 형태로 전달하여 감정을 어루만질 수 있는 작업을 하고 싶다. 이차원의 드로잉 형태들을 무게와 질감을 갖은 부조의 형태로, 종이의 바탕에서 자유롭게 형태 자체로 존재하게 만든다. 수많은 깎음과 갈아냄과 어루만짐으로 완성된 나무 형태 위에 무수히 긋거나 문질러져 만들어진 선. 머릿속의 이미지를 실제로 존재하게 하는 이 과정이 나에게는 파편화된 일상 중에 깊은 집중을 가능하게 하는 오아시스와 같은 것이어서 그것이 또한 나를 존재하게 한다.

처음 자연이 나에게 준 것처럼. 형태는 의지를 갖는다. 내가 오랜 시간 정성스럽게 만든 이 뭉툭하고 둥그런 외침 없는 형태들이 정신적, 정서적 충격으로 흔들리는 다른 존재들에게 작으나마 위안이 되었으면 좋겠다.

머리 위로 태풍이 지나가고 있는 와중에
작품을 보내놓고 마음을 졸이면서도
더 이상 내가 할 수 있는 것은 없다는
자연의 섭리를 받아들이려 노력하며
마음속에 들끓는 걱정들을 바라보는
여전히 요원한 유연함과 여유여

2023.08.24 홍보람

2021-2023: Existing - Forms of Solace

The clouds, rocks, islands, winds, sunsets, hills, and waves that I have encountered in nature have provided solace to me. All these existing things maintain their own balance. What sustains me is my family, my children, my home, and the act of drawing, even if only by name, which allows me complete immersion. In this fragile world, I exist by barely maintaining balance. There are numerous moments when solace is needed. However, I can never know what hardships you are enduring. Similarly, no one can know the experiences I am going through. Despite being shaken and floored by countless mental and emotional shocks that strike like arrows, I rise again, gaze at the sky, and look out at the clouds and islands hanging on the horizon.

When faced with the endless questions that swirl through human minds, natural phenomena and forms silently reveal something. It's not something that can be expressed in words like laws or principles, but rather something felt. Instead of providing immediate answers, they make us realize the entirety of the process. The relationship between water and earth, the interplay of lava and water, the flow of time and the recurring cycles, the cycle of giving birth, nurturing, aging, and disappearing, the relationship between waiting and forgetting, and the relationship between yesterday, today, and tomorrow, and so on. Amid all these ordinary yet magnificent relationships, nature is filled with a will to live and strives its best at every moment to make it happen.

The year 2002. I created the community art project <Map of the Heart>, which involved sharing memories embedded in various locations. Up until 2007, I met many people in different places through this project. In 2008, I sought refuge in an artist residency in Vermont, USA, to take a break. Nature was the immense power that shifted inward my outward-facing questions. Empty time, empty space. Within it, I started to follow the gaze directed at myself with a fearful heart. I then began to feel a connection with other forms of life, including myself, and started to look at my relationship with the world from a different perspective. In front of nature, I felt as if a tiny existence, along with a sense of empathy and compassion for all living things, including myself. I wanted to express this somehow. With a single thread of thought, I created small figurative images and exhibited them in <Shaking Self, Shaking World> (2008) using watercolors and pastels. Another thread was abstraction, which was entirely unexpected.

My first encounter with abstract images. I used to wonder, "What is abstract art, anyway? Why do people keep drawing these repetitive shapes? What are they trying to express?" But I realized that it was my way of expressing something, even though I didn't know how to do it. It was the only way I could convey the feeling that nature holds but cannot be captured. As I observed nature, simple forms accumulated and emerged in my mind, marking the beginning of my venture into abstraction. The first images I created in this way were shapes resembling the formation of waves created by the meeting of water and water; shapes of parabolas reminiscent of the interaction between water and the land; shapes that conveyed the sensation of a volcano erupting; and shapes that captured the feeling of the wind enveloping me when standing by the sea, connecting me to my mother's embrace, soft and comforting. These images began to emerge in 2009 at the Art Creation Studio of Leejungseop Art Museum, Seogwipo City, where I stayed as an artist in residence. Gradually, the questions that had been circling in my mind about relationships also began to be expressed as abstract images. While drawing, it often felt like the pictures themselves were providing answers. Some examples are the works of 'Mutually Connoting' and 'Regathering after Being Divided'.

Forms or existence possess intent. Forms where intent is fully manifested. That feeling is amplified when I look at the forms of living beings I encounter in the human body, life, cells, and organisms. The round shapes that envelop a center bring to mind the origins of life. Vulnerable things tend to curl inward. The ends of attacking entities are sharp, like spikes. The images relating to such forms are also felt in language. Words of comfort are round, while words of aggression are sharp, like a piercing sound. Shapes embody intent, and I strive to read the intent within those forms as I observe them. The exhibition <Imagination - The Form of Thought> (2009) was adorned with works that began in this manner.

Chance is another colossal pillar that supports my work. While drawing many beautiful and natural forms observed in nature, I've experimented with relinquishing some control to chance. What I cannot determine, I entrust to serendipity. The forms of serendipity make no claims, yet they hold countless stories of possibilities. I feel innocent beauty in the diverse potentialities of existence when looking at the beautiful and natural forms crafted like magic by serendipity. The forms without uttering a single word.

Serendipity and spontaneity are intertwined. To embrace serendipity, I must harness the power of spontaneity. My ceaseless thoughts do not leave my hands idle. I initially conducted experiments by seeking harmony between intention and spontaneity, based on the beautiful forms accidentally discovered in nature. What clicked for me was spontaneous drawing with improvisational musicians. The process of simultaneously creating music and drawing allowed for complete immersion, making me feel alive and responsive to the moment. During these moments, the energy felt in the drawings is smooth and innocent.

Finding balance. In truth, rather than being the subject of my artwork, it's something I strive for in my everyday life. Especially in my relationships with loved ones. Maintaining relationships with those who continue to progress and endure is a truly challenging task for me. So, it seems like I am constantly questioning relationships. Finding balance requires flexibility and a sense of spaciousness, and I yearn for that state. Learning from serendipity. Feeling the freedom within it. That's what I'm learning through serendipity and spontaneous work.

Balancing practice. Alongside abstract pen drawings, I have been consistently practicing figure drawing as an exercise to portray balanced forms within the canvas. While drawing the human body, I sense the flame of life quietly flickering within it. Contemplating balance within the canvas and adjusting form and color, I practice when to pause and when to progress further. I encounter complete immersion and freedom as well as serendipity.

To exist. When I see the islands scattered sparsely and apart in the sea, visible in Jeju, they seem to have a singular existence. Just as I am an island, others also seem like islands. Within each one, a beautiful world operates. I see the islands together, where the presence of each one changes the waves, and those waves change the shapes of the other. I see a landscape in which existences are interconnected and stay together. They are interconnected, sprouting, blossoming, and withering within the same stage, seeking each other's safety. Each of these individual existences, shapes, and ways of existence brings solace to me. Forms of solace. If we are islands, then the world is the sea that embraces us. Infinitely lonely islands, yet constantly influencing each other. Through the phenomena of nature, I reflect on the relationships in my surroundings and resonate.

Existing - forms of solace. I want to observe the beings I feel in my life with a loving gaze, and through reflecting natural forms, convey them as abstract shapes that can soothe emotions. I transform the lines created by countless drawings or rubbing onto the wooden forms completed by countless carvings, grindings, and stroking. The long process of turning mental images into physical reality, for me, acts as an oasis amid fragmented daily life, enabling deep concentration, and ultimately, giving me existence.

Like what nature initially gave me. Forms possess intent. I hope that these blunt and round shapes that I have painstakingly crafted over a long time, without loud cries, can provide some solace to other beings who are shaken by mental and emotional shocks, even if just in a small way.

Amid a typhoon passing overhead,
I feel uneasy after having sent my works.
However, trying to accept the natural order
that there's nothing more I can do,
I look at the worries bubbling in my mind.
Still elusive flexibility and serenity!

Aug. 24, 2023 Hong Bora

찰나의 존재들

20110217

십여 년 전
홍대에
동기가 하는
화실에서
누드크로키를
즐겨 했었다.

움직이는
몸에서
느껴지는
생명의
불꽃
그것을
표현하는
것에서
나의 그림에
등장하는
추상적인
이미지가
시작된 것
같다.

자연에서
만나는
형태들도
내 안에
차곡차곡
쌓여 있다가
그림에
등장하곤 한다.

내 안에서
반죽된
이미지들은

어떤 적당한
조건을 만나면
자연스럽게
튀어나오곤 한다.

즉흥음악을 하는
동무들과
진도에서
이것도
십여 년 전
그림이
악보가 되고
음악이
그림이 되는
즉흥 음악 그림
작업을 하면서도
같은
풍경을 보았다.

이것이
내가
지금 하고 있는
그림음악
음악그림의
연유가 된다.

세계 곳곳에서 모인
즉흥음악가들과
전통국악연주자들과
한국화가와
무용가와
진도 소리 보존회 회원들
각양각색의
반짝임들이
한 자리에
모였다.

순간에
펼쳐지는
소리와
감각에
집중해
그
순간을
지어내는
몰입과
긴장의
찰나들

삶은
내가
지금
이
순간에
존재한다고
가르친다.

나는
색색의
시트지와
가위를
들고
유리창에
즉흥
드로잉을
하려고 한다.

소리를
가만히
듣다가
어떤
순간에
느낌이
들면
손이
움직이고
가위가
지나간다.

모양이
생긴다.
그것들
사이의
조화를
생각하며
깊게 깊게
빠져든다.

미로를
빠져나오듯
탐색의
순간들

하루의
즉흥연주와
협업이
끝나고
열기가 식은
공간에
해가 진다.

나의
작업을
물끄러미
지켜보고
선 이가
하나 있다.

고요함
속에서만
나를
찾는
몇 안 되는
방문자

적막하고
고맙다.

두둥실
두웅실
고불고불
꼬부랑
꼬부랑
스멀스멀
재깍재깍
낼름낼름

반짝반짝
주르르르
엉금엉금
멀뚱멀뚱
다다다닥

내달리자
비탈길을

나풀나풀
두웅실
날려보내고

휘리릭
바람에
휘날려
펄럭펄럭

다시
손끝에
감싸
안으니

나의
작은
마음

창문에
바로
붙이면
떼기가
힘들 것
같아
얇은
아세테이트
위에
붙였는데

모두
모아
보니

서로 뒤엉켜
뭔지 모를
덩어리가 되었다.

이것도 멋지네!

순간순간
발견하는
이런
작은
즐거움이

이
무모하고
소모적이며
생산성 없는
일의
묘미라면
묘미

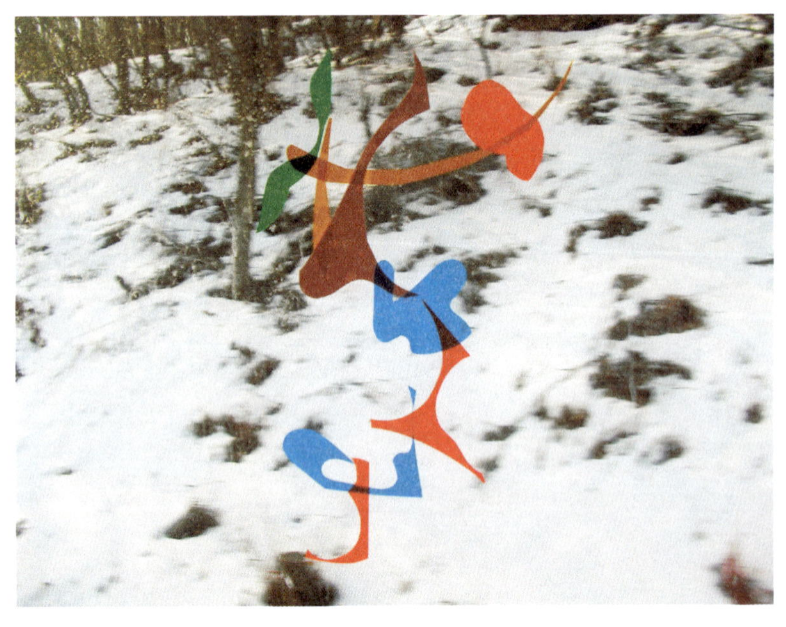

진도에서
이동하는
버스 안

창밖에
풍경이
흘러간다.

버스
유리창에
시트지 자르고 남은
자투리를 붙여

뭔지 모를
모양을 만든다.

풍경과
함께
뒤섞이는
이야기

낯가림
심하고
수줍음
많은
이가

혼자
노는
좋은
방법

산과
들과
눈과
길과
모양

풍경에
우뚝

주황과
파랑의
소란스런
대화

어디 가십니까?
무언가
찾는 모습이
저와
많이
닮았습니다.

하루를
마치고
내내
맴맴
돌다가
집으로 가요.

이 시간이
좋아요.

말 많고
소란스럽던
색들이
어둠으로
파고들어
쉬는 시간

이 일몰이
주는 평안이
나는 참
좋아요.

도시로
돌아와

사람들이
등지고
앉은
유리창에

음악가들의
소리를
모양으로
펼치는
새로운
공간

서로 겹쳐
조화롭게
긴장되게
아슬아슬하게

만나고
또
헤어지고

서로
다른 것들이
차곡차곡
쌓여

열어라
새로운
느낌의
문

열려라
참깨

자전거도
좋아요
다같이
한 폭의
그림이
되어요.

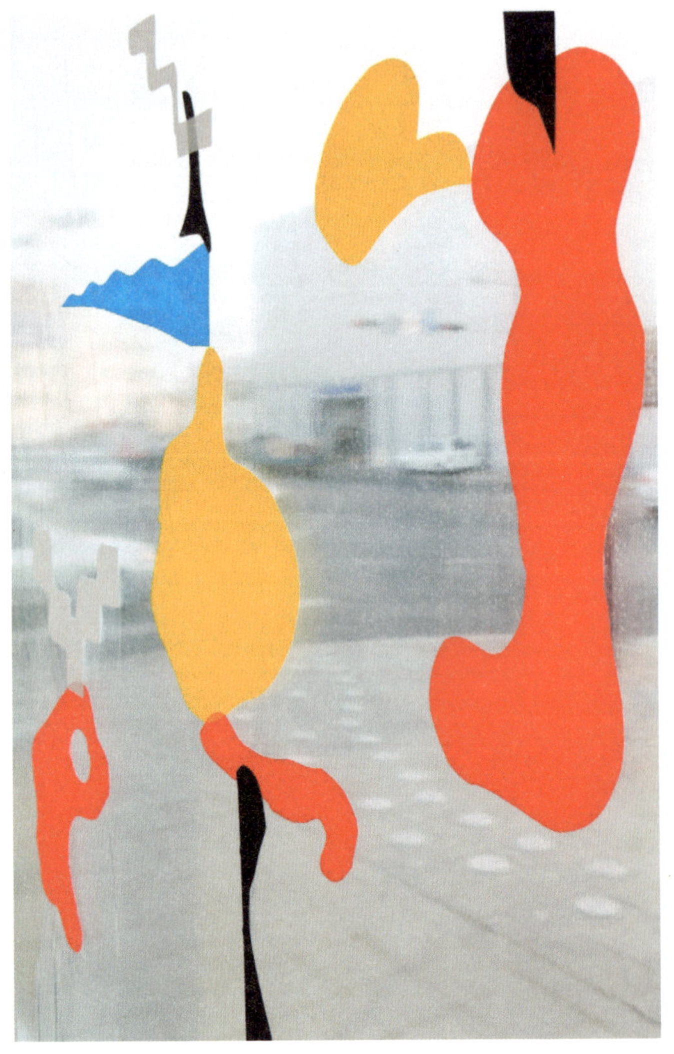

안녕하세요?
모과씨!
안녕하세요?
붉은
아매바씨!

오늘도
할 일이
많네요.
여기는요.
그러네요!

지켜봅시다.
오늘은
어떤
것들을
맞이할지
말이에요.

어두워지는
창과
밝아지는
불빛

음악이
시작되면

창은
나의
화폭

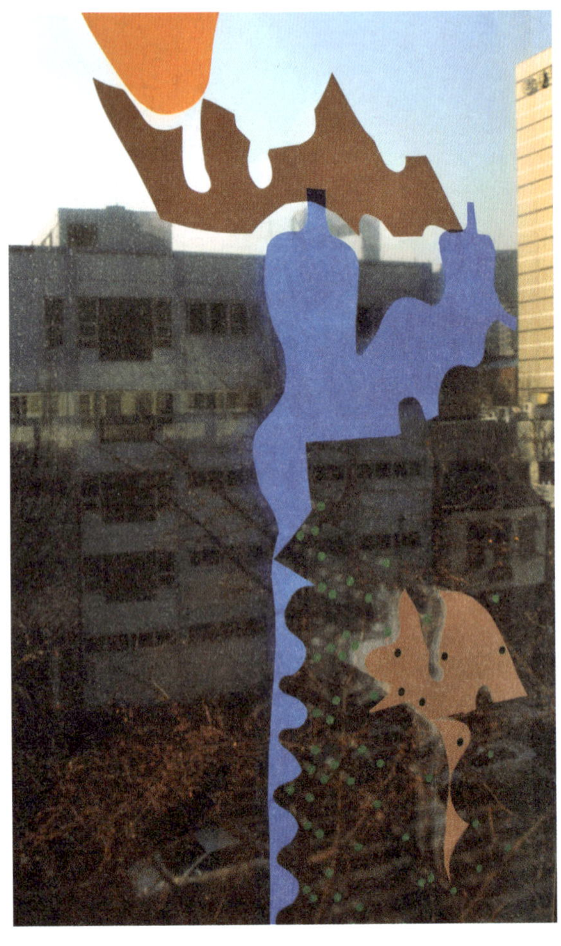

공연을
마치고
다음 날
아침

해를
받으니
발하는
색들

꼬르르
꼬르르
소화되고
멀리
머얼리
퍼져나간다.

냠냠
받아서
꼭꼭
씹어
오물오물
무럭무럭

날자
우리
멀리
멀리

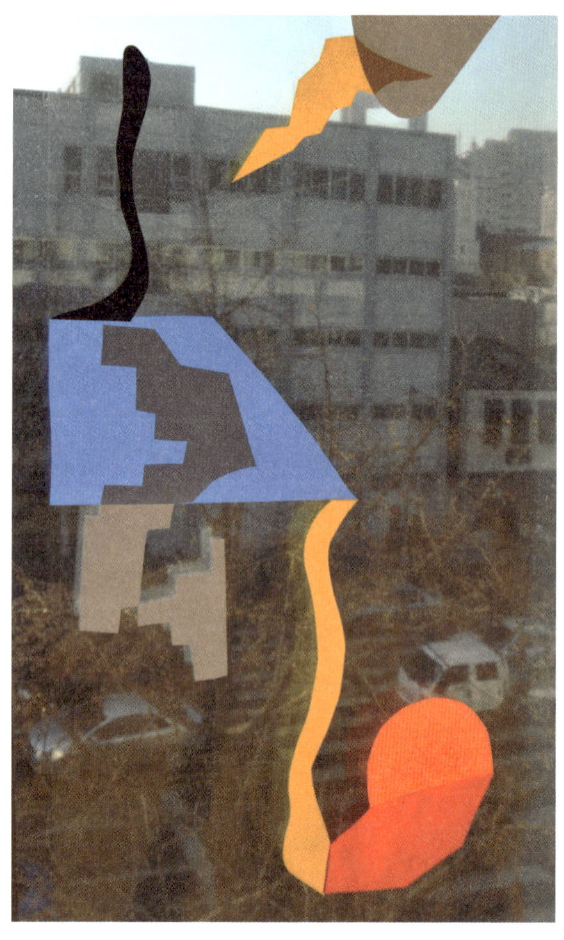

고개를
바짝
드니
천둥이
번쩍
아랑곳없이
솟아오르는
붉은 해

우스꽝스럽기도 하고
아슬아슬하기도 하고

둥근 것은
포근하고

주황은
따뜻하고

검정은
강하면서도
무겁고

노랑은
검정보다
더
강하지

번개가
콰과광

눈이
번쩍

쌓고
쌓고
자자자작
금이 가고
퍼져나가고

부딪히고
합쳐지고
겹쳐진다.

아얏.
아프잖아!

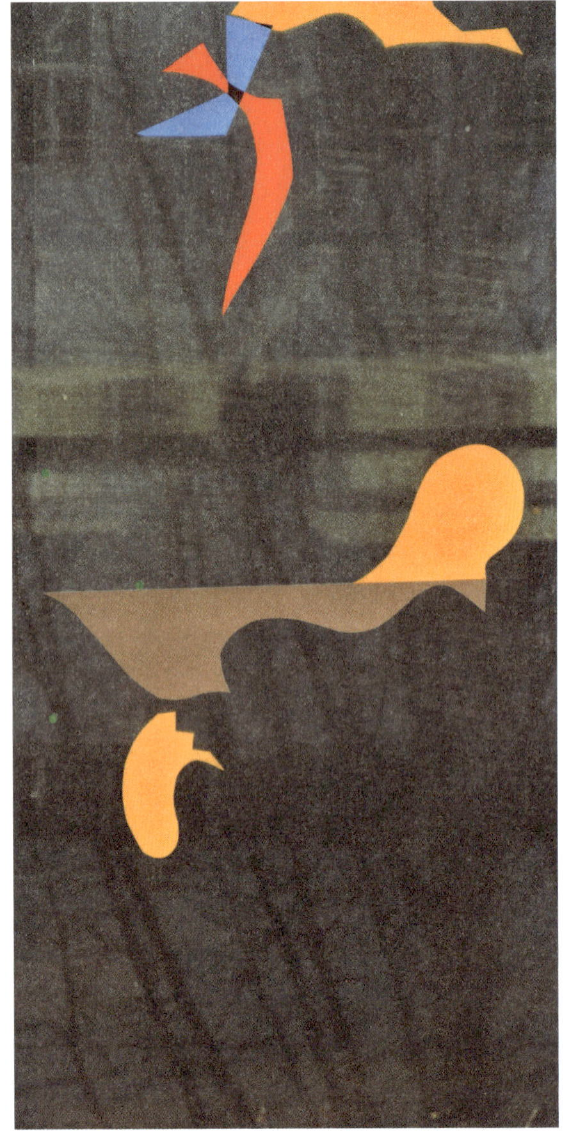

음.
생각 좀 하고요.

내가.
뭘 잃어버린 것 같은데.

아. 나의 일부분이요.

어디 갔는지 아세요?

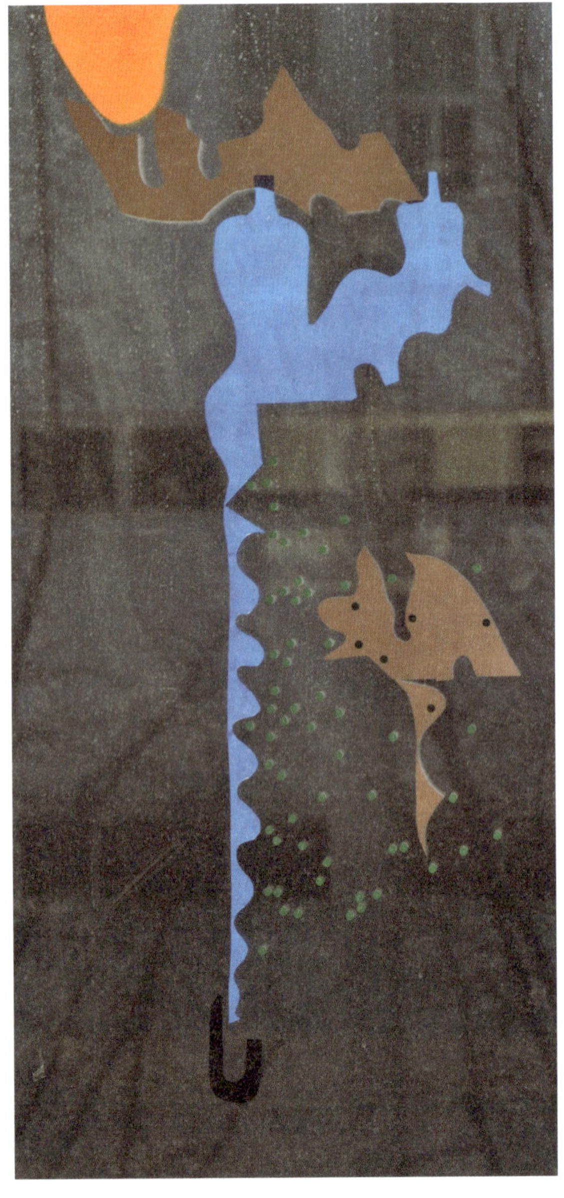

비
올 것
같아요.

나갈 때
우산
챙기세요.

있다
저녁에 봐요.

오늘도
좋은
하루
보내요.

연희와 가야금병창 109 x79 종이에 먹 2011

나의
친한
친구
먹과
종이도
챙겨갔지

악기가
여러 가지
소리도
여러 가지

떠오르는
모양도
여러 가지

가지가지
서로에게
의지해
대롱대롱
매달려
비비 작작

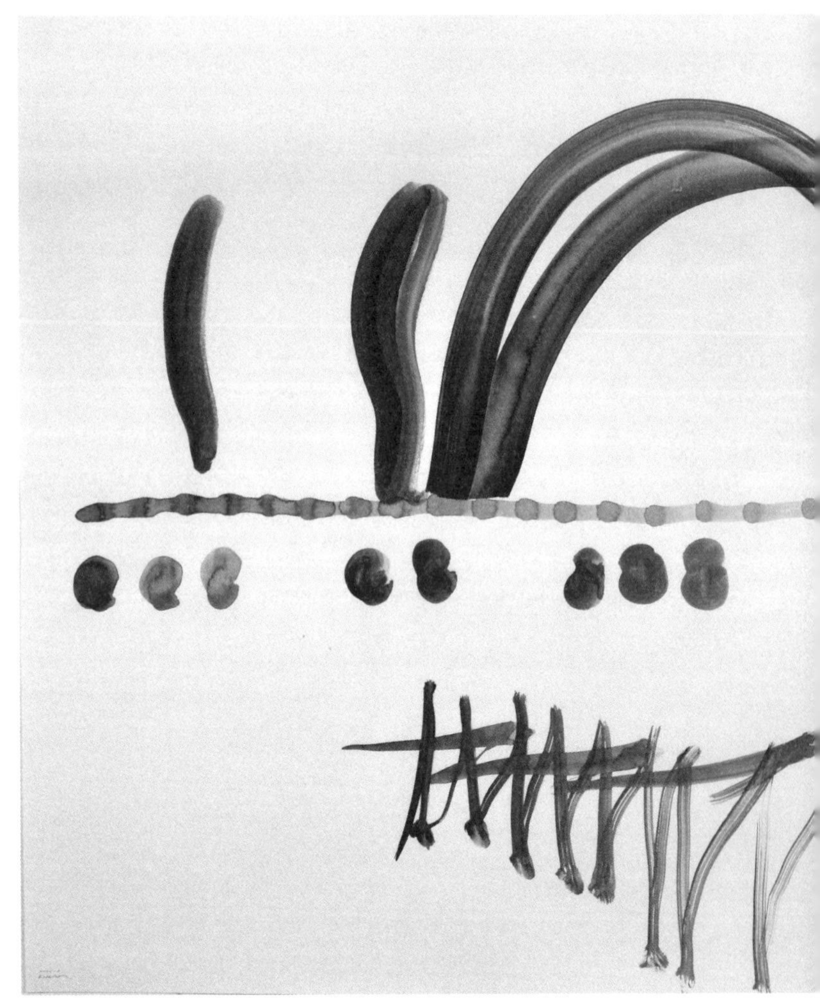

연희와 가야금병창 109 x79 종이에 먹 2011

길게 주욱
뻗어나가면
끝이
흐릿

재잘재잘
조잘조잘
퍼져나가는
속삭임

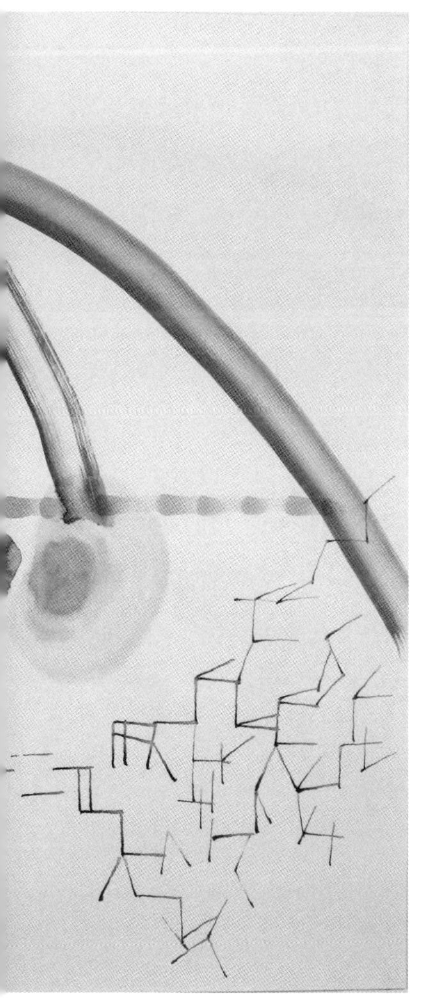

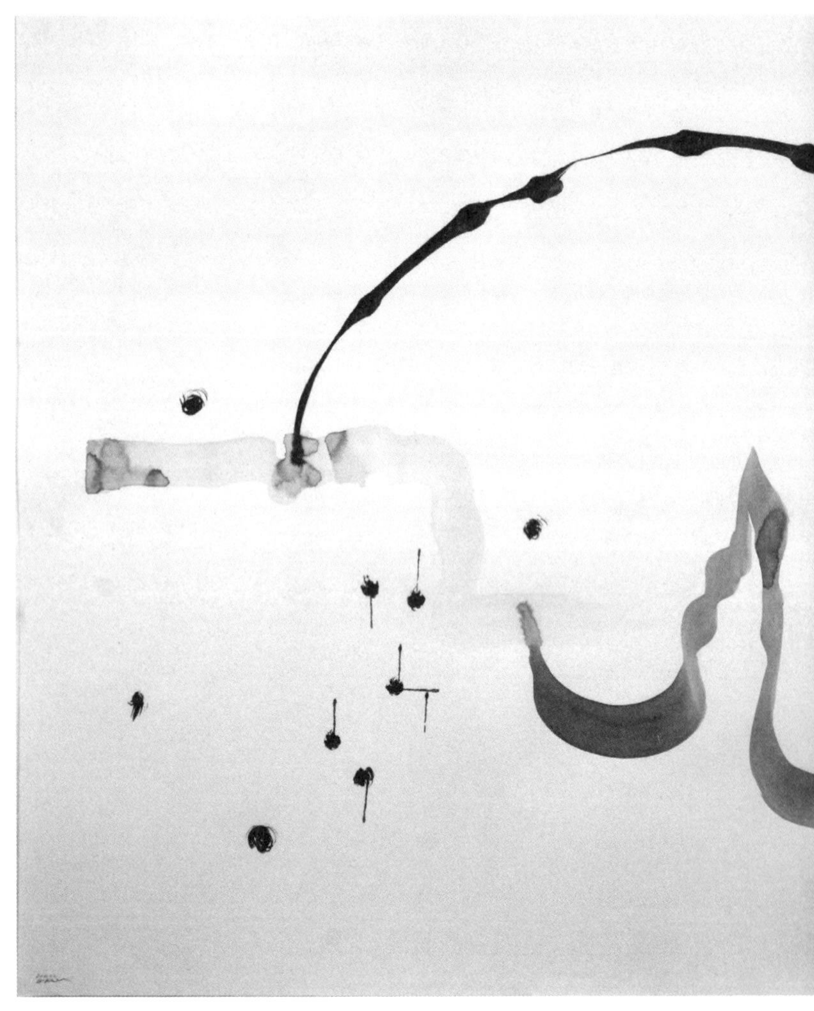

연희와 가야금병창 109 x79 종이에 먹 2011

휘익
멀리
던지고
차르르르
풀어지고
다시
당겨
올려

팔랑팔랑

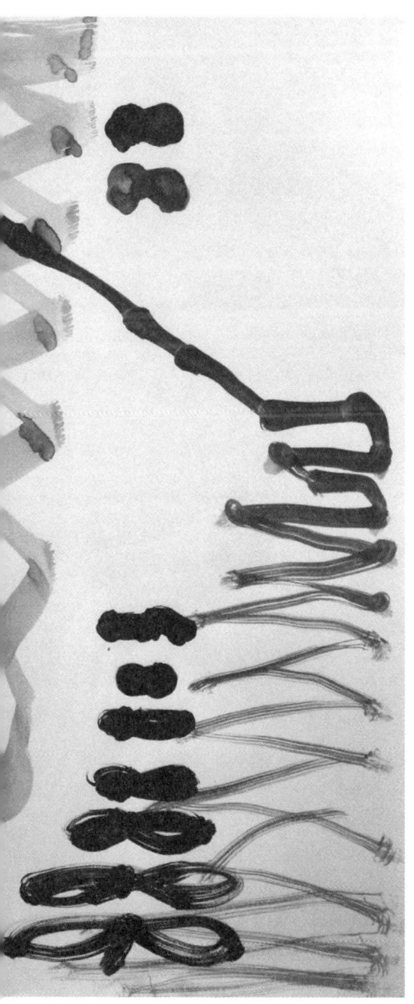

20110223

연희와 가야금병창 109 x79 종이에 먹 2011

사물놀이가
펼쳐진다

징징
두웅두웅
다다다다닥
다다닥닥

익숙한
그리고
강하고
꾸밈없어

대결하듯
놀이하듯
펼쳐지는
한바탕

연희와 가야금병창 109 x79 종이에 먹 2011

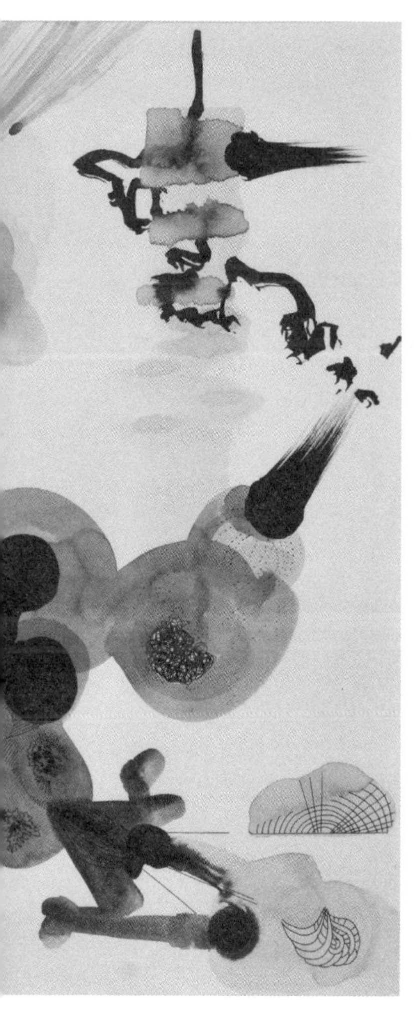

두둥
콰과과과광
피용 피용
삐삐삐삐
부우우우웅

이번에는
낯선
소리들

공간이
퍼져나간다.

연희와 가야금병창 109 x79 종이에 먹 2011

제주에
나와
비슷하게
이주해서
오래도록
살고 있는
동무가 있다.

작곡을 하는
정현인데
이십 여 년 전
홍대 인디밴드
포춘쿠키를 할 때
건반을 쳐줬던
인연으로
동무가 되어
이후에
삶의
길목에서
종종
마주치며
지내고 있다.

흥과 멋과 아름다움
활짝 핀 꽃 같은 미소와
나이를 가늠할 수 없는
에너지를 간직한

정현이가
즉흥으로 건반을 치고
내가 그림을 그렸다.

행복하길

연희와 가야금병창 109 x79 종이에 먹 2011

루이루이
느르르르
바스락바스락
감감감감감
휘리리리리릭

스르르르
사라지는
자취

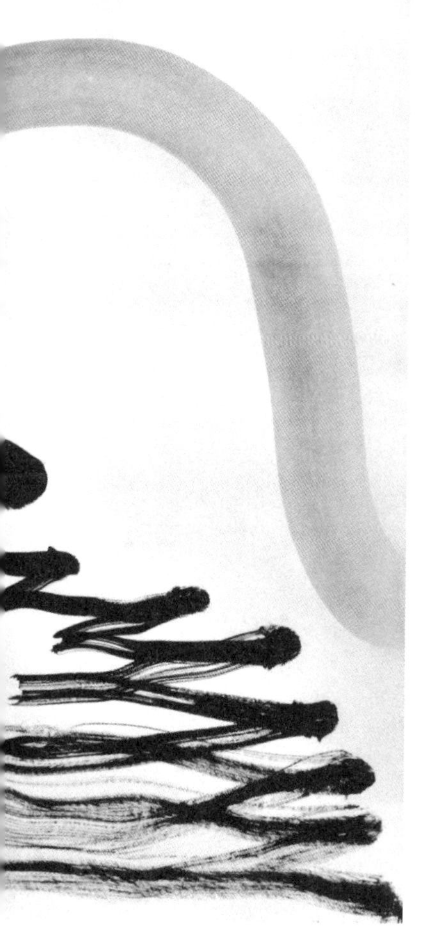

연희와 가야금병창 109 x79 종이에 먹 2011

아이와
함께
그림을
그리는 것도
재미나다.

내가 그리면
아이도 그리고
아이가 그리면
나도 그리고

콩콩 찍고
슥슥 문지르고
주르르르 흘리고

장난삼아
하는 것

진심으로
즐겁다.

연희와 가야금병창 109 x79 종이에 먹 2011

재밌자고
시작한 일이
이렇게
될 줄이야.

이왕
이렇게
된 거
더 신나게
놀아보자.

마구작작
와장창창

지금
아니면
언제
또
해보겠니.

매번
나 자신에게
하는 말

연희와 가야금병창 109 x79 종이에 먹 2011

으라차차
발을 들고
데구르르
굴러보자

스윽스윽
그어보고
뱅글뱅글
돌려보자

연희와 가야금병창 109 x79 종이에 먹 2011

뭉텅뭉텅
덩덩덩덩
느릿느릿
푸욱푸욱
우와와와
꽉찼다.

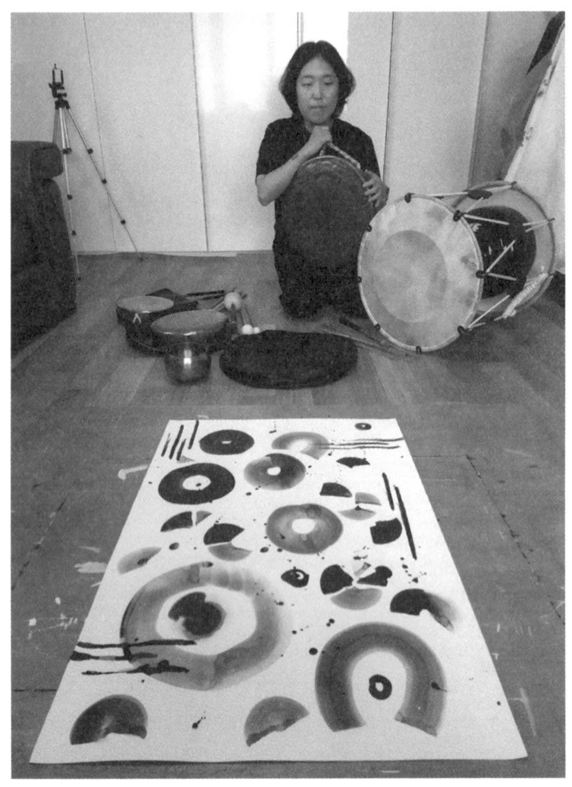

원래
살던
곳에서
더
작은
시골마을로
이사를
와서
좋은 건
넓은
작업
공간이
생긴 것

마침
즉흥춤을
추며 만난
전통 타악하는
운정이
간절히
하고픈 것이
자신이
연주하고
내가
그림을
그리는 것이라기에

그럼
우리집에서
하루 자며
음악그림
그림음악을
해보자하고

자리를 펴고
앉이서
내리
여러 장의
그림을
그리고

맛있는
밥도
나누어
먹으며
오늘 하루
참으로
알차다고

둘이서
고개를
끄덕끄덕

아랫동네
동무
윰이
유일한
관객을
자청하고
이 자리를
지켜보았으니
어찌나
고마운지

20221009

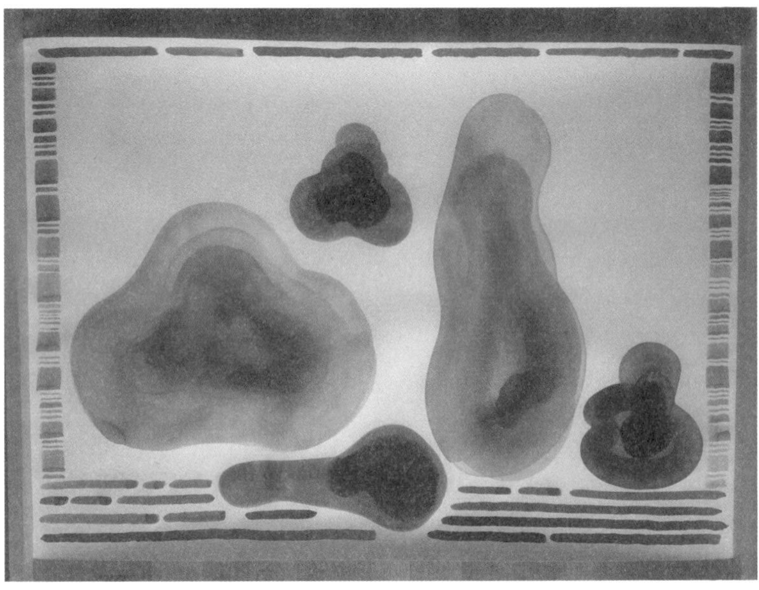

그
앉은
자태가
참으로
묘하구나.

뭐
할
말이라도
있니.

그럼
그러고
앉았지만 말고
시원하게
말이라도
해보렴.

그럼
또
배시시
웃고
말거면서.

네
속에
뭐 있는지
누가 알까마는.

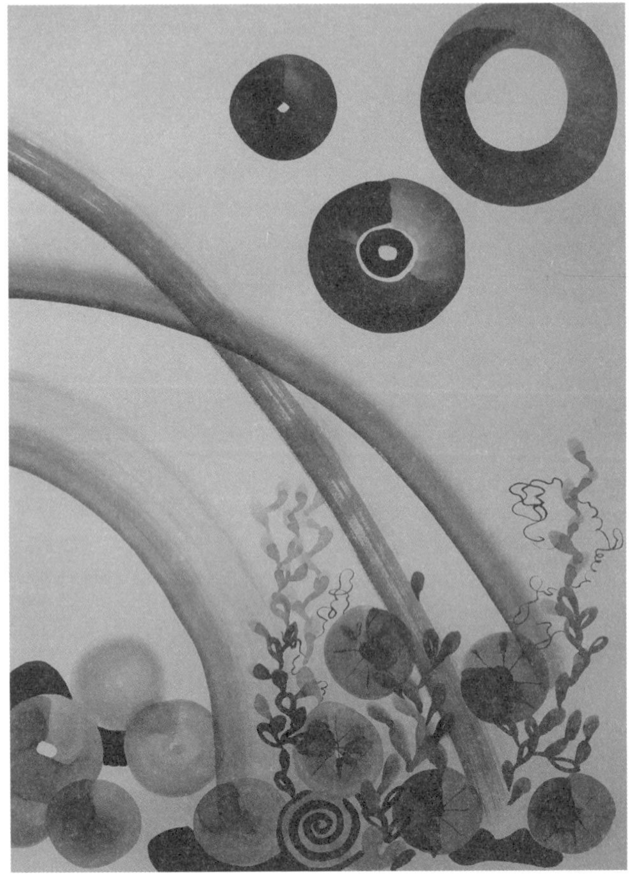

주르르르
내리는
물줄기

통통통
튀기는
씨앗들

와아아아아
피어난다.

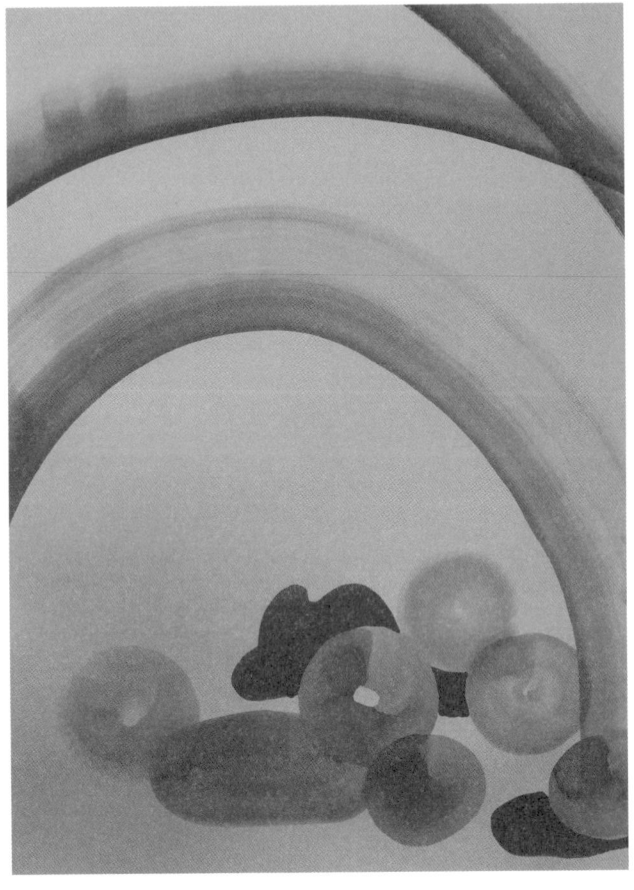

옹기종기
그늘아래
속닥이는
그늘 없는
존재들

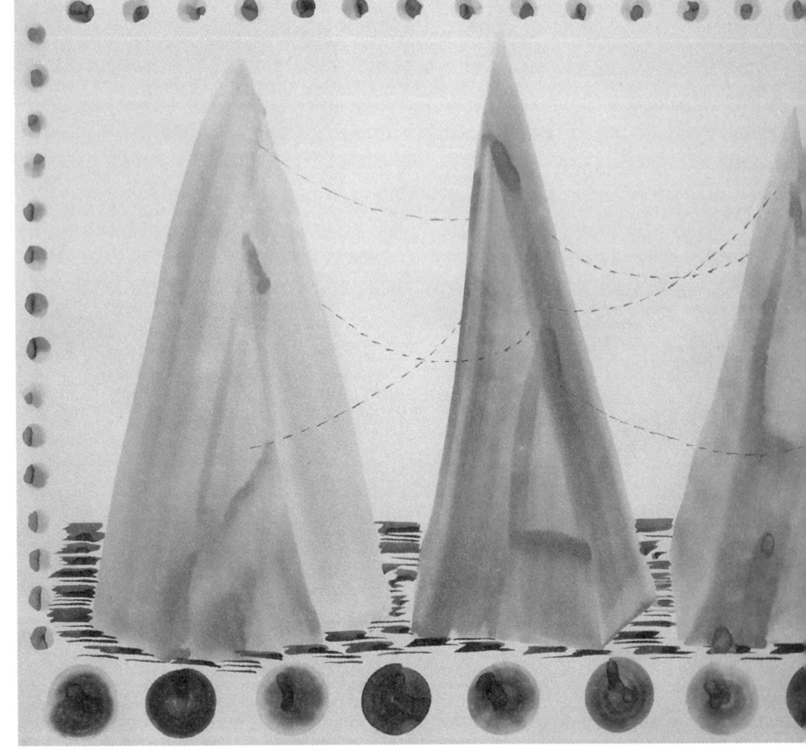

뾰족뾰족
누가
올라갈
수 있을까보냐

높이 높이
가파르게
올라가도
외롭긴
매한가지

점점이
소식이라도
전하며
지내야지

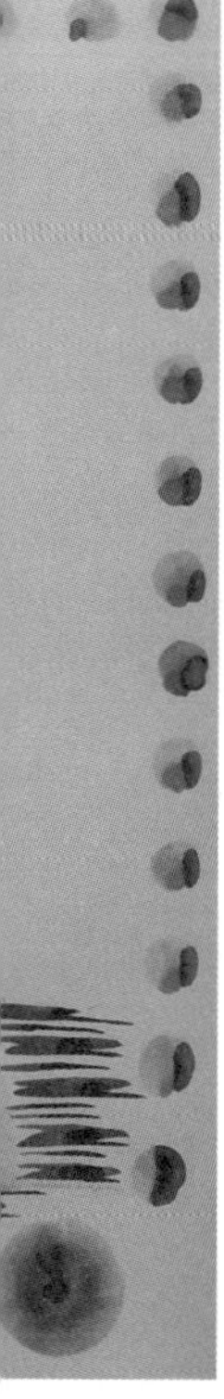

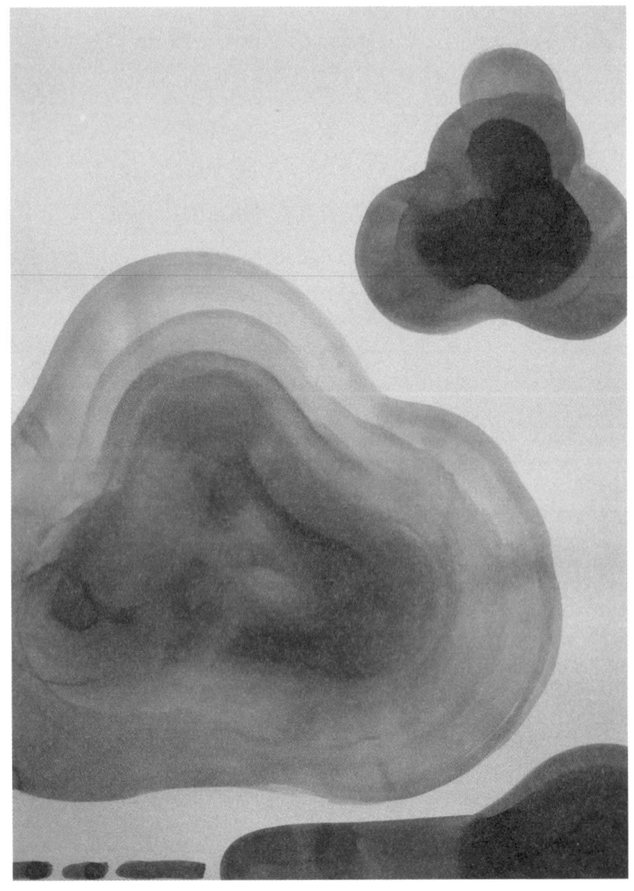

부드러운
겉모습만으로는
알 수 없어요.

내가 품고 있는
수많은 것들

징이 울리면
지이이이이잉
시간이 흐르면서
배음들이 풀려나
온갖 소리들로
머리와
폐와
배가
가득

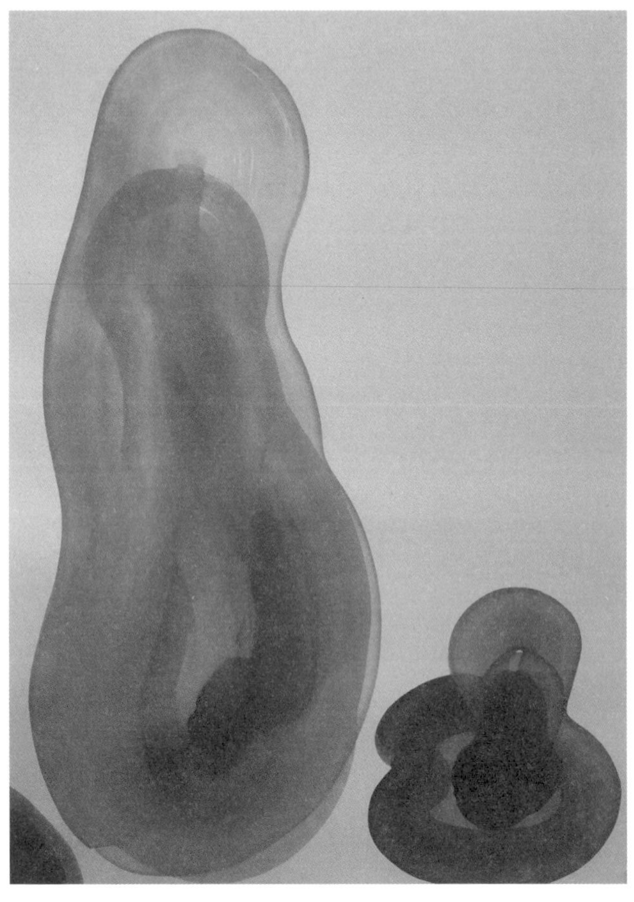

내려다보니
발치에
닮은 듯
안 닮은 듯한
모양이
또 나왔다.

아기를
낳고나선
이런
장면을
보면
나도 모르게
아이가
생각난다.

꼬물꼬물
포동포동
생명의
물로
가득 찬

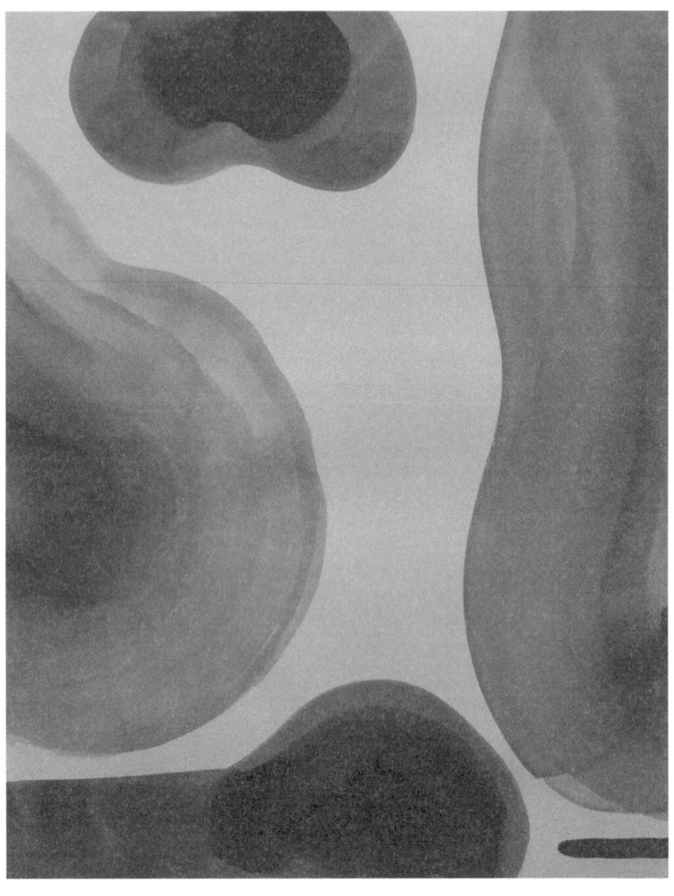

이런
사이가
나는
참
좋다.

서로의
존재를
지지하는
간격들

반복에서
생겨나는
리듬

약간의
다름
약간의
어긋남에서
생겨나는
장단

그것이
사람의
냄새

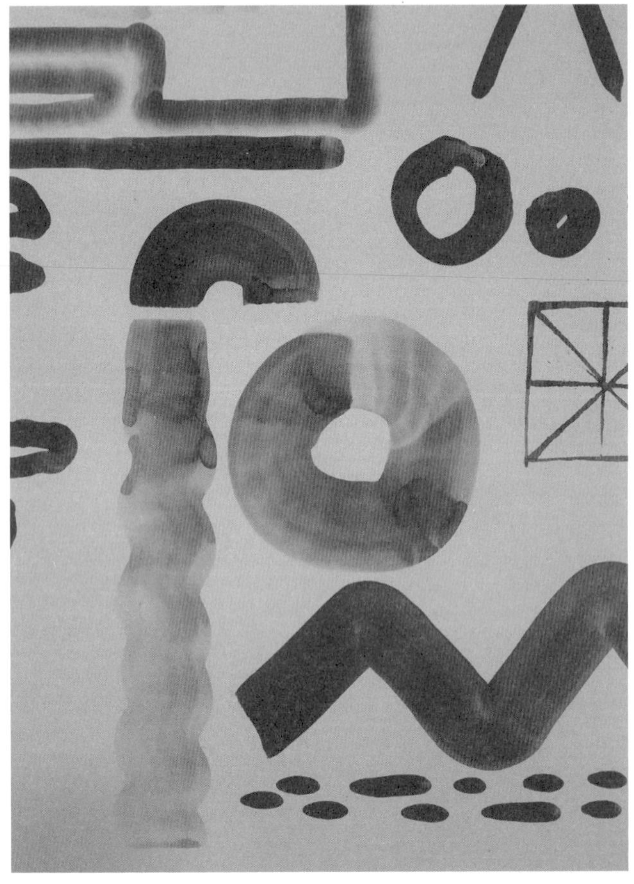

종이를
큰 것을
구해서
마음껏
그려보자

넓으니까
이것저것
더 많이
그릴 수
있겠구나
했다가

반대로
넓으니까
서로 서로
더 많은
공간이
필요하구나
하고

다시
배우고

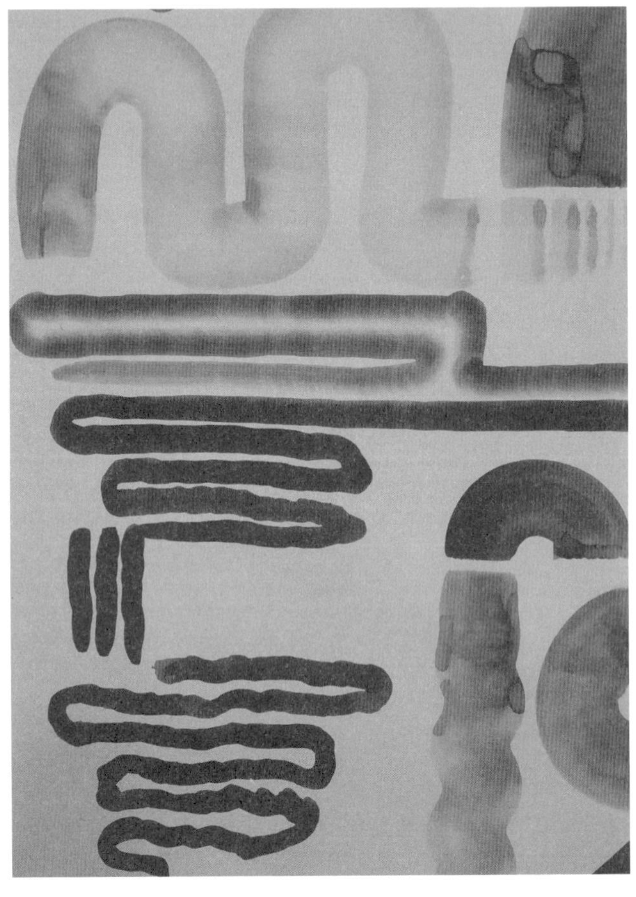

고불고불
구불구불
올라갑니다.

창자가
잘 접혀
배 안에
가득 차게
들어있는
것처럼

큰 것
작은 것
투명한 것
짧은 것
모두 모두
자기
자리에

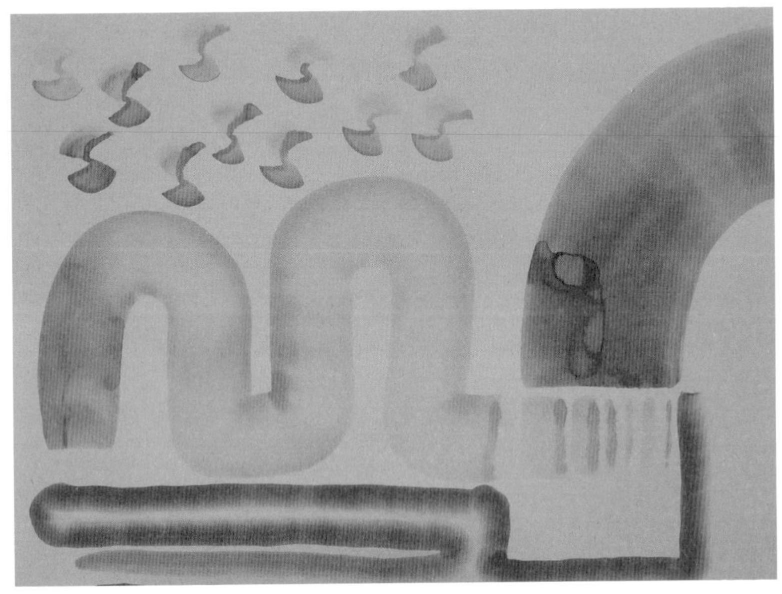

끽끽끽끽
배배배배
지지재재
지지배배

출렁출렁
꾸우우우
기기기기
쑤우우욱

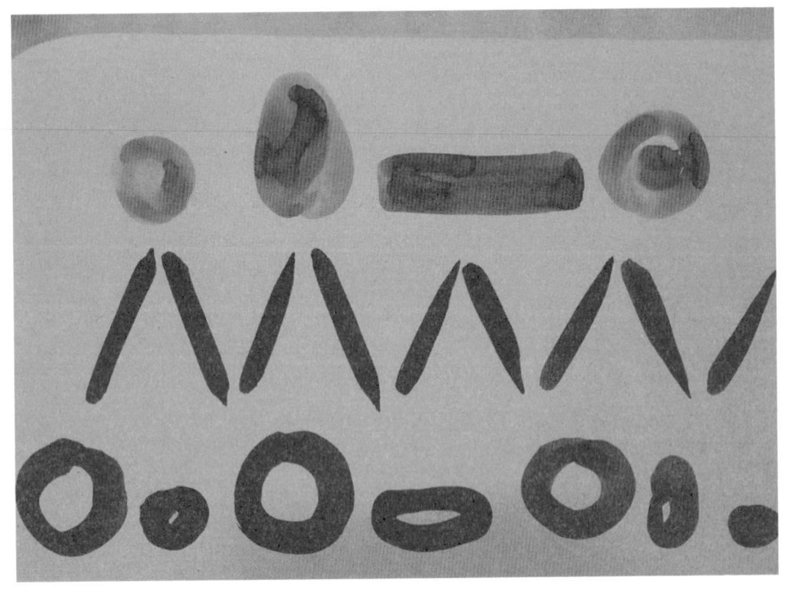

훗샤훗샤
두웅두웅
호잇호잇
요잉요잉

이제는
뭘 할지
모르겠다.

붓을
들어
종이
전체에
물과
먹을
섞어서
스윽스윽
바른다.

종이가
크니
금세
마른다.

그 위에
장단에
맞춰
무언가를
쌓는다.

구조물이
생겼네.

눈발이
흩날리고

바람도
부는가

쌔앵쌔앵

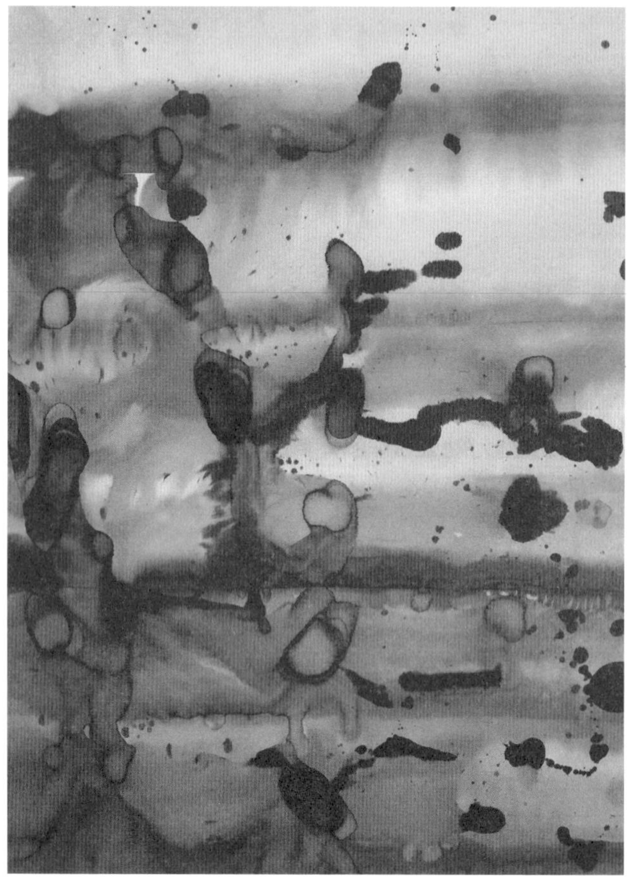

먹이
스르르르
우당탕탕
호이호이
엉기고
성기고

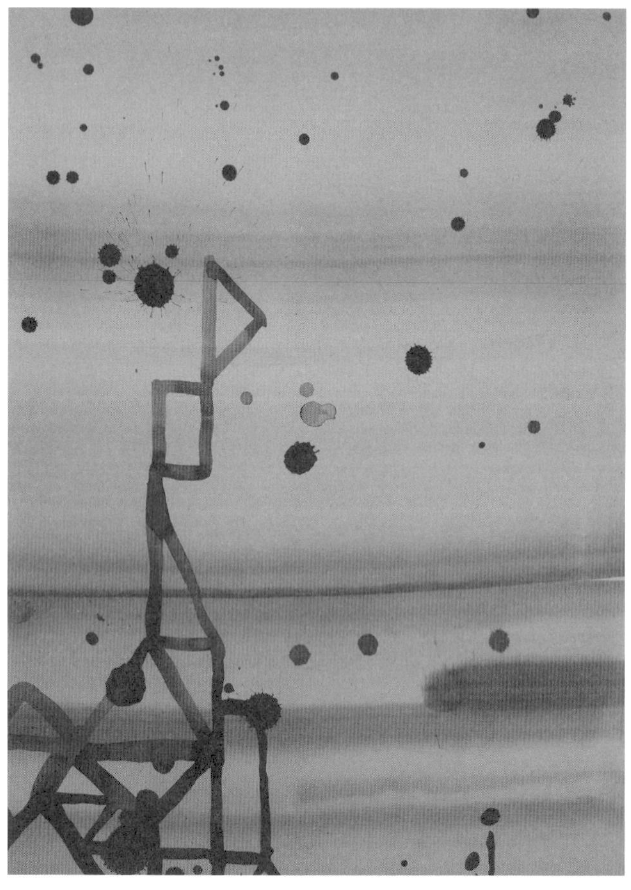

총총
휘잉
스윽

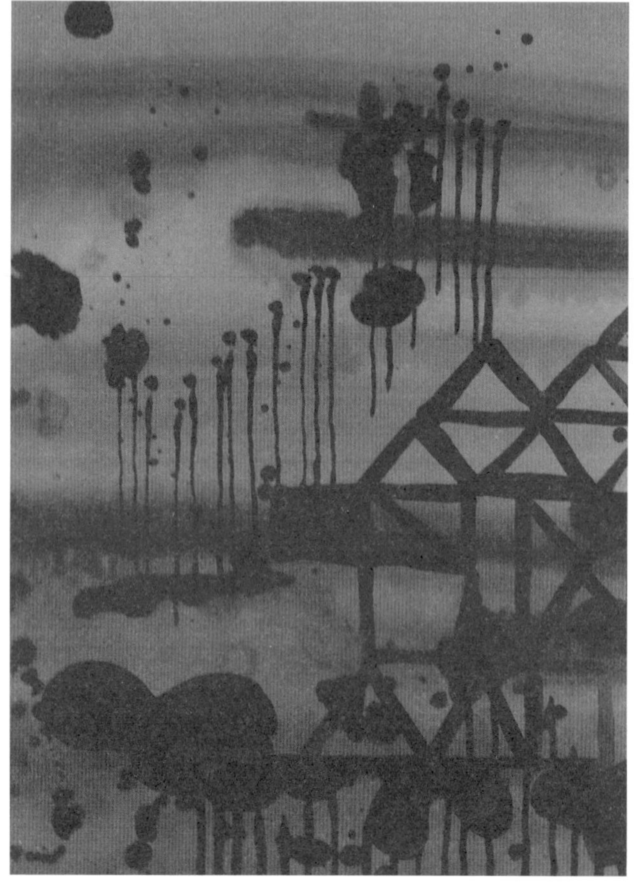

어두운
밤이
와요.

집에
가고
싶은데

여기가
지금
어딘지
모르겠어요.

이제
곧
깜깜해질 텐데.

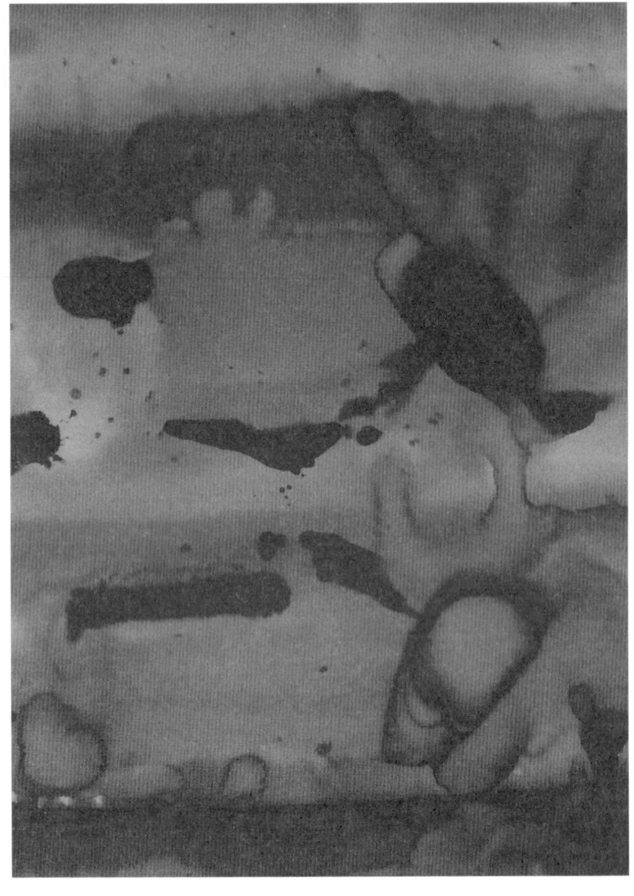

하려고
애써서
한 게
아니라
우연히
그렇게
된 것이
더 좋을
때가
있더라고요.

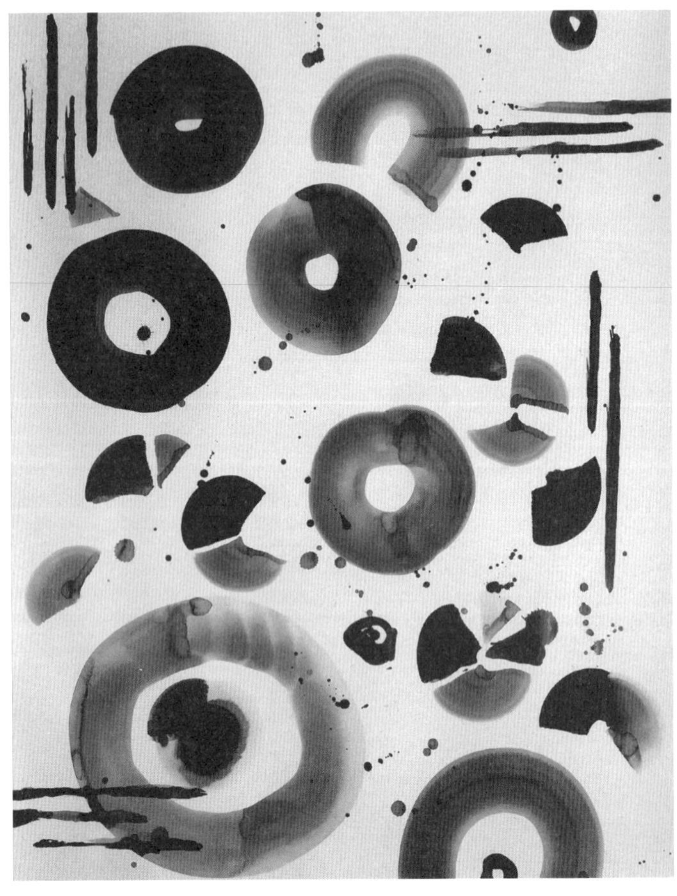

난만한
동그라미들

울림이
둥근
소리에
맞추어
화면에
떠오른다.

두둥두둥
우우우웅
다다다닥
다다다다
두둥두둥
우우우웅
닥닥닥다
다다다닥

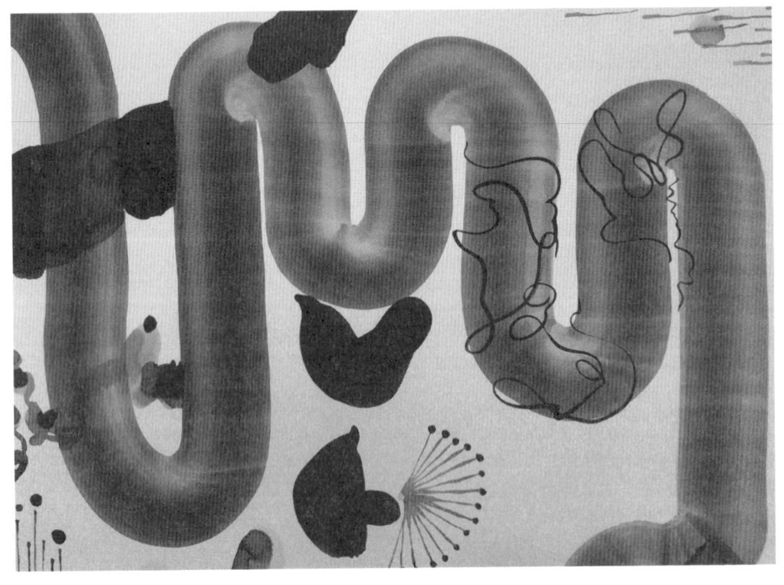

종로를
돌아다니면
혁필화를
그리는
할아버지들을
보곤 했는데
지금은
아마도
보기가
힘들지
싶다.

이거 아주
비슷한 느낌

입체감이
먹의
색이
그리고
리듬에 따라
주저했던
흔적이

그대로
담겨있네.

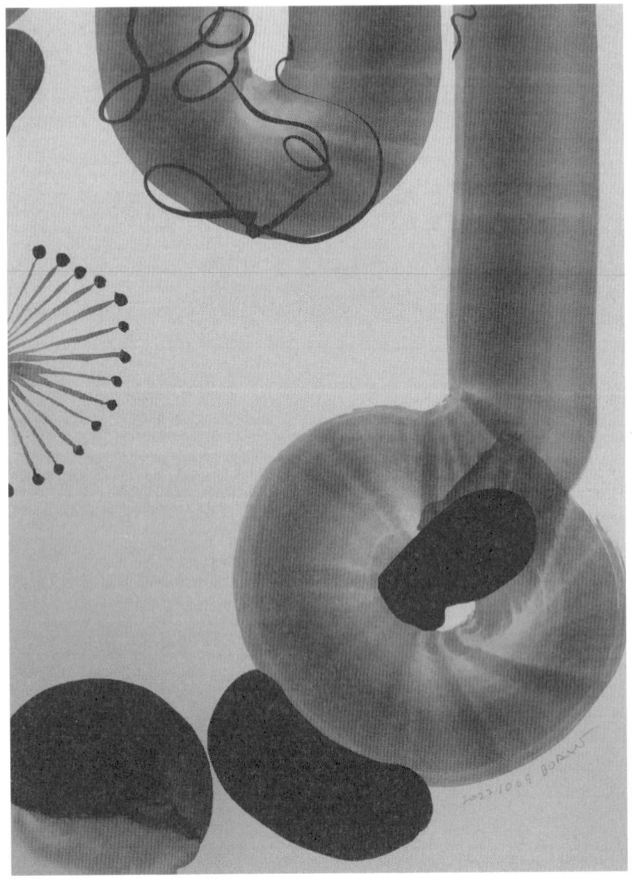

나
여기
있지롱

거칠거면
더 거칠게
난폭할거면
더 난폭하게
하는
편이
낫다.

어정쩡하면
어정쩡하게
이도저도
아니게
잡풀이
무성한
들판이
되어버리기
일쑤

이
모든
순간들을
만나게 해준
연주자 운정

다음에도
또
같이
재미나게
놀자고
손가락
걸고
약속하고
싶은

세상에
몇
안 되는
참
귀한
동무

우리
할머니
돼서도
이거
하고
놀자

QUEERNESS
Miró

나는
지금
빈
화면과
관객들
앞에
다소곳이
앉았다.

그들이
내는 소리를
내가 그리고
나의 그림을 보고
그들이 소리를
내보자고
막무가내로
제안을 한
참이다.

마음을
가라앉히고
내게
다가올
어마어마한
찰나를
맞이하는
이 순간

20240310

휘요
빠빠빠빠빠
쉬이이이이

음 음 음
쿠우우우우

감각이
열리고
서로에게
온전히
집중하는
순간이

눈앞에
펼쳐진다.

스르르
스르르
스르르

비어져
나온
미소

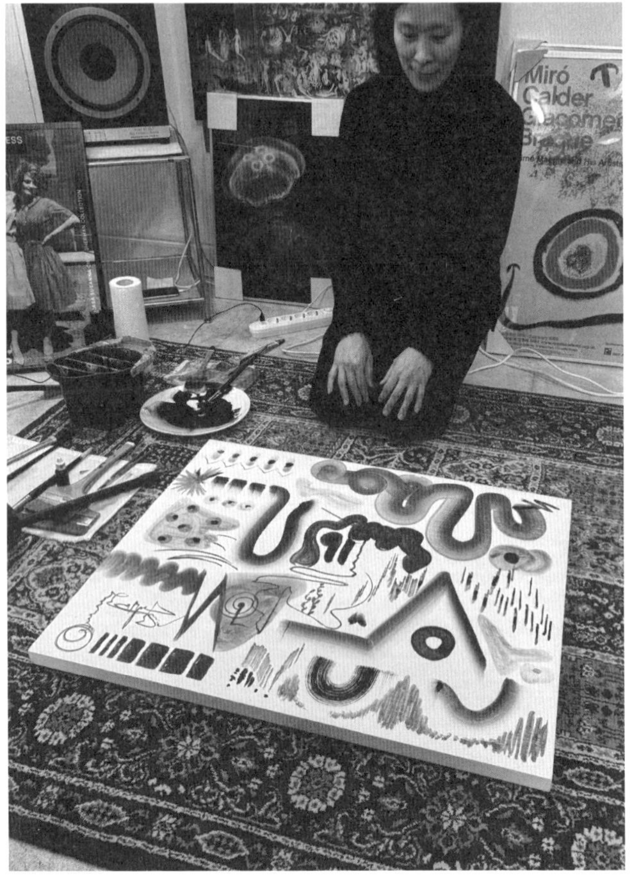
Miró
Calder

이제
더
그릴
공간이
없다.

공간에
가득찬
열기와
함께

우리의
시간이
여기에
이르렀다.

눈으로
어루만지며
함께
걸은
풍경을
바라본다.

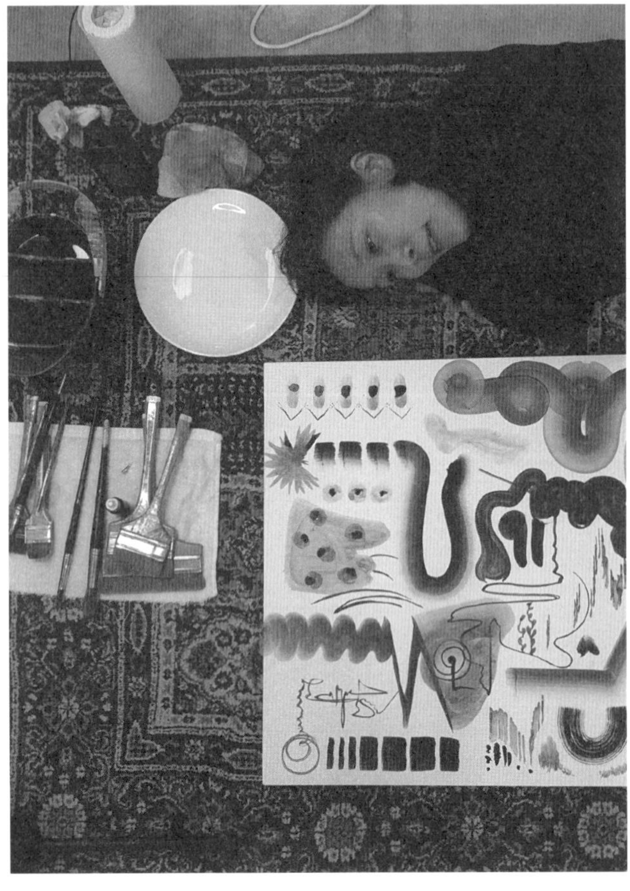

즉흥 춤에서
만난 동무들이
나의
사진을
찍어주었다.

주파수가
잘 맞아
뭐든
같이 하면
즐겁다.

서로의
존재를
지지하는
길동무들

오늘도
가슴
벅차게
고맙고
따뜻한
물결 속

꿈결 같은
시간에
잠시
머물러

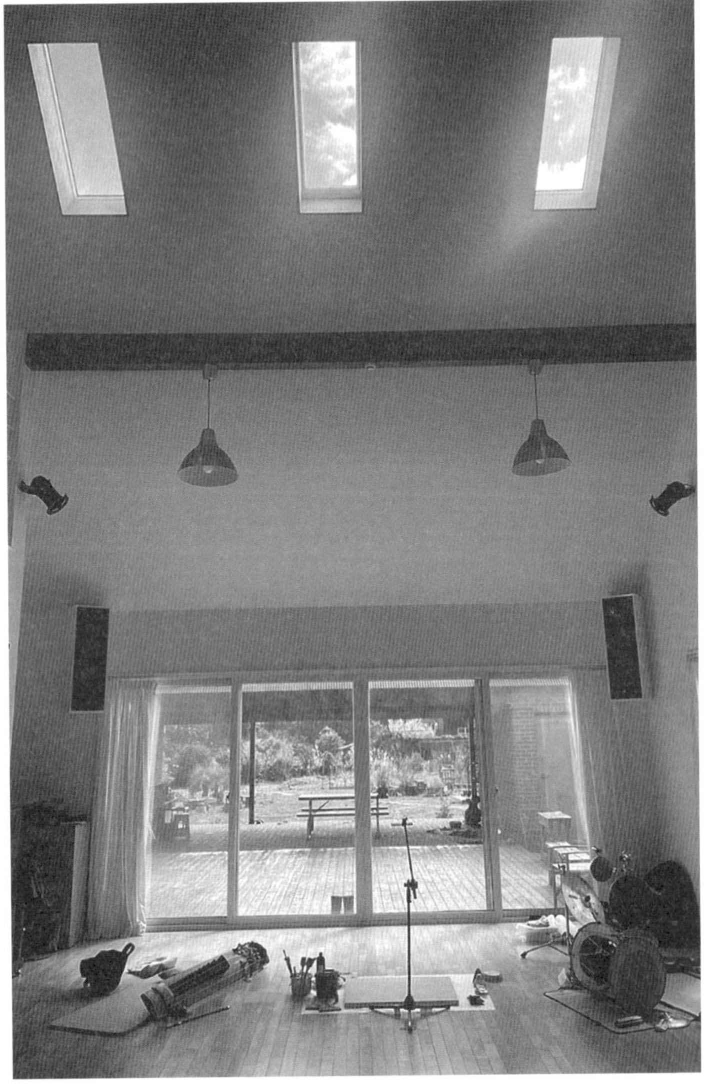

삼달리
조용하고
작은
마을에
울림이
큰
멋진
공간에서

춤 바리
타악 운정
거문고 은용
그림 내가
만난다.

서로의
숨결
눈빛
떨림
호흡에
온몸을
열고서

둘러앉은
이
순간

공간에
맴도는
가득한
생명의
압력

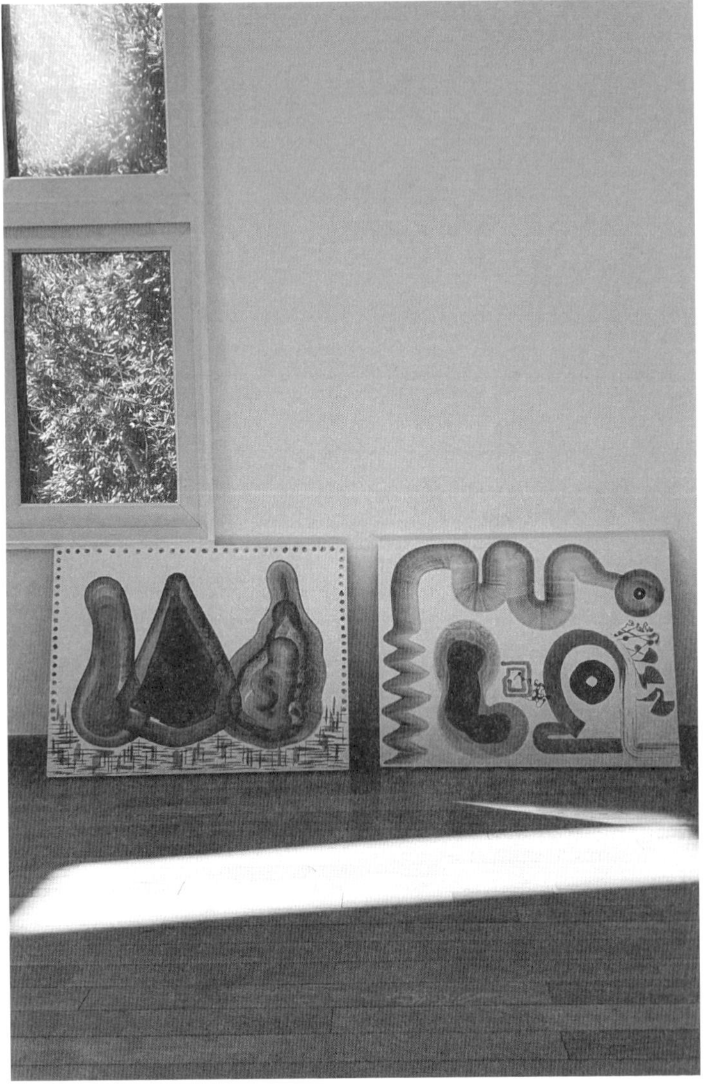

열기에
가득찬
마음으로

서로의
에너지에
공명했던

시간에
대한
달궈진
감각과
함께한
며칠

비가 한번
뿌리고

맑고 건조한
하늘아래

덜 말라
두고 간
그림을
가지러
다시 찾은
삼달리에

차분히
놓여있는
그림 두 점과

누워
쉬는
봄빛

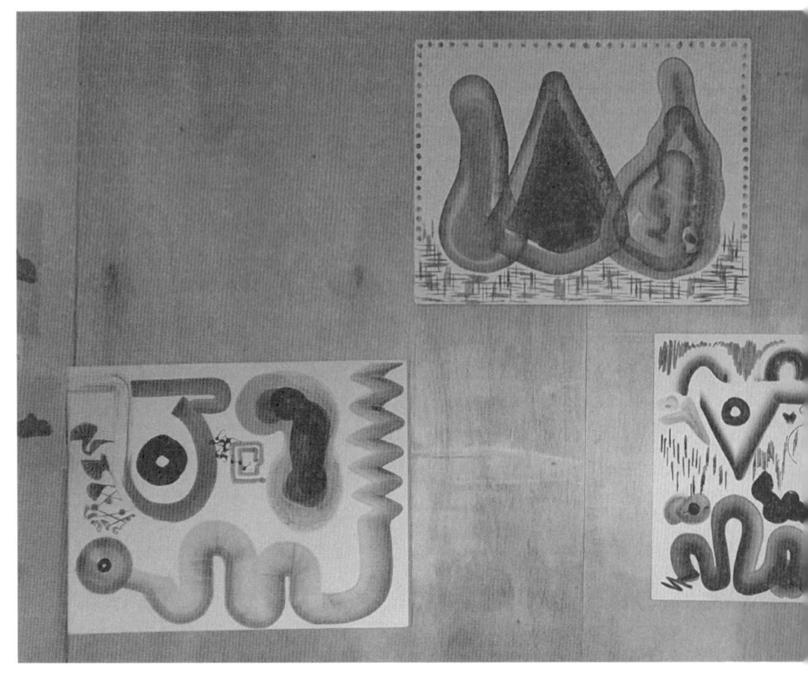

벽을
가득
채웠던
위안의
형태들
나무
조각들은
갈무리되고

못이 있는
자리에
하나씩
찰나의
존재들
즉흥
드로잉
작품이
어설프게
자리 삽기
시작한다.

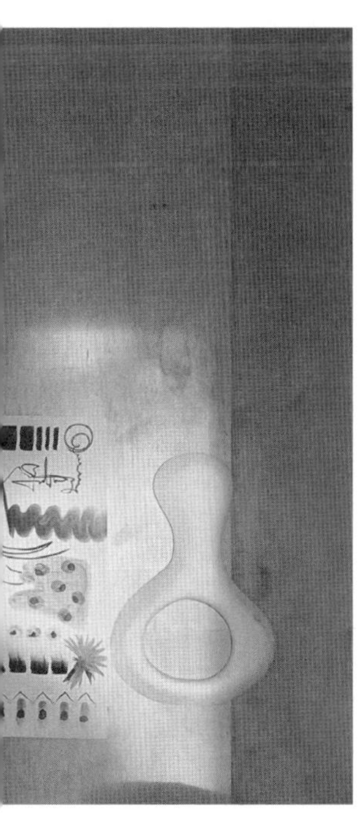

이제
세 번의
찰나

걸었던
풍경들
서성였던
발걸음이
담긴
마음의
풍경들

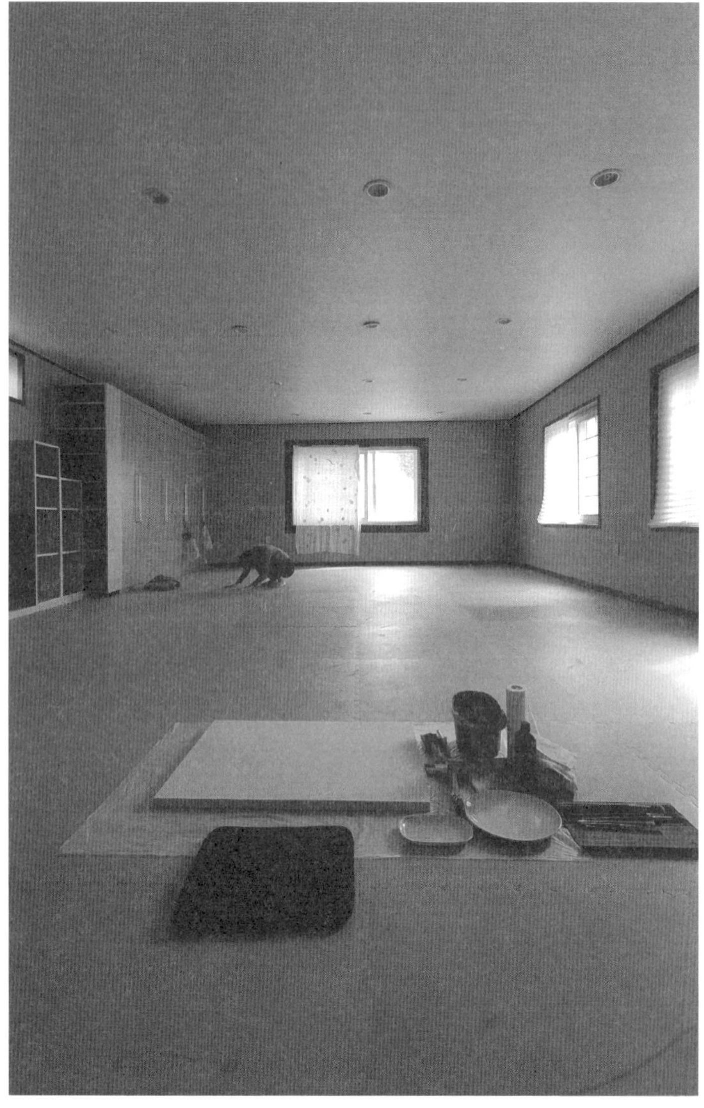

귤밭
뿐인
동네에

귀하디
귀한
동무
윰이
있다.

윰은
자기의
작업
공간을
열어
친구들과
함께
즉흥춤을
추고
안 쓰는
물건들로
무언가
쓸모 있는
것을
만든다.

밥도
나눠
먹고
마음도
나누어
먹고
같이
쑥쑥
자란다.

숨소리도
고요해지고
모두의
마음이
모여지는
순간

모든
것이
멈추고
틈을
내어주는
그때가

비로소
내가
움직일
때

깊은
숨을
한번
쉬고

큰
붓을
들어
어디로
갈 지
나도
모르는

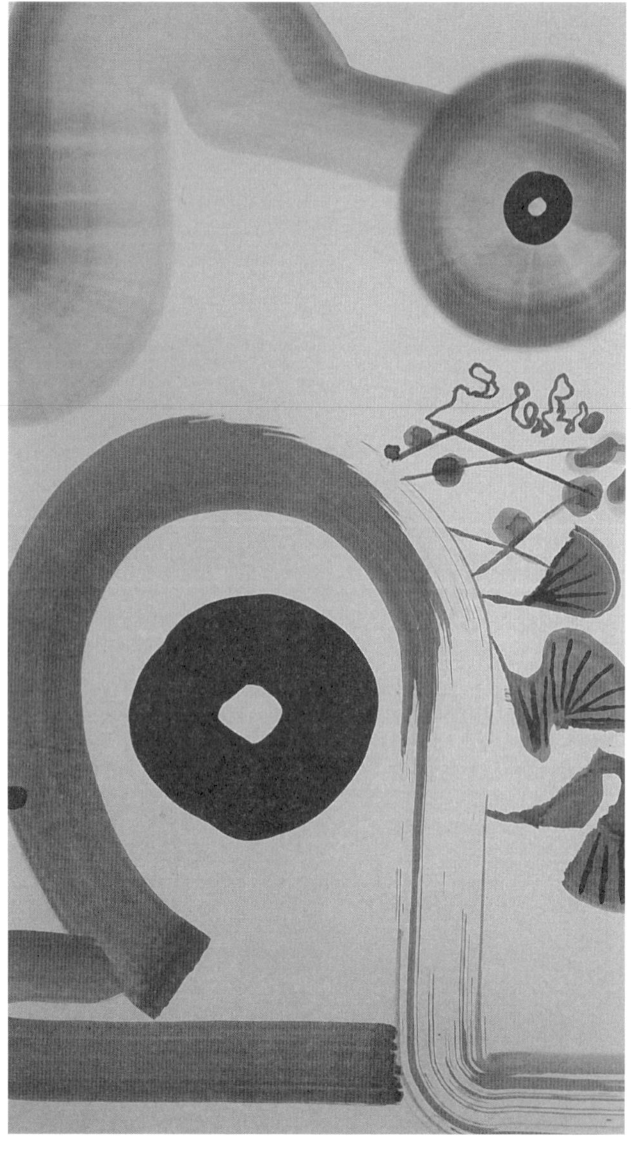

동그르르
휘이휘이

자잘자잘
닥닥닥닥
주르르르

소곤소곤
고분고분

동무들의
움직임
으로부터
빈 공간에
떠오르는
모양들

그림에
동무의
움직임

맴맴
돌고
쭈욱
늘였다가

후두둑
뿌리는
생명의
에너지

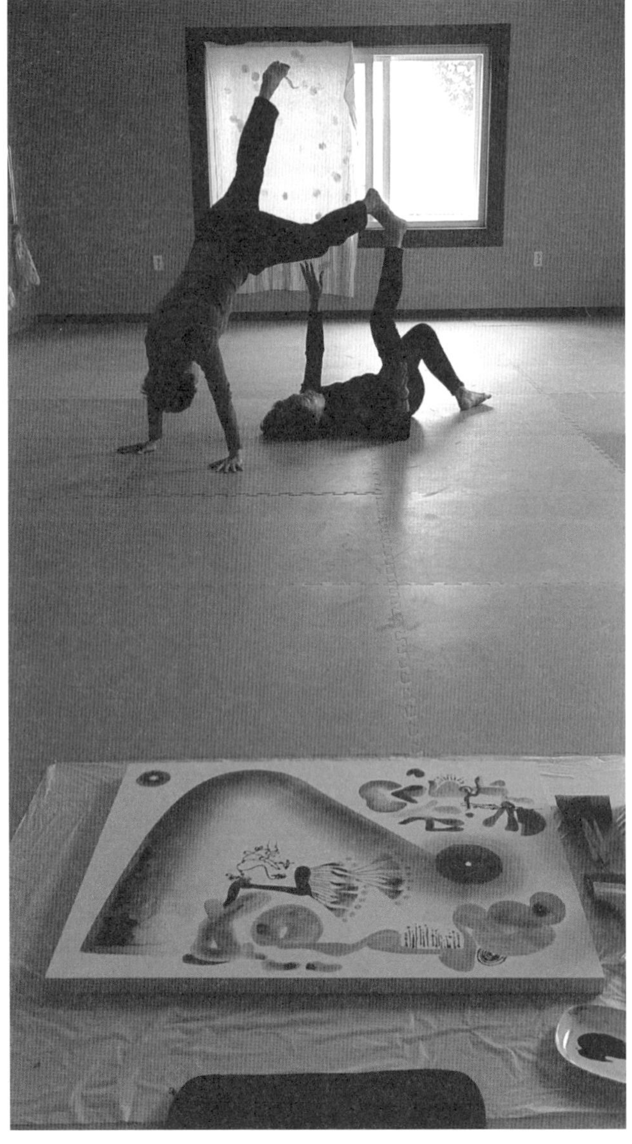

그림을
그려놓고

나도
후다닥
동무의
옆에서
함께
춤을
춘다.

존재의
경계가
생생해지다

서로의
움직임에
따라

흐르고
멈추고
멀어지고
가까워지며

에너지
장의
물결을
타다보면

경계가
사라지고
의도도
사라진다.

존재하기에
느낄 수 있는
이 것

움직일 수 있는
즐거움

살아있음

오늘은
동무가
열어준
공간에서
사람들이
내는
소리를
그려볼
요량으로

준비를
마쳐놓고
창밖을
보고
앉았다.

시간은
천천히
흐르고
시선과
호흡이
모아지는
순간을
기다리며

조마조마
살금살금
슬금슬금
물끄러미

느적느적
어리둥절
갈까말까
안절부절

서성서성
움찔움찔
조심조심
반짝반짝

스리슬쩍
슬그머니
다다르니
고요하디
고요한
정적

시작은
호기롭고
찬란했으나
갈수록
점입가경

자승자박에
절름절름
걸으니
등에 식은땀이
줄줄

그래도
끝까지
다다라야
끝이나니

이 지경에서
허우적허우적
숨을 틔워보자

이리저리
엉긴 넝쿨을
온몸으로
해치고 나오면

드디어
틈새로
간신히
비추이는
자애로운
빛

균형과
안정감

나무판에서
익숙한
종이로
돌아와
익숙한
내
오랜
친구라고
부르려는데

오래도록
내버려지고
시간에
절여져
탄탄함
대신
푸석하게
풀어진
섬유질

붓이
닿는
순간
물을 한껏
머금는다.

익숙할 줄
알았던
것은
여지없이
더더욱
낯설게

나의
빛바랜
믿음을
배신한다.

뻑뻑하게
나아가는
붓처럼
나의
마음도
뻑뻑한 것이
울음이라도
울어야
할 것
같다.

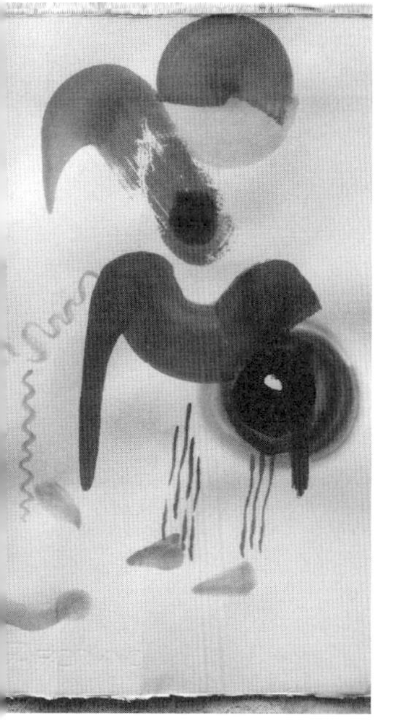

동무의
초록
공간에서
춤을 추고
그림을
그린다.

팔이
길게
길게
늘어나
하늘을
날 것
같이
커다란
호를
그리며
공간을
가르는
순간

우리는
날개를
접고
하늘에
몸을
던진
작은
새

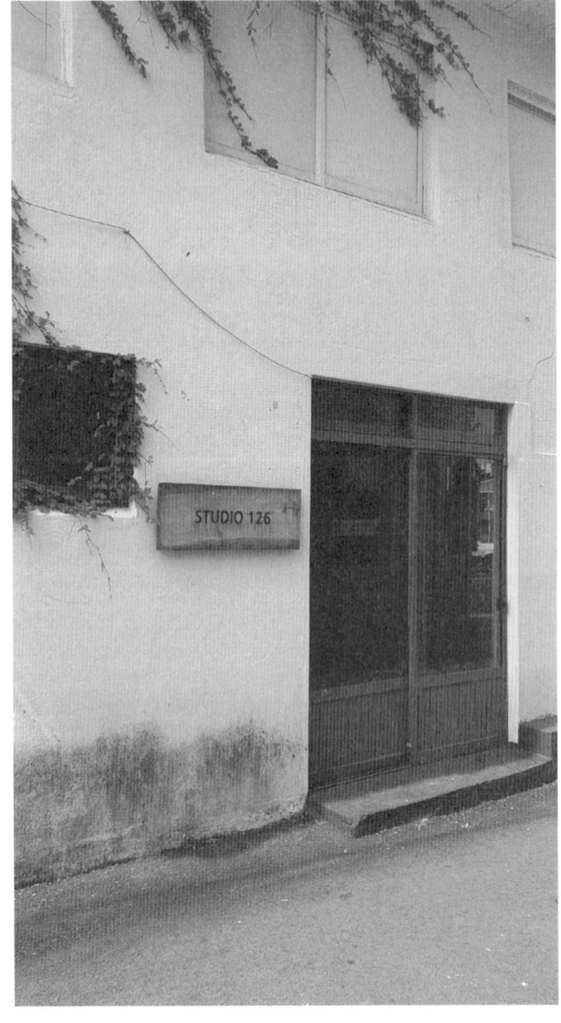
STUDIO 126

이층에서
일층이
내려다보이는
공간을 찾다가
만난 오래된
이 공간

무언가
공간이 갖는
느낌이
안팎으로
애처롭다.

여기서
음악하는
운정과
즉흥으로
그림음악
음악그림을
해보려고
마음을 먹고

종종 공간에
머물면서
나와 공간이
스미도록
시간을
들인다.

부디
잘
품어주시고
잘
풀어주시길

오늘
따라
바람이
무진장

아침
일찍
길을
나서
공간에
들어서

공간과
친해지는
방법으로
빗자루로
쓰다듬으며
청소하기

구석구석
여기는
이렇게
생겼구나
저기는
저렇게
생겼구나
하고
인사하고

이
공간과
파장을
맞추고

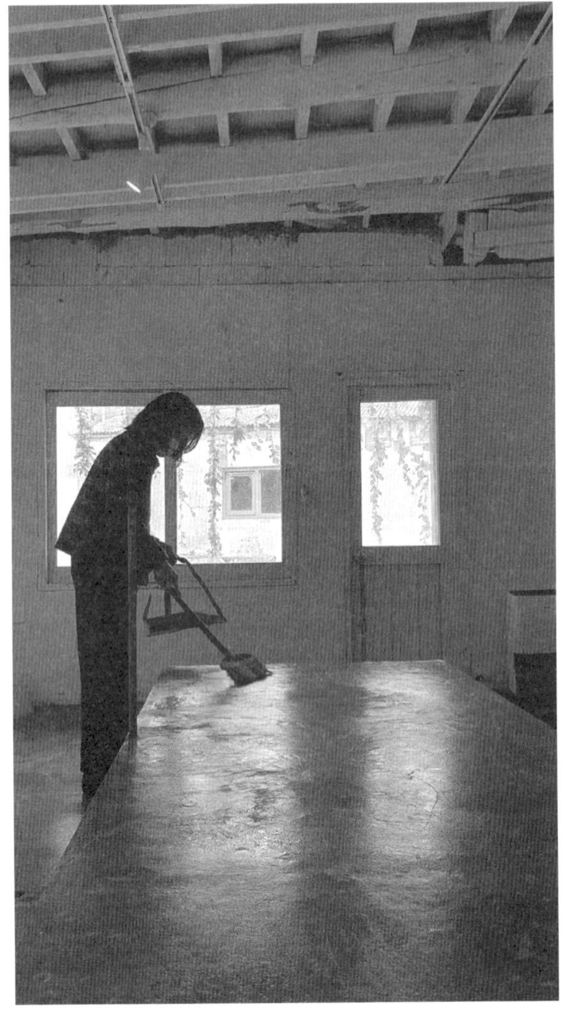

사악사악
빗자루질
소리가
공간을
가득
채운다.

자분자분
천천히
움직이는
나의
발자국이
공간을
빈틈없이
디딘다.

독특한
구조만큼
무수한
이야기를
품었을
이 터와

단 둘이
오붓이
이렇게
만나기도
참으로
어려운
일일
텐데

이층
인형방
같이
작은
방에

시간으로
뿌예진
창이
있다.

온 땅을
뒤섞는
봄바람에
흔들려
소리가
요란하다.

그래도
오느니
봄볕이
이제사
살그머니
공간을
비추고

우리가
몰두하고
있을
시간에는
이 공간에
들어와
함께
앉으리라.

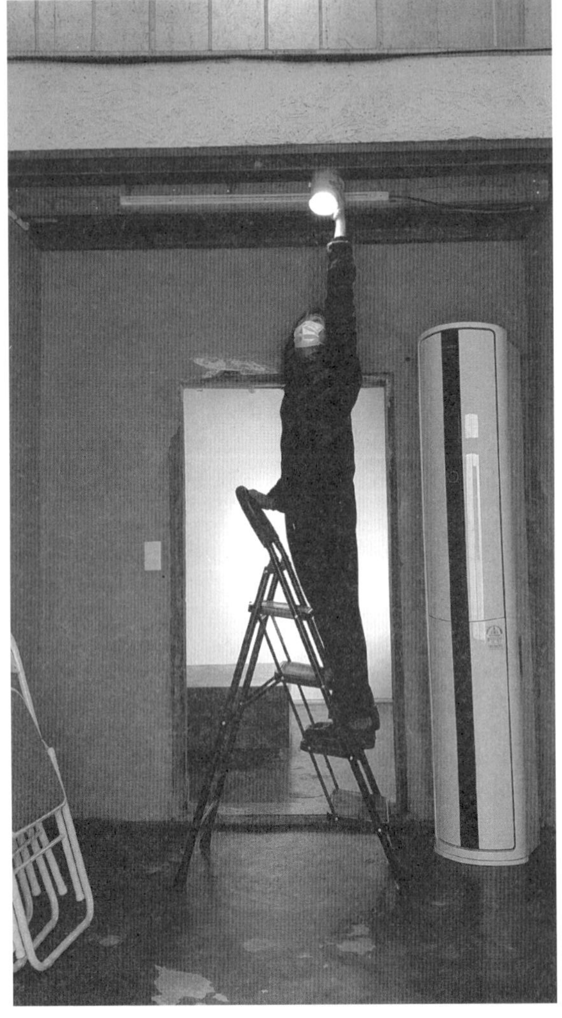

빈
벽을
비추는
빛이
외롭고
허망하여

공간을
한번
다
쓰다듬고
나서
사다리를
타고
조명을
만진다.

차분하게
욕망할
것
없이
등잔
밑을
비추고자.

고요하게
하나씩
손에
익은
그림
도구들을
펼치고
자리를
잡아
놓으니

공간과
퍽
잘
어울린다.

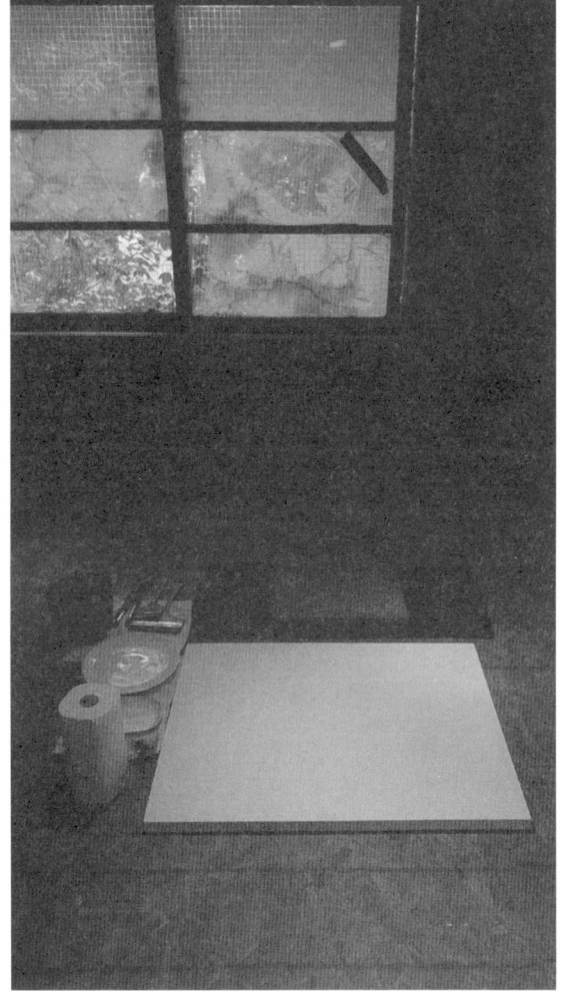

작은
이층 방에도
자리를
마련해
놓고

기다린다.
기다린다.
기다린다.

내가
저
빈
화면을
마주하고
무언가를
어쩔 줄
모르고
할 순간을

여지없이
오겠지만
왠지
오지 않을
것도 같아
부러
기다리지
않아도 올
그 순간을
애써서

기다린다.
기다린다.
기다린다.

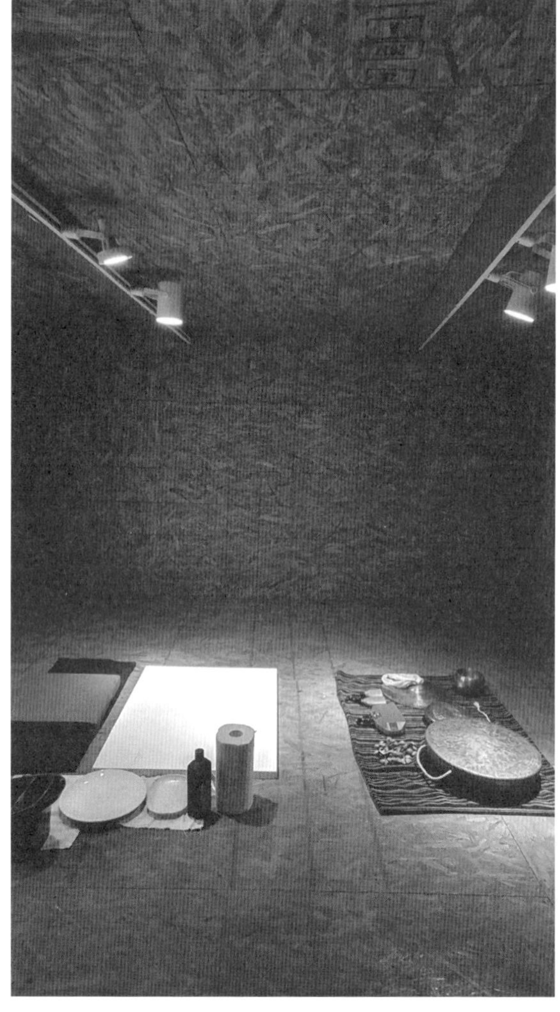

악기와
그림도구가
마주하고
앉았다.

서로의
장기를
잘 아는
이가
이제
곧
이것들을
다룰
것이다.

펼쳐질
시공간도
지금은
고요
속에
있다.

가만히
나도
공간에
스며
이
풍경을
본다.

애애애앰
우오오오
구우우우
우르르르
스르르르
리리리이

무언가가
시작되고
일어나고
뒤섞이고
가라앉아
사라진다.

귀신같이
들어맞는
끝의
순간은
언제나
어찌해볼
도리 없이
황홀한 것

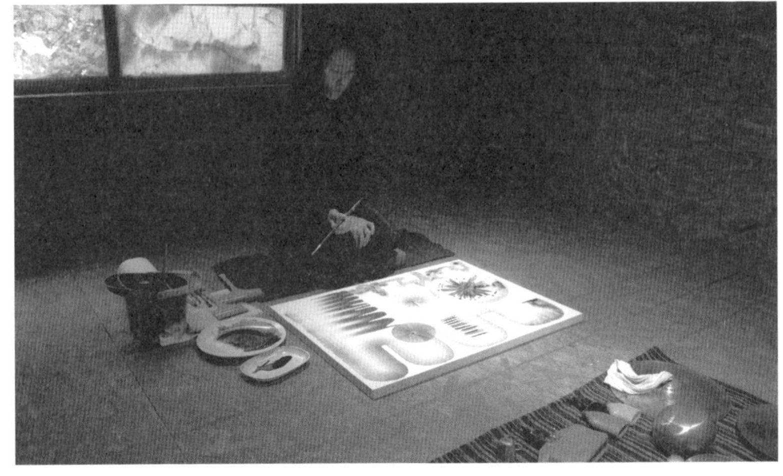

시작은
했고
돌아갈 수
없는
것과
되돌릴 수
없는
것과
어디로
가야할 지
모르겠는
것과
어디론가
가야한다는
것을
안다.

알지만
움식여지지
않는
때가
있다.

그때는
움직이려
애쓰거나
스스로를
밀어붙이지
말고

그냥
잠깐
머물러
있는 것이
상책이다.

즉흥을
통해
내가
가보지
못했던
지경까지
갈 수도
있는
힘이
있지만

그것은
내가
준비가
되어있지
않으면
당도할
수 없는
곳이므로

지금
이
순간
일어나고
있는
일들에
촉수를
바짝
세우고

일단은
멈추고
무슨
일이
벌어지고
있는지
차분하게
들어봐야
할 순간

무진장
긴 것
같은
잠시
멈춤의
시간

다시
움직이니
나의
믿음직한
손이여

단련되기로
말하면
유리 같은
내
마음보다
갖은
노동을
견뎌온
네가
낫지

지금
나를
이끄는
것은
주저 없이
나아가는
나의
손

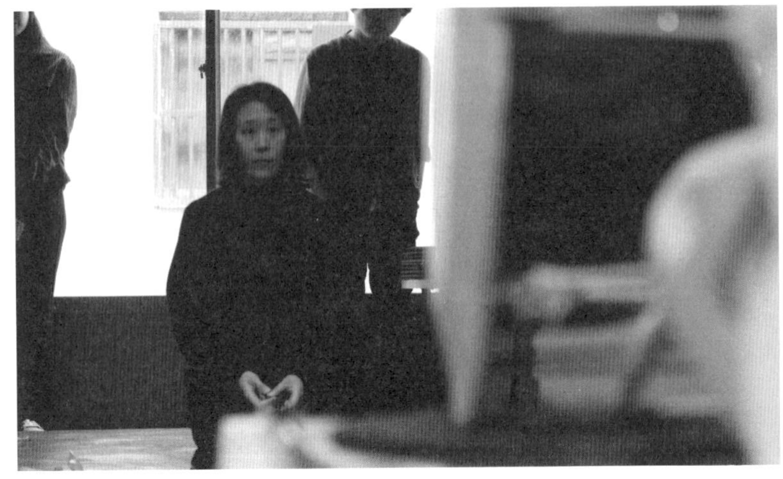

이제
위치를
바꾸어

나는
일층에
연주자
운정은
이층에

마주하고
할 때보다
서로에게
보내는
메시지의
강도가
더
크고
세다.

기다리고
듣고
어쩌지
못할
때가
올 때까지
기다리고
듣고

20240414

더
이상
피할 수
없는
상황에서

드디어
비로소
마주하게
되는
것들이
있다.

다닥다닥
타다다타다
다닥다다닥
타타타다다
탁탁다아탁

운정이
나에게
움직이라고
크게
움직이라고
하는 것같다.

농을
거는 것
같기도
하고

에이
안 할래
하다가

아이
진짜
하고서

기운차게
아래의
섬세함과
주저함을
덮어버리는
굵고
장난기
가득한
검은 선

이건
내가
그린
것이
아닌
것
같은데

이
낯설은
지경은
운정
덕분에
처음
와본
풍경

한
고개를
넘었구나

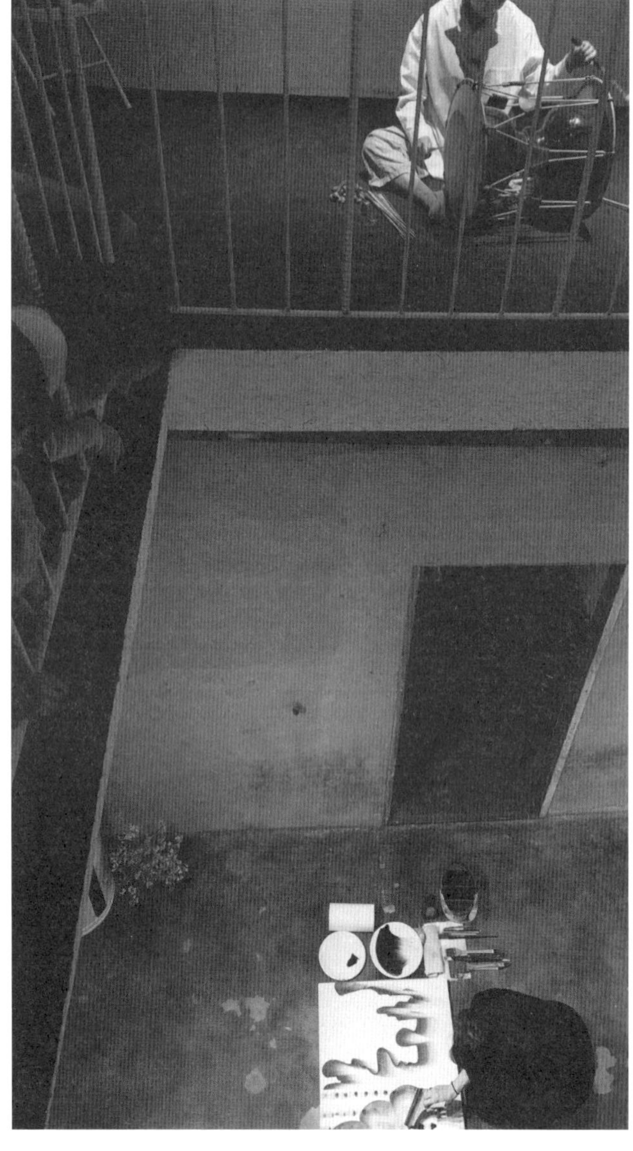

나는
혼자
인 것
같았은데

위에서
나를
내려다보며

지지해주는
동무들이
있었다.

증명할
것도
설명할
것도
없이

나를
받아들여주는
그런
귀한
사람들이

이
오래된
공간과
함께
나를
품어주고
있었다.

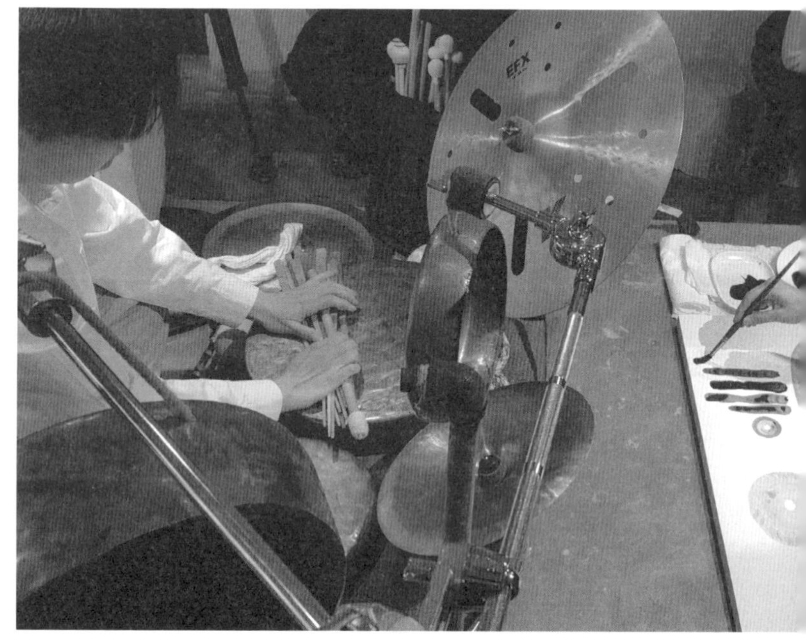
EFX

네 번째
그림을
그리려니

이제는
지치는구나.

좀처럼
움직여지지
않는
나를

운정이
또 다시
살살
달랜다.

어이
여어어어어
떼구르르르르
타타탁
떼구르르르르르
타타탁탁
어어이

정신
차리라구

오오이히
조금 더
힘을 내.
끝까지 가야
끝이
나는 거지.

20240417

스튜디오
126에서
네 번의
즉흥
음악그림을
그리고서
몸이
축났다.

그럴까봐
며칠
전부터
속을
비우고
차와
소금만
먹었건만

이렇게
살펴보니
나의
몸은
오랜
집중을
견디지
못한다.

긴장도
많이 하고
이것
참

반복해도
나아지지

않는
것은
받아들이고
다루는
방법을
알아두는
것이
좋다.

삼일을
어떻게
지냈는지
모르게

다시금
동무의
초록방

동무는
움직이고
나는
그림을
그리려고
자리를
잡았다.

일상에
이런
순간이
있다는
것이
참
좋고
고맙다.

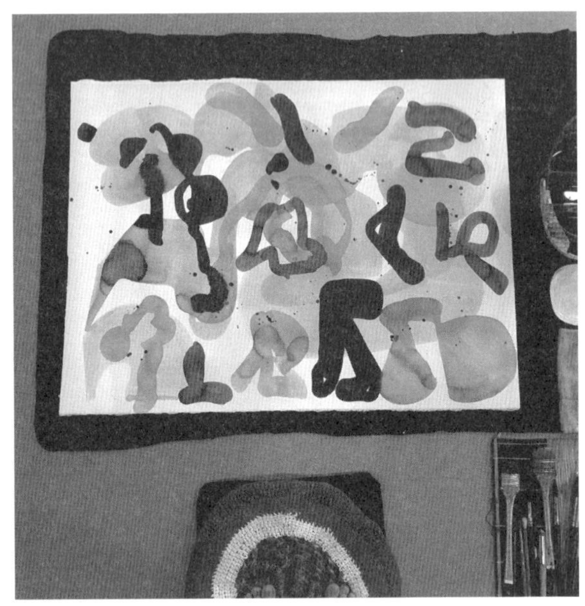

거인의
발자국
쿵쿵쿵

우리의
몸을
들어올려
이리로
저리로
휙휙

딛고딛고
걷고걷고
서성이고
서성이고

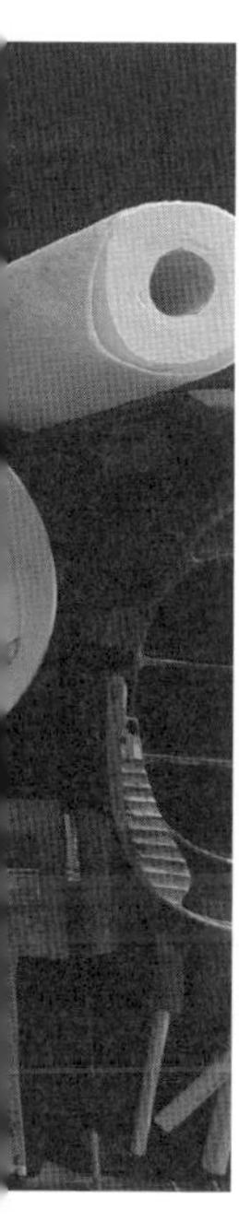

움직임에
따라
일렁이는
물결

스르르
스르르
주르르
주르르

흐느적
흐느적
엉기고
성기고

물속을
비추는
한줄기
빛

그것이
만드는
영롱한
음영들

장난
스럽게
움직이고
장난
스럽게
그리고

고개를
파묻었다가
쭈욱
들어
숨을
쉬고

바닥에
기대어
몸을
낮추어

내
몸을
짐
풀듯
내려놓았다가

폴짝
가볍게
공중으로
펄쩍

살짝
쿵쿵

20240501

이제
한 숨
돌리고

작업실
벽에
찰나의
존재들
드로잉을
걸어보니

어느새
가득
찼다.

북쪽으로
창이
난
이
작은
공간이

나는
참
좋다.

지는
해가
가끔씩
안녕하고
인사하고
사라지고

나머지

대부분의
시간은
고요하고
적당하다.

이제
슬슬
이번
여행도
마무리가
되어간다.

꽉 차면
비워지고
비워지면
꽉 차는
한바퀴

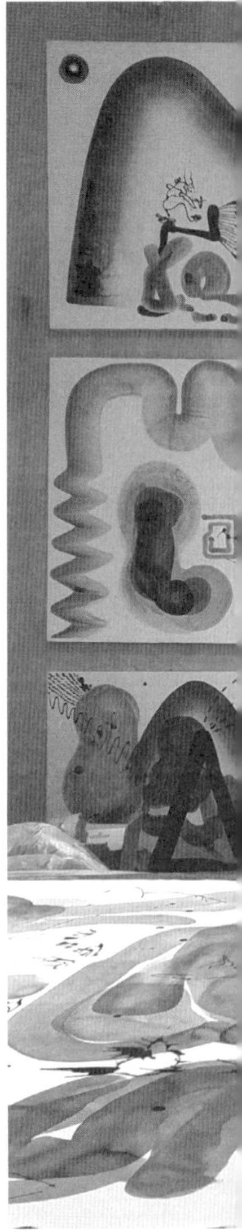

스튜디오
126이
원래
있던
오래된
건물에서
새 공간으로
이전하며

새로운
시작으로
여는
전시를
함께
하자고
해주었다.

공간에서
마지막
벌어졌던
일로
새로운
공간을
열 수
있다니
참
기쁘다.

위안의
형태들도
보여주고
싶어

꽁꽁
싸맨
작품을
꺼내

이리
저리
살피고
손을
본다.

시간이
흐르고
작업실의
배경도
바뀌었다.

옛 것과
새 것은
서로
공존하며
교차된다.

찰나의
존재들
즉흥
그림음악
작품
네 점이

새로운
스튜디오 126
입구에
설치되었다.

통로라
가까운
거리에서
그림을
마주하게
된다.

가까이
가까이

통로를
통해
넓은
공간으로
이끈다.

통로를
걸어
안으로
들어오면

넓고
시원한
공간이
펼쳐진다.

다른
작가의
영상작업이
설치되었고

나는
그 공간이
안정적으로
펼쳐질 수 있게

위안의
형태들을
좌우로
차분하게
설치하였다.

빈 공간이
서로의
존재를
지지한다.

그림을
전시장
벽에
걸고
조명을
비추면

나도
관객이
되어
그
그림을
유심히
본다.

다시
거리감을
가지고
바라보는
그림은
낯설고
새롭다.

시간이
다시금
마주하게
하는
것들

20240626

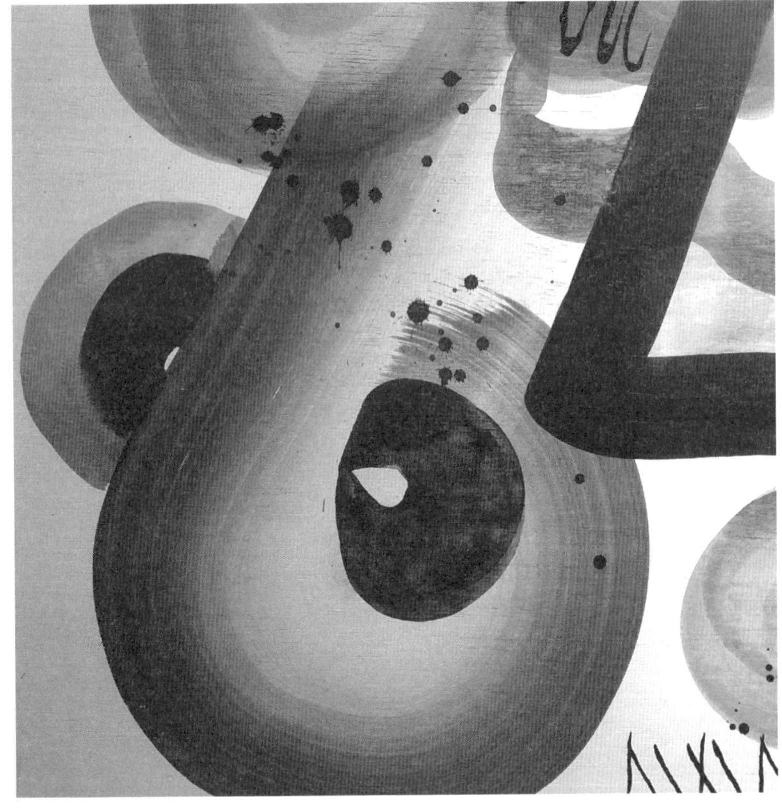

휘리리리
돌아
감고감고

내가
너의
의도대로
될까보냐

아이쿠
쪼르르르
빠져나가는
이노오옴

후두두둑
떨어지니
빗방울이냐
핏방울이냐

어화둥둥
둥시기
둥시기
둥둥둥
쩜쩜

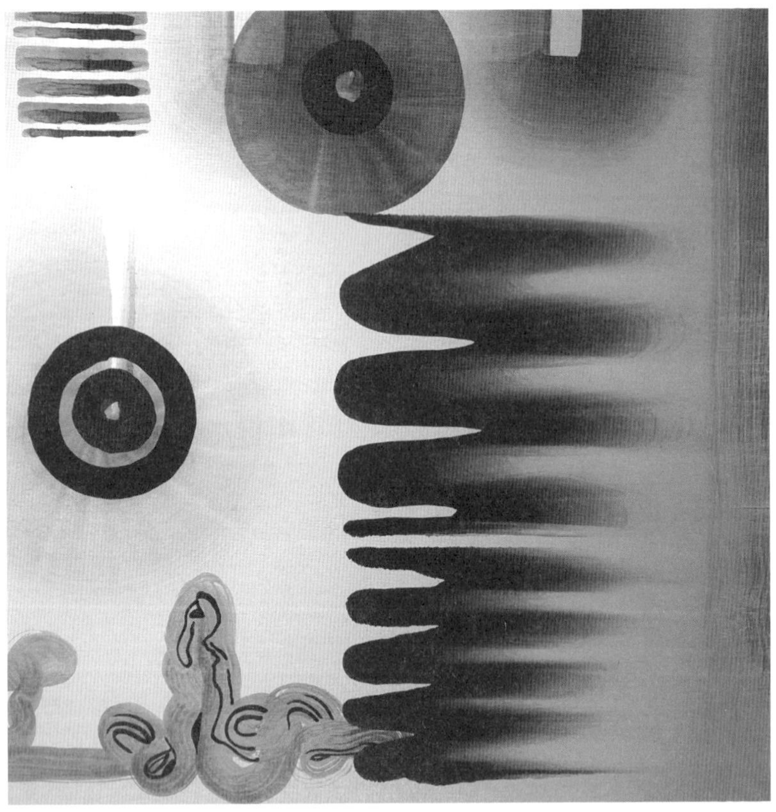

층층이
층층다리
와사사사
층층다리

구불구불
돌아도
돌아도
끝은
모호해
알 수가
없으이

꾸불텅
꾸불텅
핏줄이
은은히

빛은
고스란히
가만히

저으기
차가운
달도
명명히
백백히

멀리서
우는
새야

그
소리로
네가
있음을
내가
여기서
안단다.

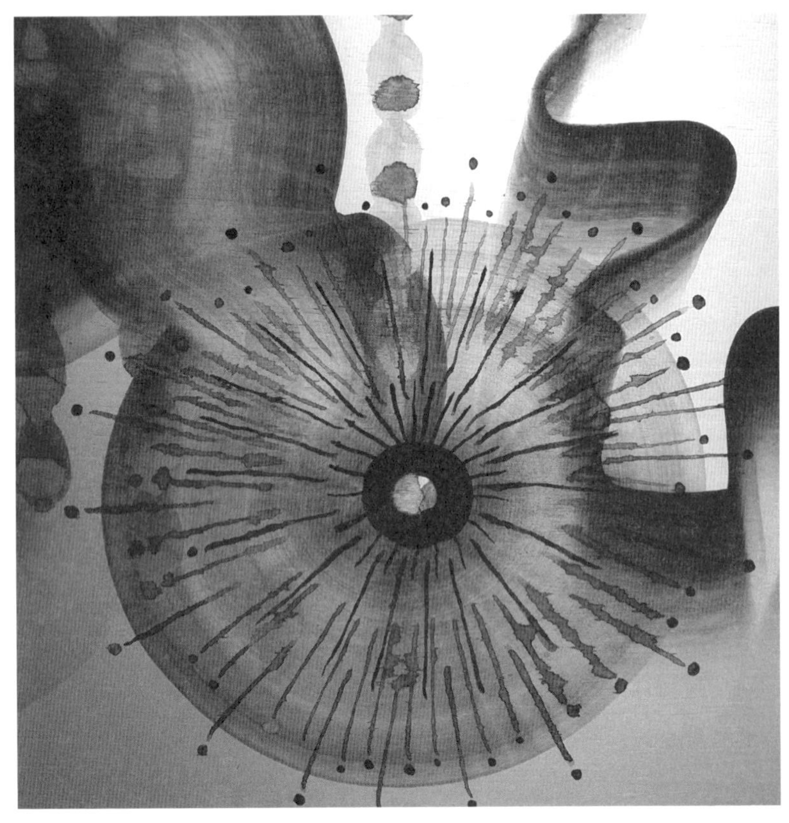

찌르르
찌르르르

밤은
고요하고

우웅
우웅
우는데

퐁당
퐁당
던지자
던지자

마음
먹은
모든
것들

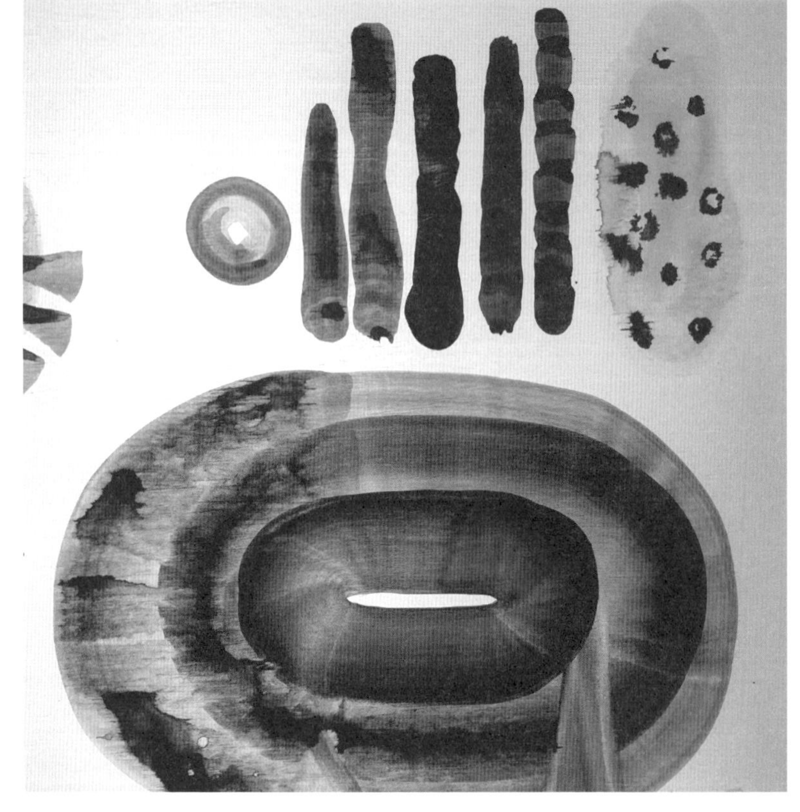

닥닥닥다다닥
드르르르르르
다악닥다악닥
드르르르르르

손이
소리를
따라
느리게
아래로
그으니

존재.
나무.
서있는.
무엇들.

그
아래
맴맴
천천히
무섭게
매앰매앰

깊고
이지러진
웅덩이

마주하고
싶지 않은
주저함
두려움
벌어진
커다란
입

20240626

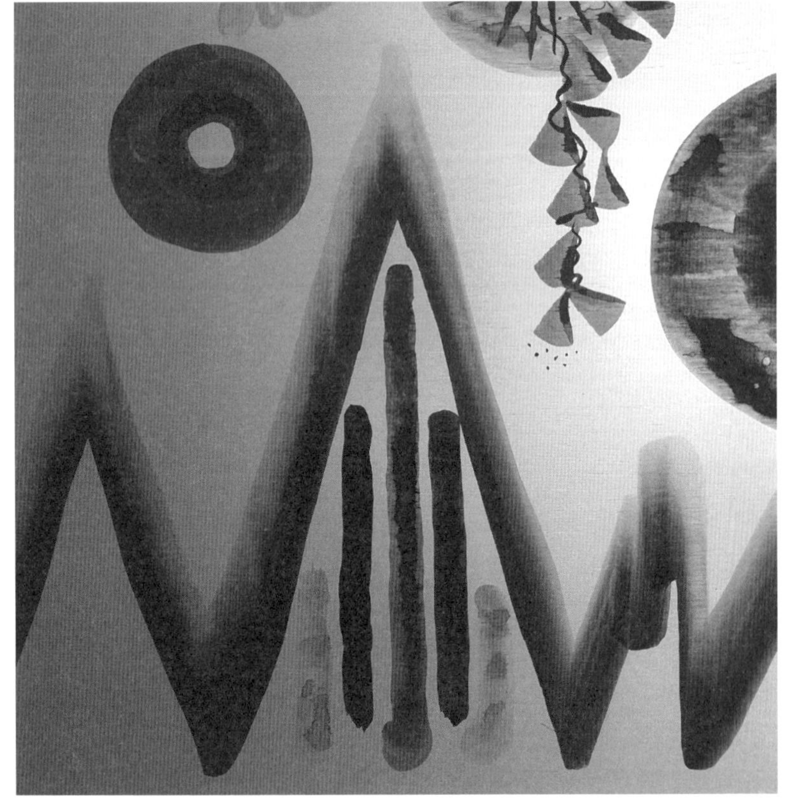

그르치
우리의
길이
평탄만은
안치

뾰쪽뾰쪽
빼쭉빼쭉
갈라버릴
듯한
날카로움

그
안에도
존재들의
속닥거림은
있지

짱짱
째재재쟁
재재재쟁
째쟁째쟁

쨋츠츠츠
쯔으으츠
쨋츠츠츠
창이창이

호히호히
치히치히
호롤리로리
치히이치히

빛이
눈썹에
맺힌다.

잎사귀가
투명하게
빛난다.

분꽃이
여지없이
선명하다.

생생히
느껴지는
살아있음

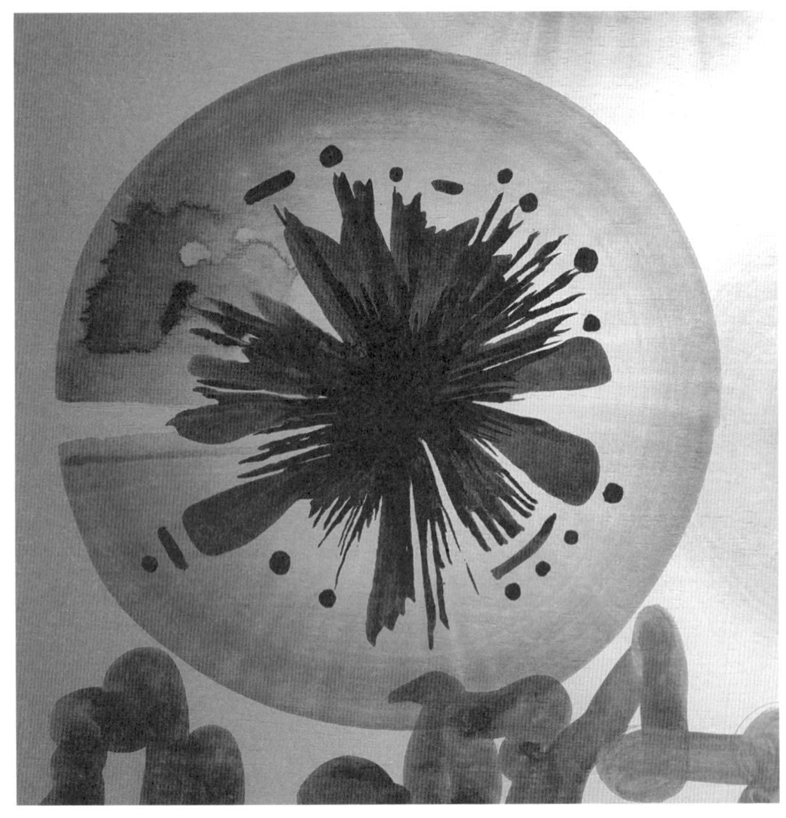

이리조금
저리조금
이지러진

날카로움이라곤
전혀
찾아볼 수
없는

내창의
개구리알 마냥
누가보든
안보든
그냥

여기에
둥둥
떠서
물결따라
넘실넘실
둥실둥실

안에서는
무척이나
요동치는
반짝이는
것

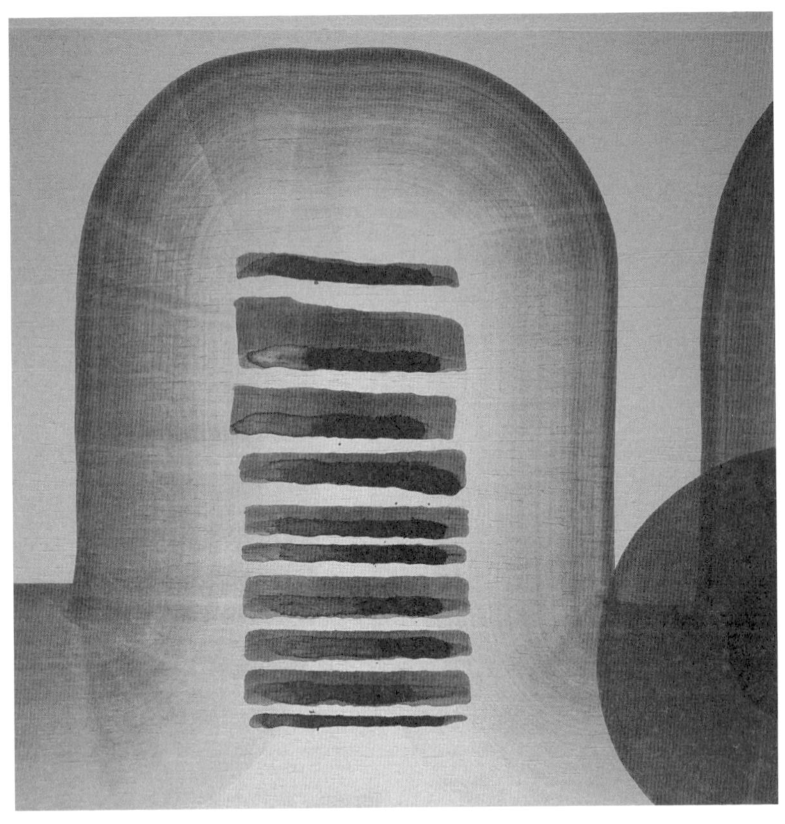

우라라라아
스스스스윽
우루루우룽
지이이이잉

둔하기가
지평선에
오름 같다.

옮길
방도
없는
깊이
박힌
땅

모든
우둔하고
어리석고
애처롭고
가련하고
외면 받는
일의
목격자

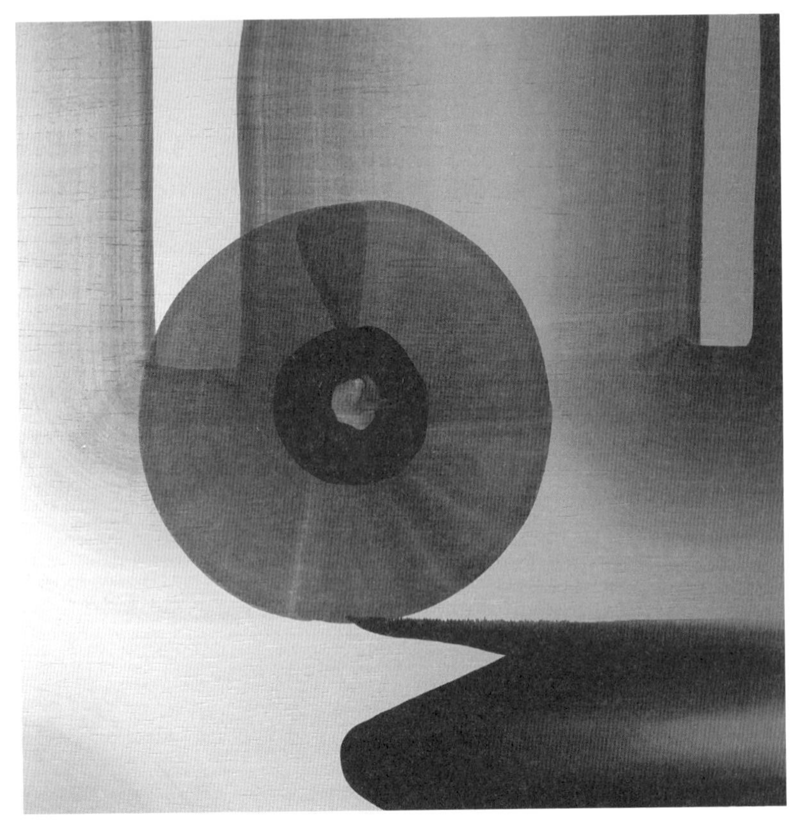

으으음
으으으음
리이이일리
으으으음
음

새벽에
멀리서부터
다가오는
의식

이슬이
풀끝에
맺히듯

제비가
가지에
내리듯

이제
다시
끝

끝내고
떼고
치우고
비우고
꽁꽁
싸고
살살
들어
차곡차곡
깊숙이
잘
넣고

무엇이
있었는지
아스라이
송두리째
잊어버리고

텅
비었다
허전해
하다가

다시
어슬렁
어슬렁

서성이는
발걸음

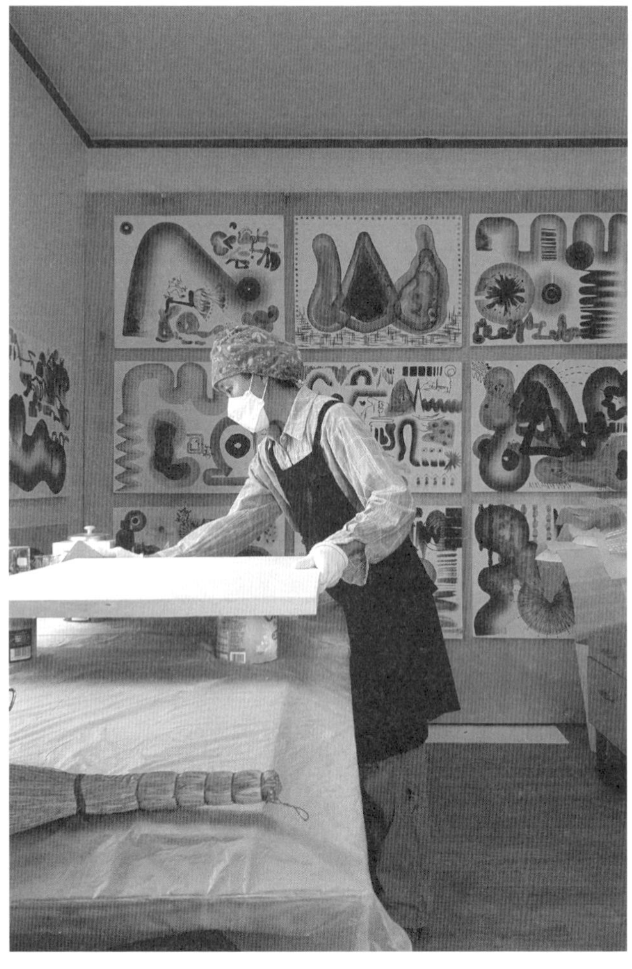

슥슥싹싹
나무판넬을
간다.

밖에서
해야지
하다가
그새
잊어버리고
안에서
했더니만

온천지에
나무가루가
소복이
쌓인다.

나는
도무지
배워지지가
않는고나.

동무들과
작년부터
작당한
즉흥 퍼포먼스가
다음 달이다.

마음을
잘
가다듬으며
슥슥싹싹

판넬 밑 작업도
손이 많이 간다.

틈새를 매우고
잘 말리고

다 마르면
다시 간다.

이 과정을
매끄러워질 때까지
한다.

집 청소
한번
싹 해놓고

오늘도
작업방에
콕 박혀
손을 열심히
놀린다.

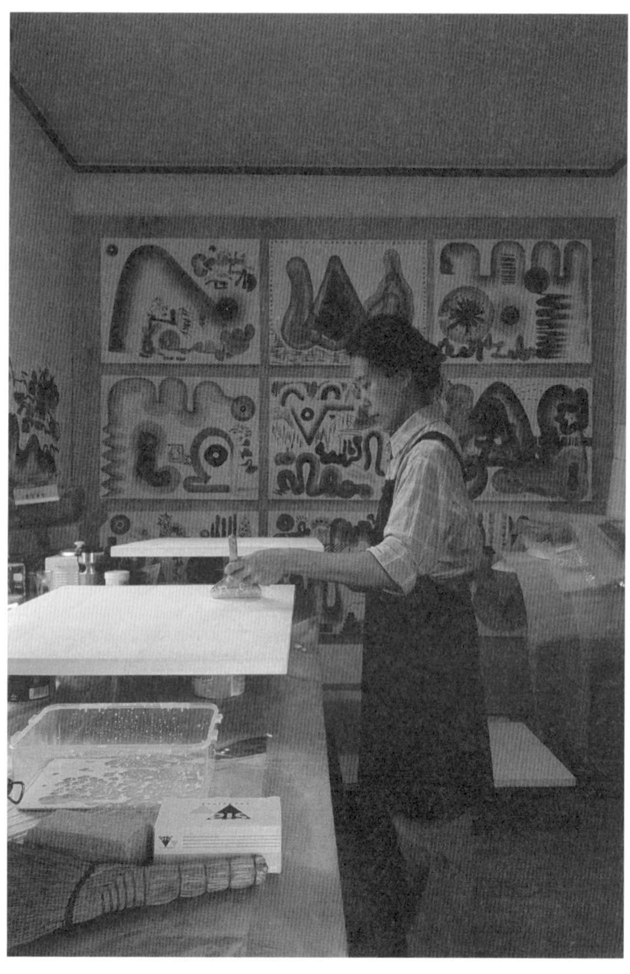

판넬에
바탕칠을 한다.

칠하면
하루를
말리고

다시
칠하고
하루를
말리고

뽀얀
바탕이
될
때까지

판넬이
준비되면
도구들과 함께
수원의
동무에게 보내고
나도
수원으로 가
모두 다시
만날 거다.

낯선 곳
잘
찾아갈 수
있겠지

끝나지
않을
듯한
뜨거운
여름이
지나가고
기적처럼
가을이
왔다.

천을
드리운
벙커에서
타악
거문고
춤
그림이
만나

한바탕
즉흥을
하기
직전

이
모든
일이
순조롭게
일어나기를
긴장되는
마음으로
빌고
단속하기가
한 달하고
보름

가녀리고
약한
마음아

지금은
압도될
때가
아니니

엷고
옅은
실 같은
빛을
꽉
붙잡고
잘 지켜
보거라.

네가
기다리고
상상한
것이
어떻게
이
찰나에
피어나는지

20241012

준비는
다
되었어요.

제
마음이
아니라
그것을
빼고 난
나머지
말예요.

시간은
아직
남았는데
이상한
속도로
흘러요.

어쩔
줄
모르겠어서
이도
닦고
변소도
가요.

숨을
깊이
쉬어요.
하지만
또다시
받은
숨이
코앞에서
왔다 갔다 해요.

나만
그런가
하니
친구들도
다가올
순간
앞에서
나름의
의식을
치르고
있어요.

이
순간을
지나가야
만날
거여요.
우리가
만들어낼
빛나는
찰나

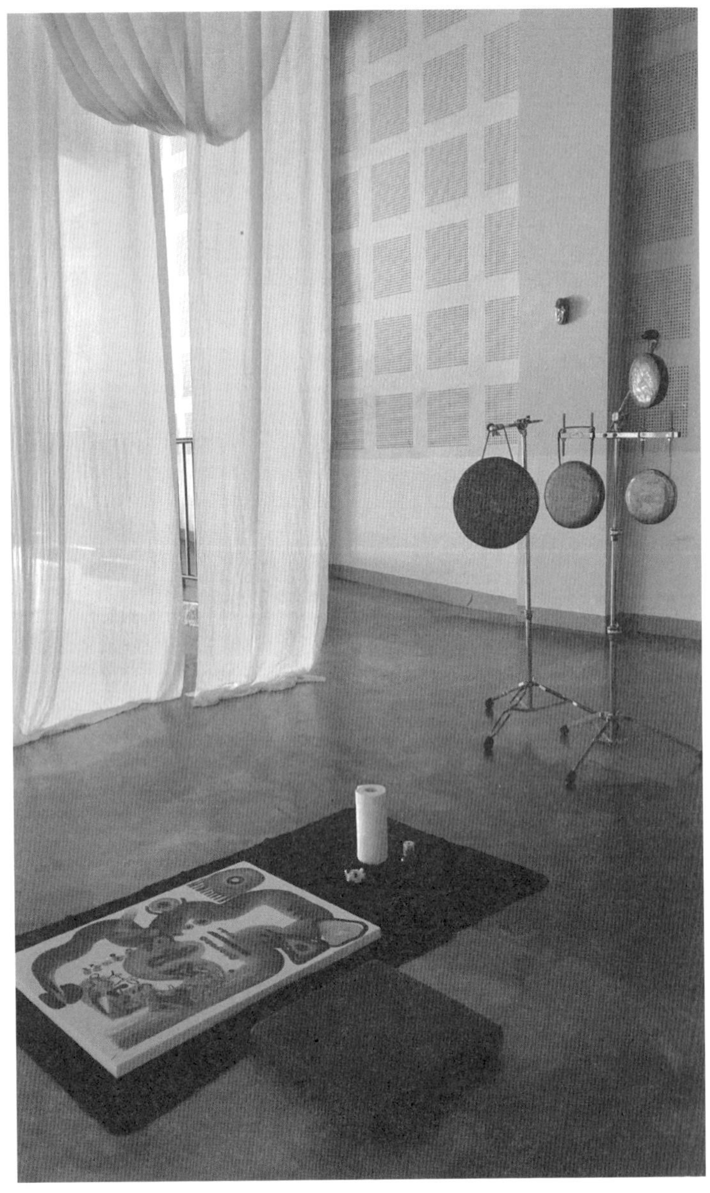

찰랑찰랑
붓이
물에
들어갔다
나오는
소리

지잉지잉
지이이잉
지잉지이이이
활이
쇠를
타고

멀리서
두웅두웅
우우우웅
묵직한
거문고
울림이
공간을
채운다.

춤이
바람처럼
공간의
공기를
흩트리고
움직이는
붓

숨을
후우우
길게
내쉬고

고개를
들어
공간을
둘러보고
그림을
보니
이제
다
되었다.

다음의
텅 빈
순간을
맞이하며
자리에서
일어나
걸음을
옮기니

발치에
남은
우리들의
찰나들

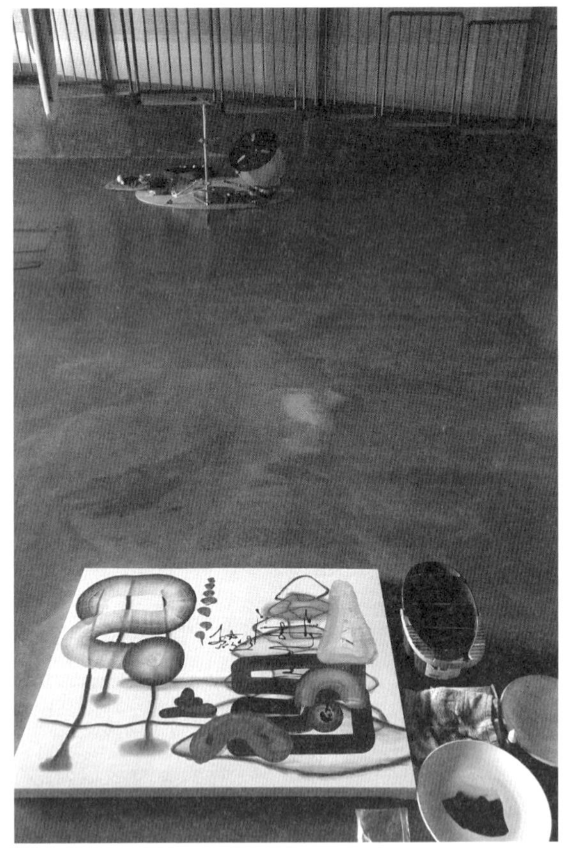

머릿속의
한계와
경계를

천천히
부드럽게
무너뜨려

그
너머로
확장할
수 있게
해주는

이
부드러운
지지와
따뜻한
에너지

네.
맞아요.
저
혼자서는
도저히
다다를
수 없는
지경까지

순간의
집중으로
도달할
수 있는
힘이
모두
함께
있기에
나온다고
느껴요.

전체의
한
부분으로의
저와

순간을
경험하는
제가
동시에
존재하고

공간의
눈으로
봤을 때의
우리의
존재와

우리가
만들어내는
것들도
조망하게
되는 것
같고요.

이
여러 가지의
시선이
어떻게
옮아가는가
여유를
가지고
살펴보고
싶어요.

그림에도
공간을
여유를
담고
싶어요.

이
모든
것이
여유가
있어야
할 수
있는
것들이라는
것과
나에게
아직
그것이
체득되자

않았다는
것을
절실히
느껴요.

간절히
단련하겠나이다.
여유여
넓은
마음이여
한산한
바람이여
쫓기지 않는
존재여
두려워 않는
마음이여

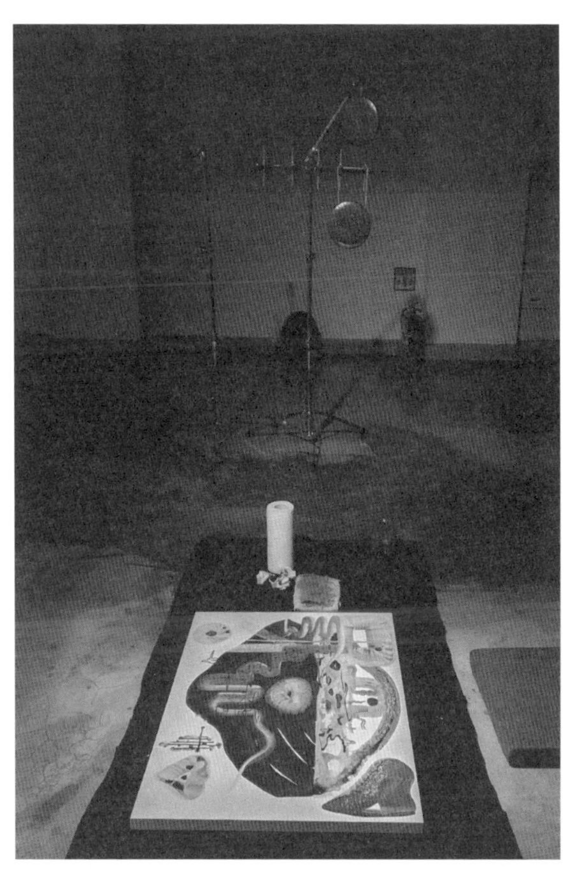

찰랑찰랑
붓이
물을
흔드는
소리를
들으며
적막은
어떻게
자신이
사라지는
순간에
귀를
기울이는가를
느낀다.

커다랗게
놓인
빈
화면은
아무 말
없이
무심하여
내가
이제
무언가
해도
되느냐고
가만히
쓰다듬는다.

쪼르르
사기
접시에
먹을
덜고
붓을

대니
한없이
검은
것이
살아있는 듯
뿜어져 나온다.

붓을
대기가
늘
무섭고
두렵지만
일단
대고
봐야지

익숙한
왼쪽
위의
공간에
붓을
대니
아래의
호분과
아교가
우르르르
일어나
뭉글뭉글하고
요상한
무늬를
만들어낸다.

어
이거
아닌데

내가
알던
그거
아닌데

붓을
떼지
않고
끌고
간다.

그래
이왕
이렇게
된 거
어떻게
나오는지
보자.

어떻게
되는지
나도
보고
싶어
여기까지
왔으니

한번
마주하고
찬찬히
보자.

우르르르
끓었던
초반의

물기는
붓이
지나는
길이
길어질수록

바닥의
아교와
호분과
뒤섞여
잿빛
마른
자국으로
결국
질질
끌려
끝이
난다.

모든
것을
삼킬듯했던
생기는
일분도
못 버티고
사그라든다.

나의
순간
나의
찰나와
다름없이

저기요.
네.
저
아래
저거
세모난
거.
네.
삼각 김밥
맞아요?

아~
그렇게
볼 수도
있겠네요.

그러고
보니
맛있게
생겼네요.
그
안에
계란도
들었나?

둘이
머리를
그림에
들이밀고
한참을
본다.

관객이
묻고
내가

대답하고
내가
묻고
관객이
대답하고
같이
웃는다.

저기요.
네.
잘
보면
저
위에
개복치도
있어요.

20241012

오늘
새벽에
왠지
목탄을
들고 가고
싶어서

학교 가는
아이가
주머니에
사탕
하나
챙기듯
스윽
넣고
왔는데

지금을
위한
것이구나.

쇠가
지잉지잉
울리고
거문고의
부들이
희고
넓고
텅 빈
아기
배냇저고리같이
깨끗한
화면을
은총 하듯
쓸고 간다.

가만히
앉아
소리를
듣고
눈
앞에
펼쳐지는
장면을
보니

그 안에
아까
나와
같이
시작을
기다리는
의식을
치르느라
애쓰던
동무들의
몸이
활짝활짝
펼쳐져
공간을
가득
채우고 있다.

오호라
이제
안정기에
들었구나.

한 숨
깊게

쉬고
이
순간을
잘
담아보자.

거문고의
거친 음과
목탄이
나무판
위에
그어지는
소리가
반갑게
만난다.

손가락
끝에
열이
나도록
박박
문지르니
그
소리도
어울린다.

소리가
눈으로
그림이
귀로

찰나에
모든
감각이
열려

드나드는
것이
숨쉬는
구멍이
여러 개가
된 것
같이
속이
다
시원하다.

가만
근데

분위기가
바뀌었다.

어느
순간의
암묵적
동의로

펼쳐졌던
몸들을
스르륵
거둬들이는
이 느낌

그것이
오고 있다.

소리와
눈을
맞춘다.
서로의

몸을
다시
가져올
때까지
말미를
주는
여운들

다시
동무들의
얼굴을
가만히
살피고
눈으로
여부를
묻는다.

이제
끝내도
되겠습니까.

언제나
신비로운
이
순조로운
마무리

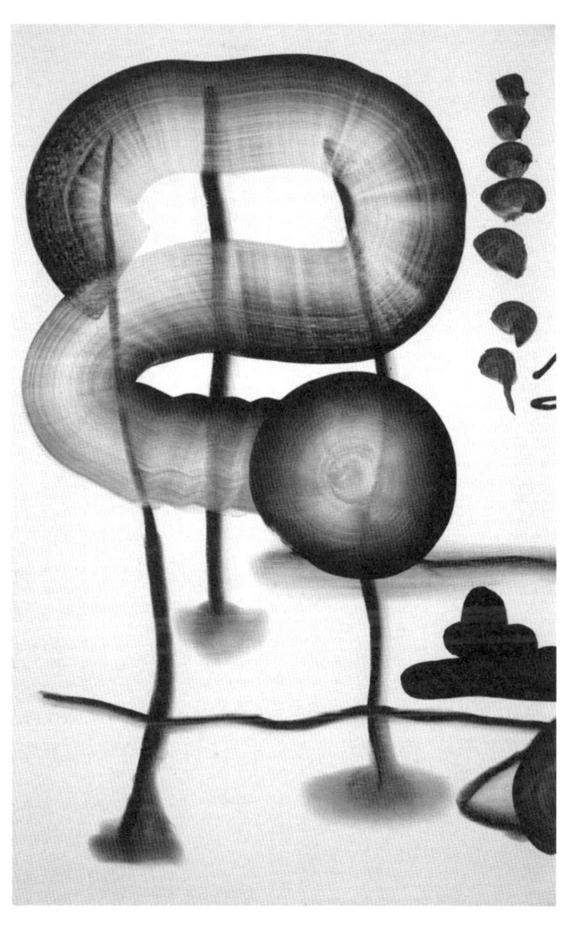

쇠가
지잉지잉
울고
장구가
장단을
타면

여지없이
마음이
주물러진다.

이
소리만큼
나의
마음을
동하게
하는
것은
없는
것
같다.

타악의
느낌과
흑백의
느낌이
닮았다.

언뜻 보면
단순하고
별거 없지만
애간장까지
닿는 것들

걸치레나
에두르는

것 없이
중심을
흔들어버리는
무심함

그런
흑백의
지경에
닿기 위해
오늘도
이
자리에서
낑낑
애를
쓰고
있는
것인데

소리와
함께
그림을
그리다보면
꽉
막히고
답답해지기도
한다.

이건
뭐
무를
수도
없고

잠깐
쉬었다
할

수도
없고

지금
당장
바로
그것을
어찌
저찌
해야 한다.

에라
모르겠다.

붓을
맴맴
돌린다.
어쩔 줄
모르겠는
내 마음도
맴맴
돈다.

첩첩
쌓이고
빽빽
둘러쳐진
곳에
붓을
뱅글뱅글
돌리다보니

기적처럼
흰빛이
드러난다.

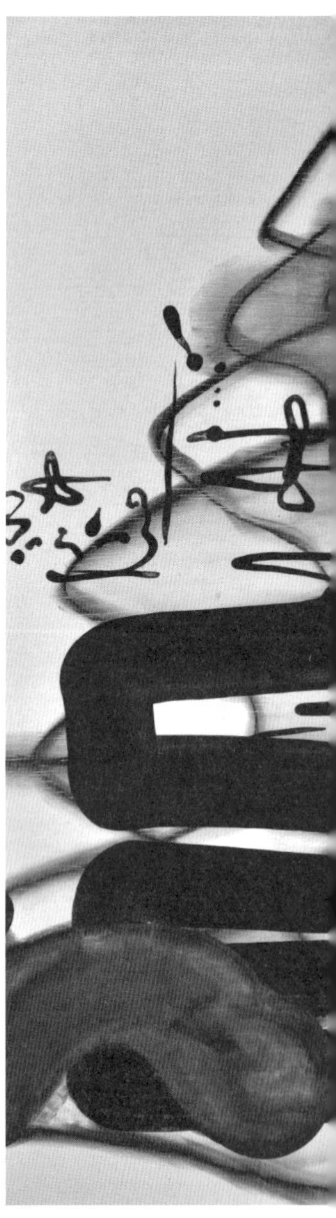

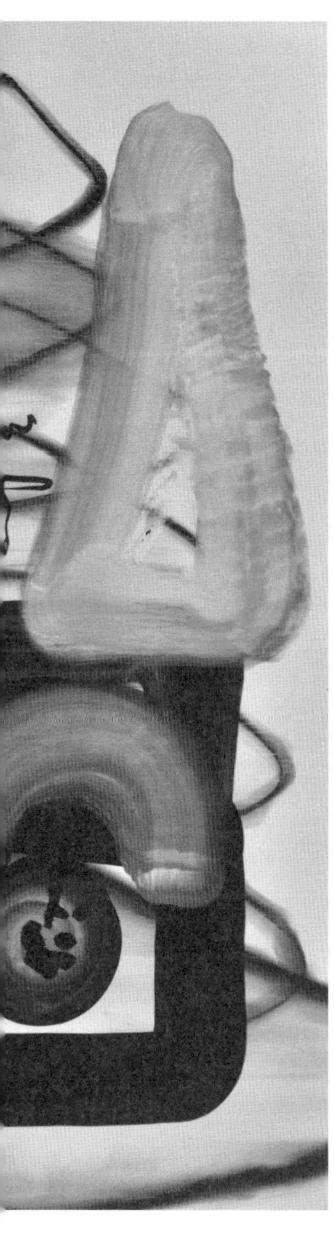

오호히이
내가
아까
낭패라고
생각한
밑칠이
여기서는
호재구나.

고맙습니다.
과거의
나여.
당신의
무모한
시도가
지금의
저를
구합니다.

하며
냉큼
하나의
숨 쉴
방도를
챙겨
뒷주머니에
차는
이런
진땀 빼는
묘미도
가끔씩
일어나는
삶의
현장

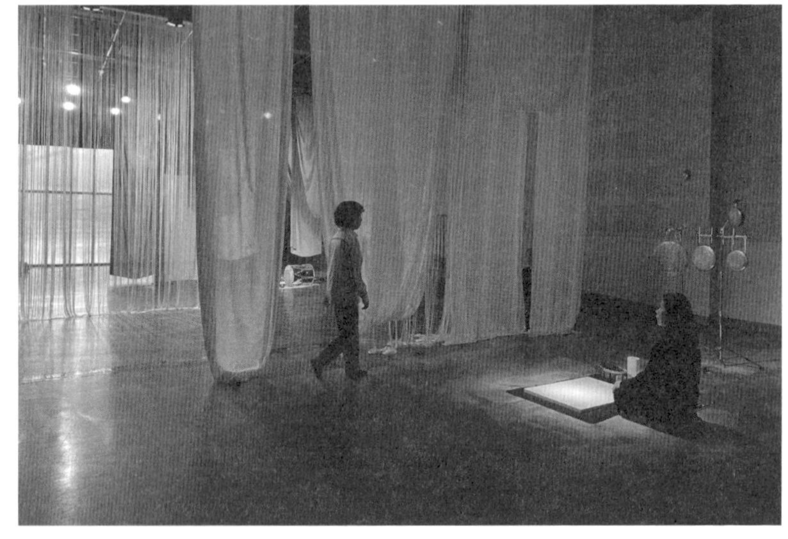

오신다
오신다
그분이
오신다

이
공간을
떠올리고
상상하고
일으킨
그 분

장단으로
사람의
마음을
홀리는
방도를
무수히
가진
그분

그분이
웬일로
내 바로
옆에 서서
금을 치신다.

마음을
차분히
어떤
이미지가
떠오를지
마음을
가라앉히고
가아마안히

음악가
운정이
말했다
포텐셜
에너지

지금
그것을
발휘할
때이다.

울리는
금 소리에
용기를
내어
큰 붓에
농묵을
묻혀

호기롭게
세 번
그으니
눈앞이
깜깜하다.

어!
어쩌지?

이제
다시
암흑에
빛을
들일
방도를
찾아야
한다.

금이
다시
울린다.
정신 차려
정신 차리라고.

내
안에
모든
것을
끌어 모아
안간힘을
쓴다.

내
안에
있는지도
몰랐던
것들이
삐죽삐죽
나온다.

이건
또
뭐지?

응. 어.
포텐셜
에너지

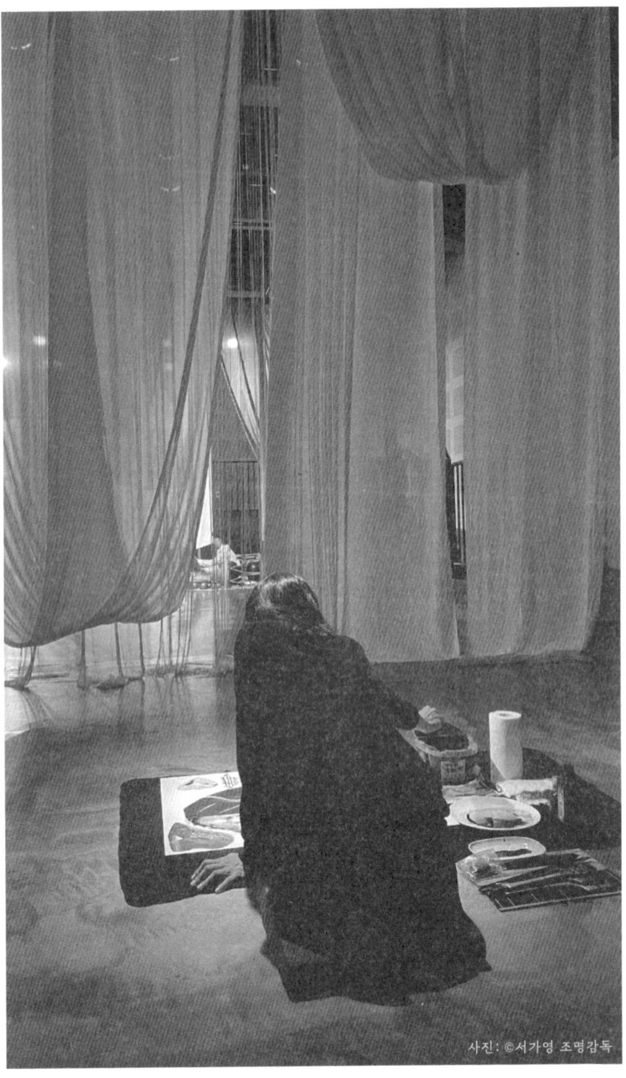

사진: ©서가영 조명감독

가까이
있다가
멀어지면
또
그게
헛헛하다.

틈
서이로
의지할
동무가
보이니

다시금
한숨
돌리며
안도한다.

옆으로
관객이
바싹
붙어
내
그리는
모양을
본다.

이제
거의
다
그려간다.
전체를
구석구석
살핀다.

이제
슬
다
되어간다.

묵직히
버텨주는
나의
왼팔이여
조금만
더
버텨주

20241012

묵직이
산이
있었겠지요.

그
무거운
산이
둥실
떠오를
때도
있겠지요.

새벽
안개가
메밀꽃밭
위로
은은히
퍼지고

아침
해가
오색
빛을
영롱히
구름을
물들이며

하늘의
저어기
아래가
따뜻하게
밝아오면

새들은
다시
떠오른

해를
반기며
반갑다
반갑다
날개를
접고
휘휘
나는
그때

묵직한
산은
잠시
그
무거운
몸을
떠올려
자리를
고쳐
앉고

오늘
하루의
순간들을
모두
다
묵묵하고
따뜻한
눈으로
지켜보기도
하겠지요.

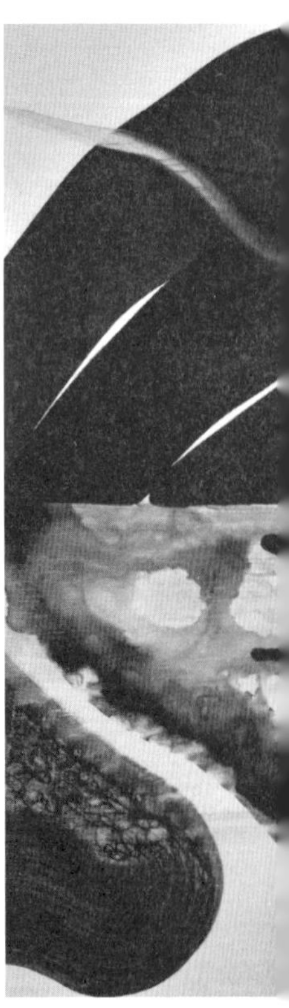

20241012

스르르
스르르
스미는
건

쓰으윽
쓰으윽
슬며시
지나가는
건

주르르
주르르
흘러내리고

아롱아롱
아른아른
번지는
건

굳은
신념을
한
순간에
무너뜨리는
건

어느
순간
갑자기
고요하게
만드는
건

그건
고여 있는

물과
멀리서부터
들려오는
소리와

발 앞을
지나가는
노랑 뱀과
추워가는
가을
꽃
위에
앉은
노랑 나비와

아침이면
나를
부르는
배고픈
고양이와
닭과
강아지와
아이들과

아직도
생생한
돌아가신
외할머니와

또
이
글을
읽고
있을
나의
동무들

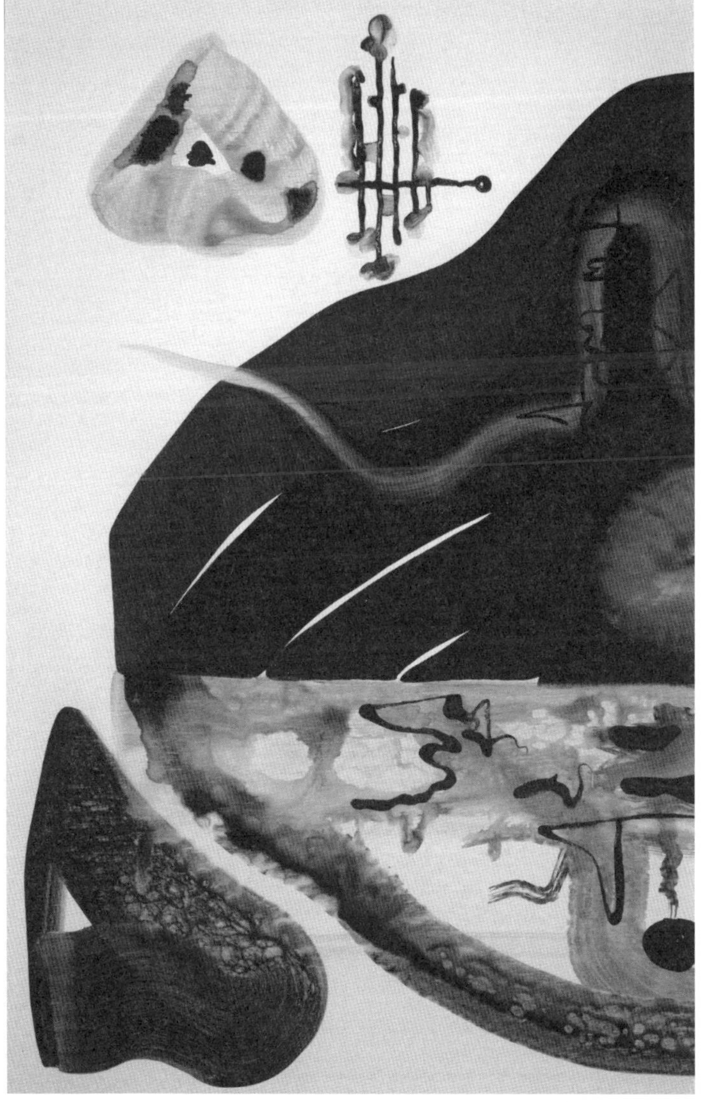

자
이제
또
한판

공간에
틈이
보이면
그때가
움직일
때이다.

이
순간을
놓치면
다시는
기회는
없다.

망설일
틈 없이
느낌이
올 때
바로
움직여

자리를
다시
잡고
아무 일
없었다는
듯
공간의
눈치를
스윽

한번
보고

다시
한번
가만히
공간이
뿜어내는
잠재된
에너지를
집어
삼킨다.

꼭꼭
눌러
더
이상
내
안에
담을
수
없을
지경까지

이제
붓을
들고
날숨과
함께
긋는
첫
획

언제나
가장

두렵고
설레는
순간

어기여차
어기여차
여엉차
아직
갈 길이
한참이다.

이
에너지의
진동을
타고
머얼리
머얼리
나아가라
나의
몸

이
장의
마지막
즉흥이다.

자리에
앉으니
동무들도
이
공간에서의
마지막이라는
것에
자신의
모든
것을
뿜어내고
있다.

소리들이
거칠어지고
빨라지고
뾰족뾰족해진다.

공간의
틈이
희박하고
많은
것들로
가득
채워진다.

그것이
벅차면서도
곧 끝을
앞두고 있기에
즐거웁다.

그림도
뾰족뾰족한
목탄의
선들이
먼저
나서고

먹 선이
아래를
뒤덮는다.

웅성웅성
들썩들썩
우웅우웅
공간이
운다.

살과
정신과
땀과 근막이
타는 듯한
냄새가
난다.

문득
느껴지는
곧
닫힐
찰나를
마주한
우리를
지그시
바라보는
공간의
시선

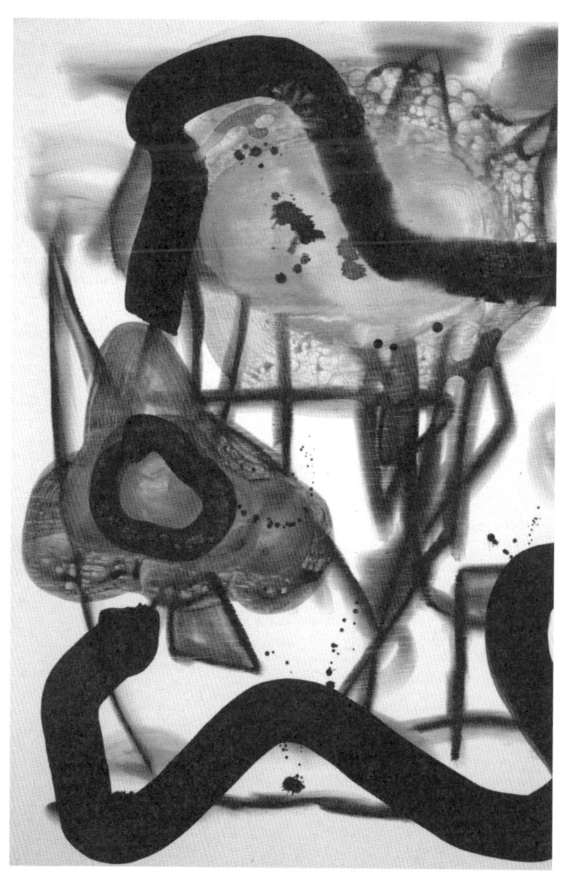

서두르지
말아요.

그렇게
달려가지
않아도
끝이
우리에게로
오고 있어요.

우리의
몸짓
우리의
언어
우리의
소리
우리의
숨결

모든
것을
다
바쳐
만난
빛을
내는
순간이

서서히
끝나고
있어요.

찰나에
만날
수
있는

모든
것을
만나고

이미
받을
것을
다
받았는데
무얼
더
찾겠어요.

좋으면
좋은 대로
더
머물고
싶지만
흘려보내고
놓아주어야
할
순간

그
여지없이
참혹한
순간이
다가오고
있어요.

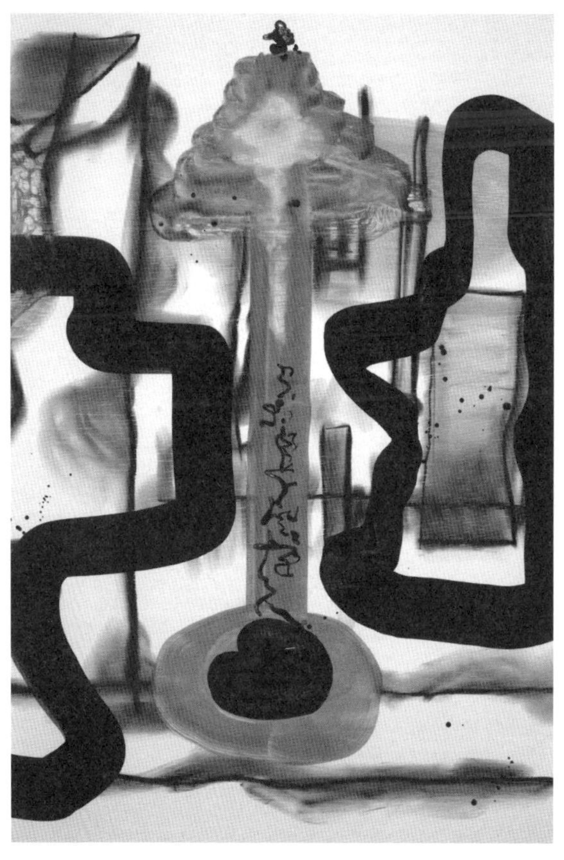

그래
나는
한바탕
춤을
추었지

자그마한
몸으로
불타오르는
세상에서

혼자
춤을
추었지

아니
아니지
동무들이
있었지

우리는
각자
그리고
함께
아름다운
춤을
추었지

또
만화경같이
꿈결같이
아름다운
광경도
보았지

사람들도
보았지

눈에
경이를
품고 있는
사람들의
얼굴을
보았지

순식간에
사라져버리는
신기루 같은
시간을 만났지

시간의
사막에
쏟아져 내리는
금빛
찰나들을
보았지

바람이
불면
이내
사라져버릴
먼지같이

그래
나는
한바탕
춤을
추었지

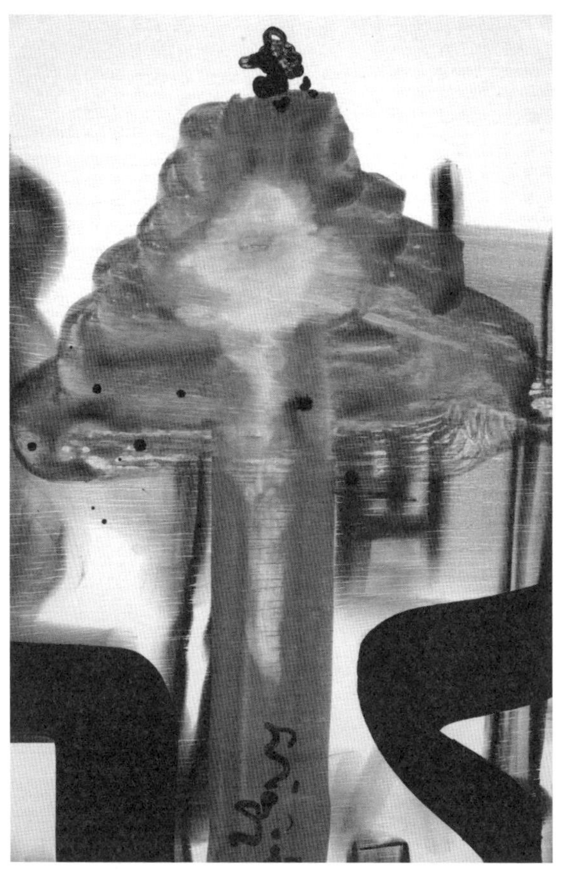

20241012

조명은
꺼지고
관객도
떠나고
다
지나갔다.

그림
앞에
앉아
접시에
묻은
먹을
닦는다.

공간은
다시
차분하게
힘이
쪽
빠졌다.

그
여운을
깔고
앉아

빙글빙글
접시를
닦고

찰랑찰랑
붓을
헹구고

처음처럼
텅
빈
공간으로
되돌려
놓는다.

꺼냈던
것을
집어넣고

멀리
나온
것들을
다시
안으로
부르고

빠진
것이
없나

놓고
가는
것이
없나

찬찬히
살피며

공간의
구석구석과
인사를
나눈다.

잘
품어주셔서
고맙습니다.

이제
저는
가요.

안녕히
계셔요.

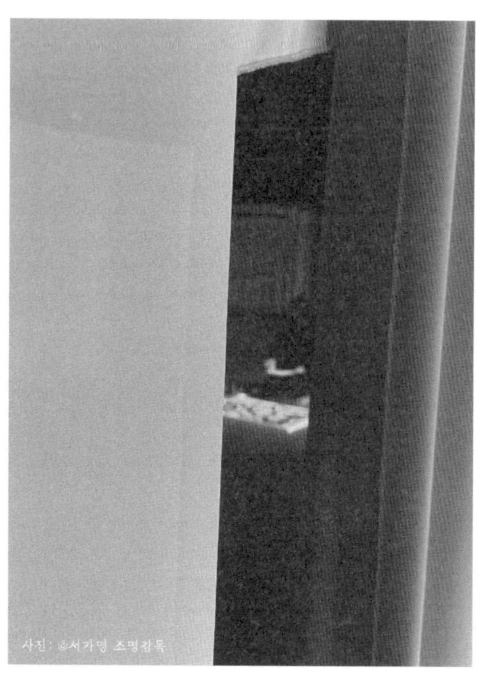
사진: ⓒ서가영 조명감독

20240310 무밭 나와 운용 운정 바리 #1 80.3x60.6cm 나무판넬에 먹

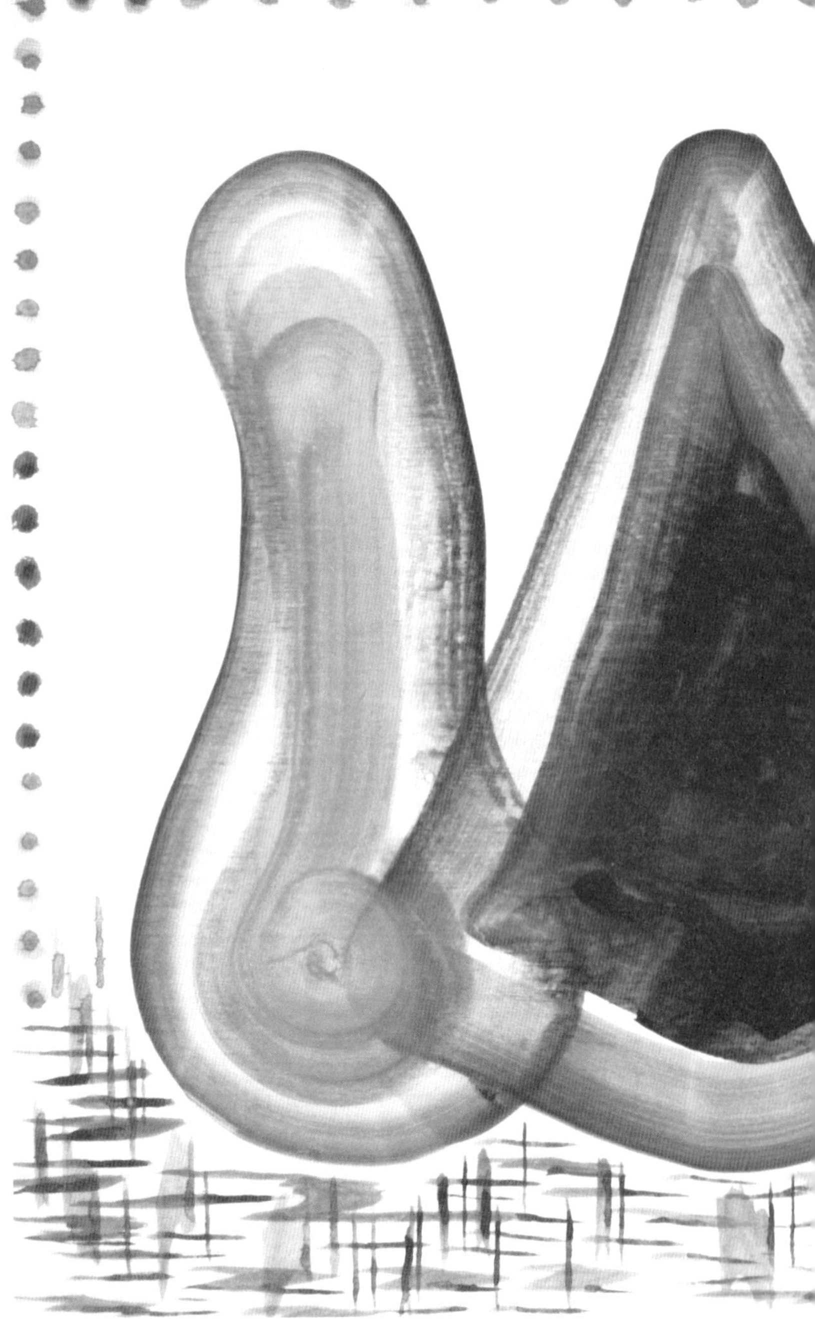

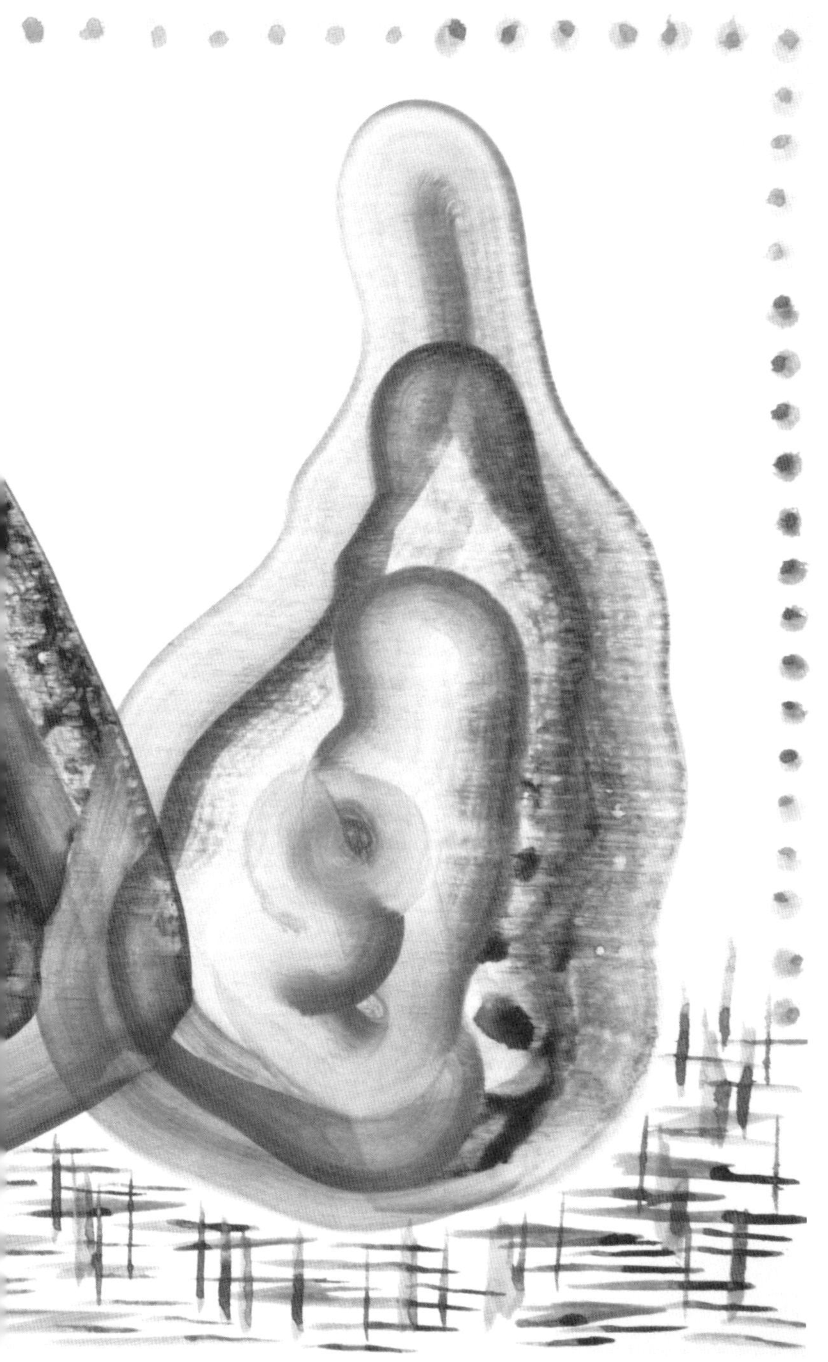

20240310 무밭 나와 운용 운정 바리 #2 80.3x60.6cm 나무판넬에 먹

20240310 큐바 나와 관객의 즉흥 #3 -부분4 80.3x60.6cm 나무판넬에 먹

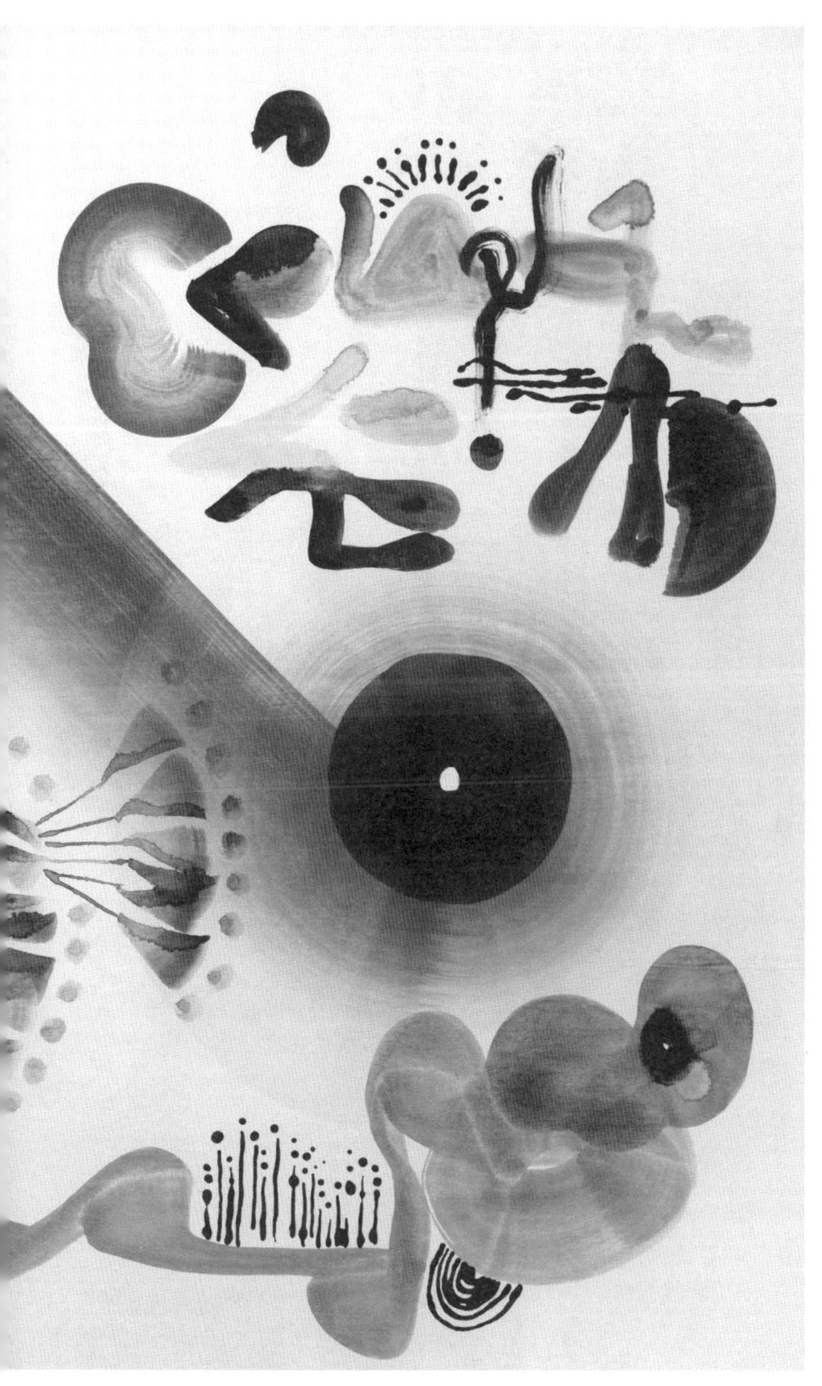

20240327 홍잼 나와 윰 #4 80.3x60.6cm 나무판넬에 먹

20240401 태준의 시간의 부엌 오픈마이크 #5 80.3x60.6cm 나무판넬에 먹

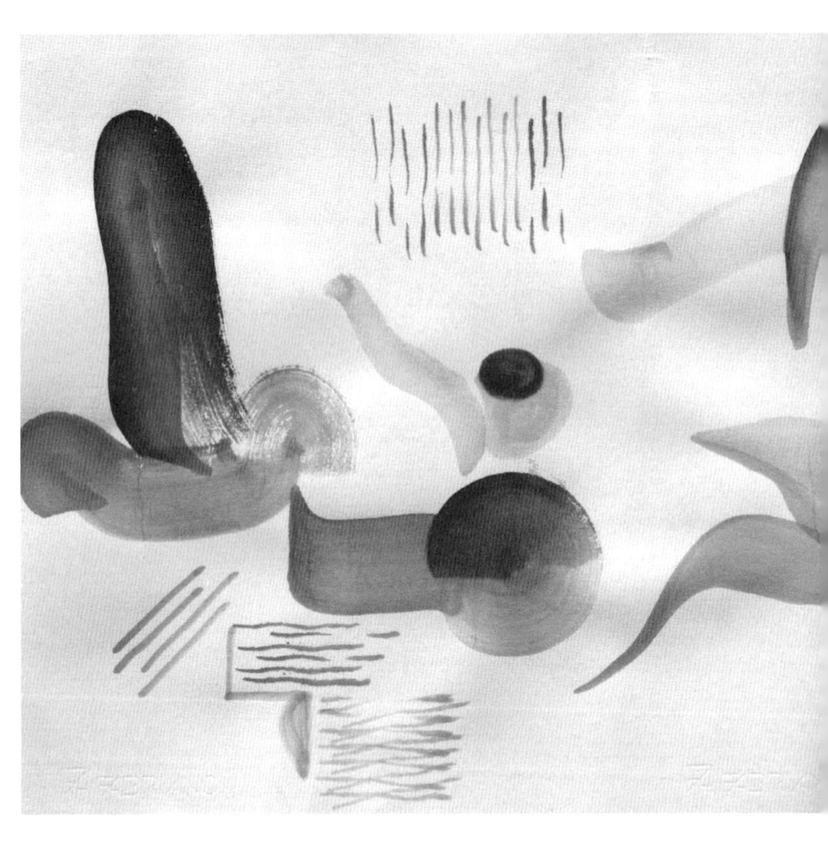

20240403 흥잼 나와 윱 #6 42.7x97.7cm 종이에 먹

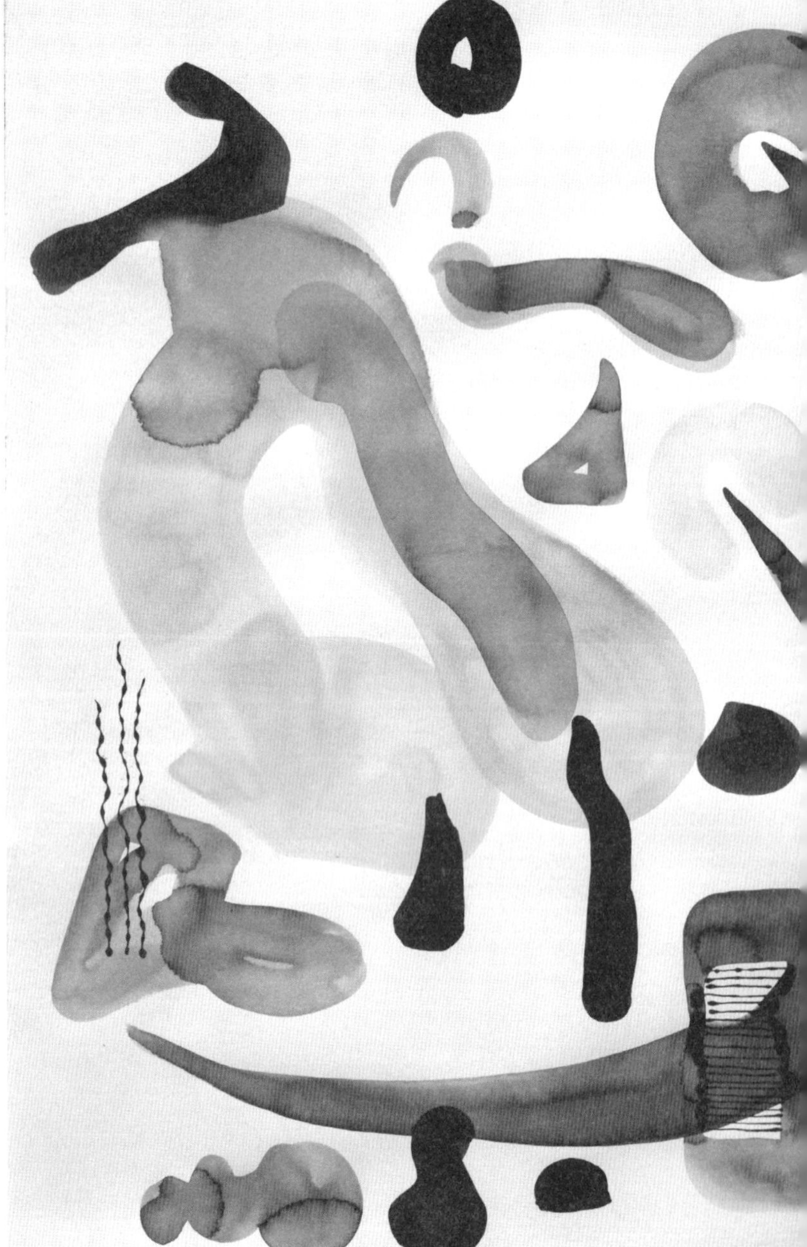

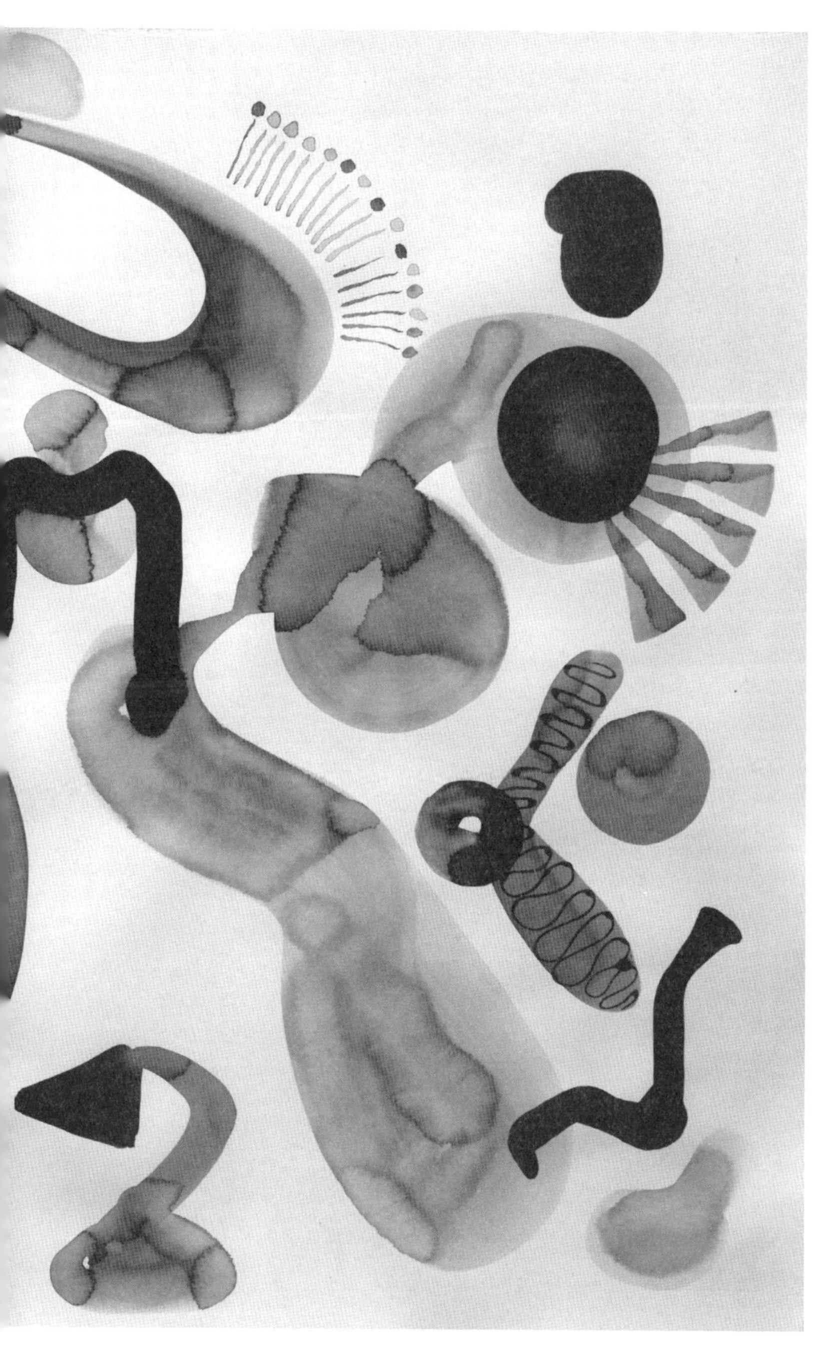

20240403 흥잼 나와 윱 #7 70x96.6 종이에 먹

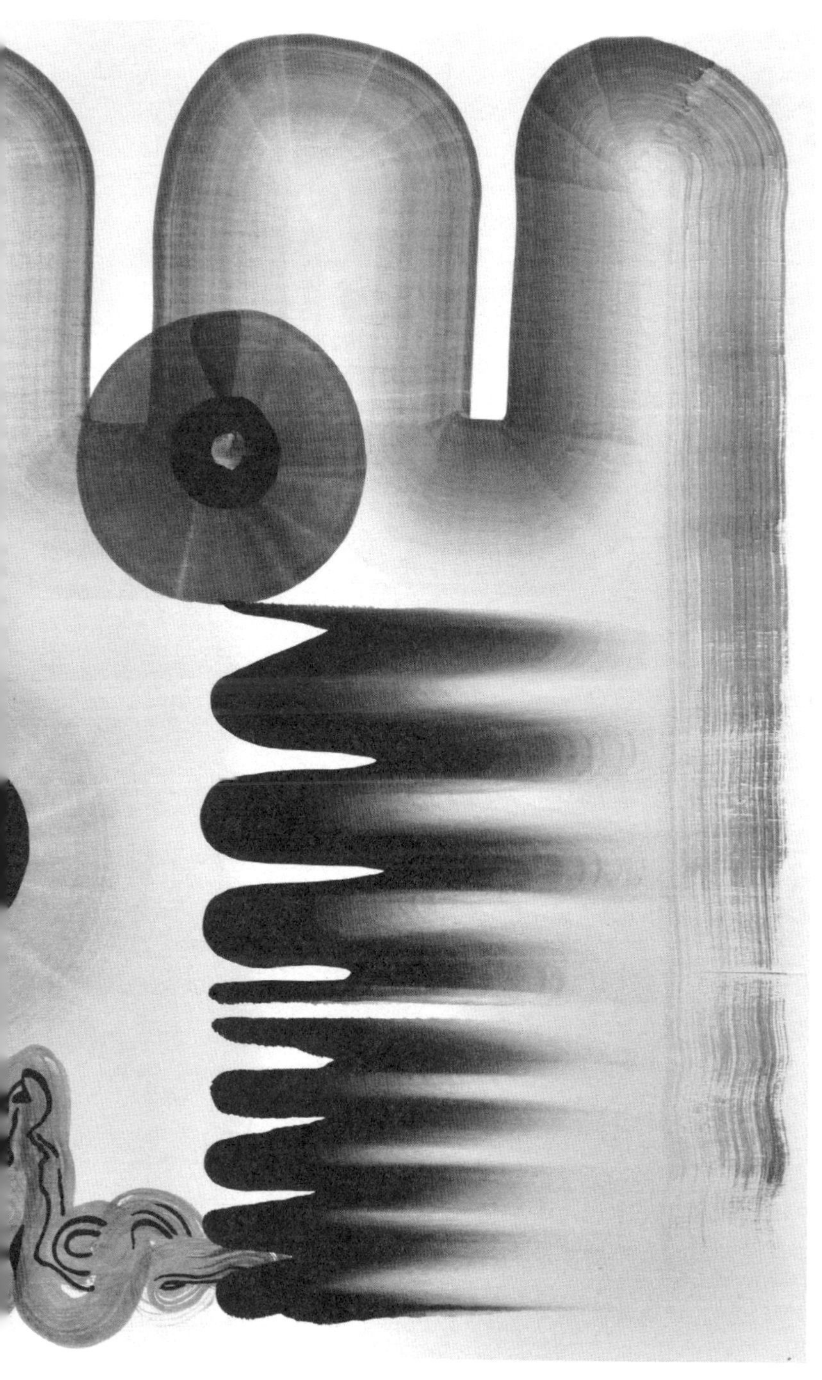

20240414 스튜디오126 찰나의 존재들 심운정과 #8 80.3x60.6cm 나무판넬에 먹

20240414 스튜디오126 찰나의 존재들 심운정과 #9 80.3x60.6cm 나무판넬에 먹

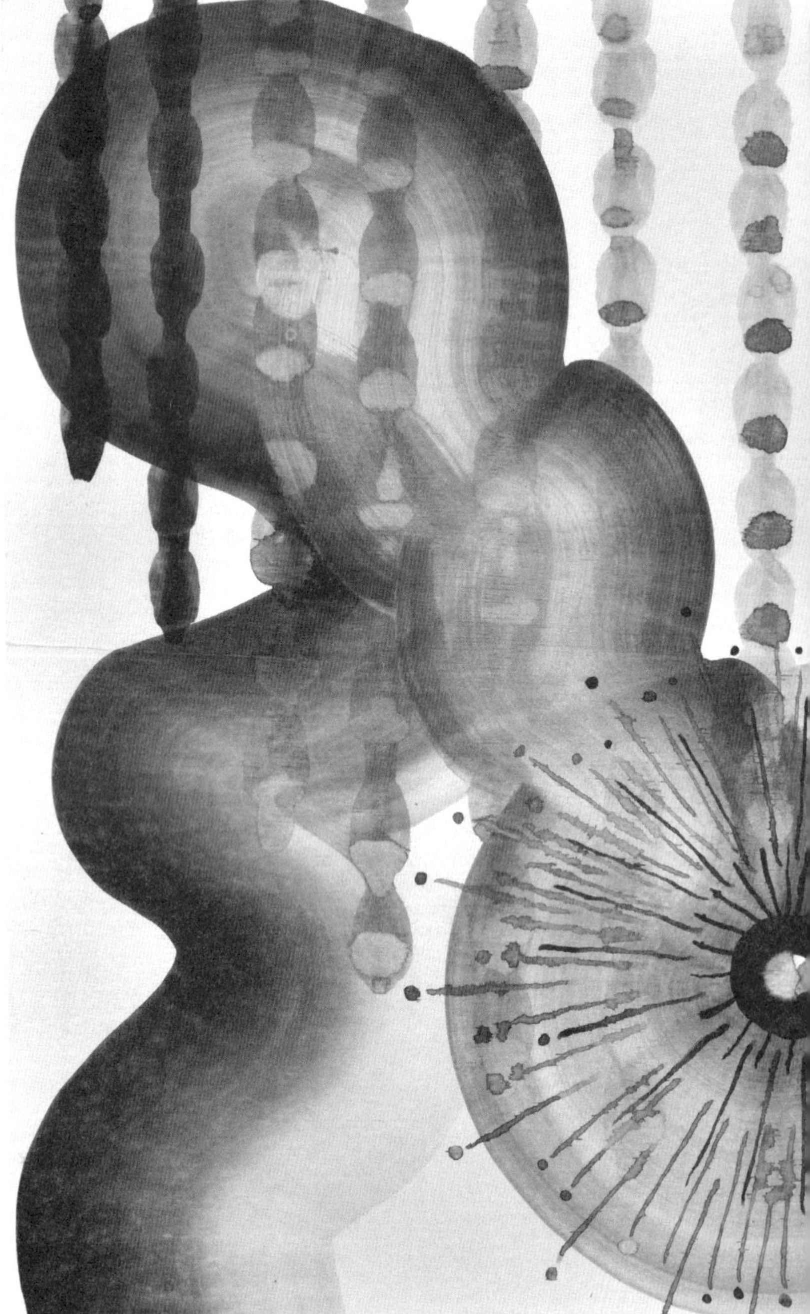

20240414 스튜디오126 찰나의 존재들 심운정과 #10 80.3x60.6cm 나무판넬에 먹

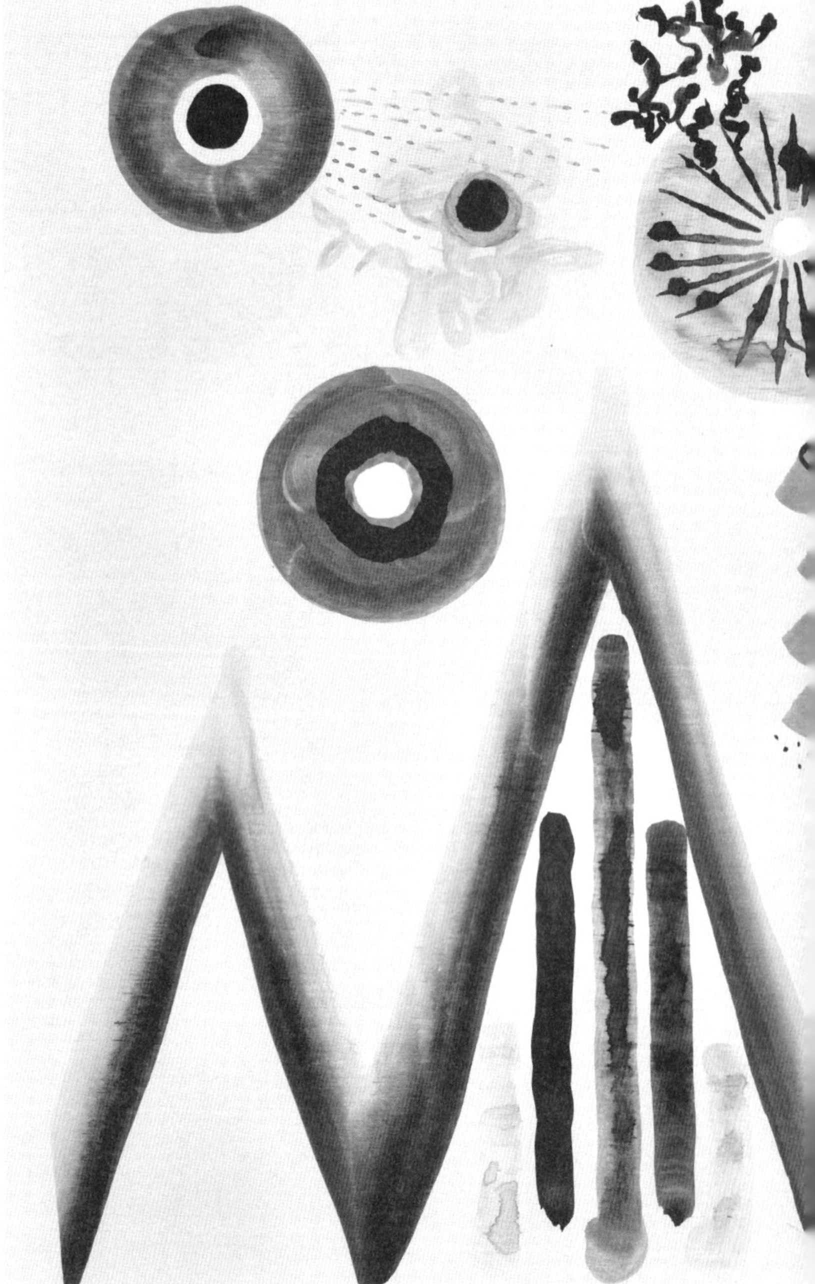

20240414 스튜디오126 찰나의 존재들 심운정과 #11 80.3x60.6cm 나무판넬에 먹

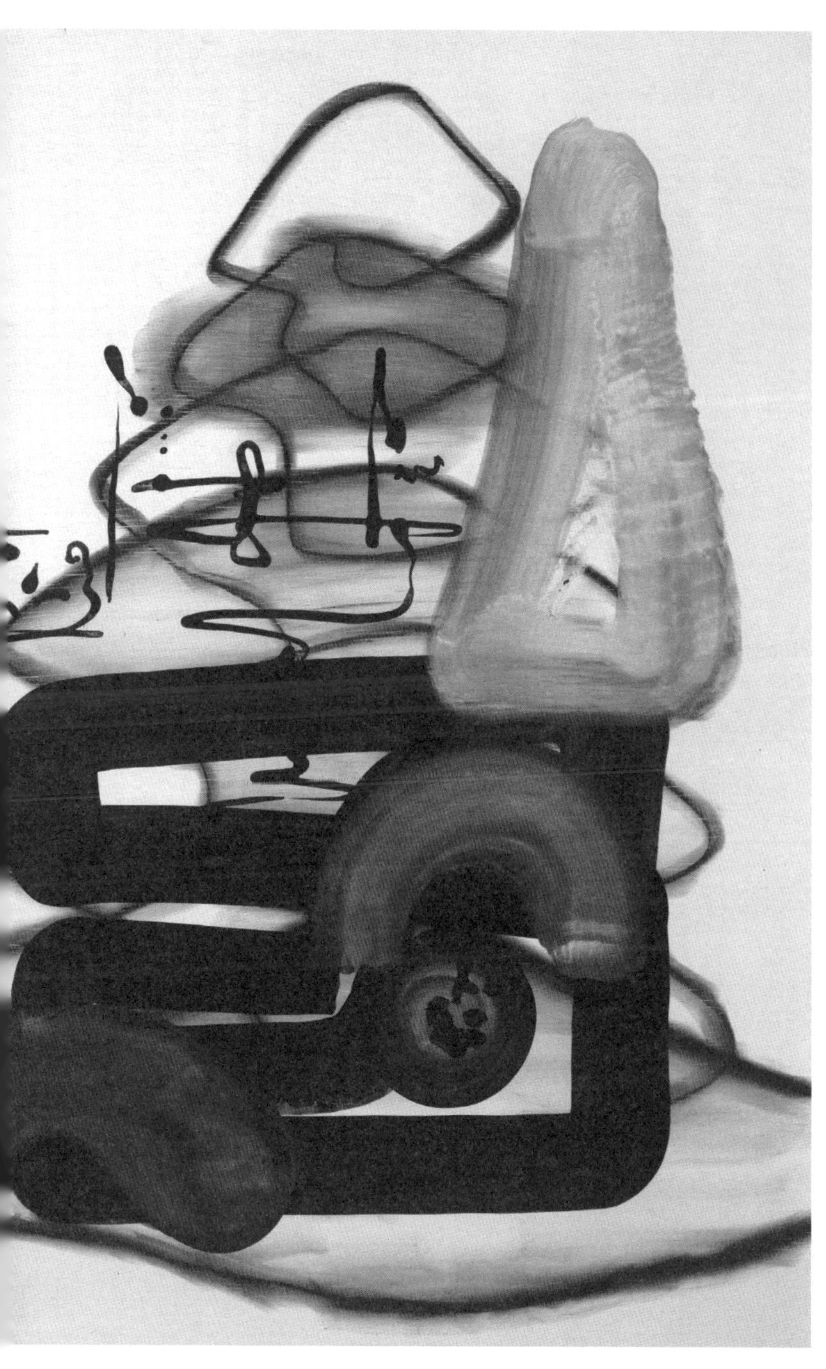

20241012 멀티벙커 찰나의 존재들 포텐셜에너지 #17 80.3x60.6cm 나무판넬에 먹

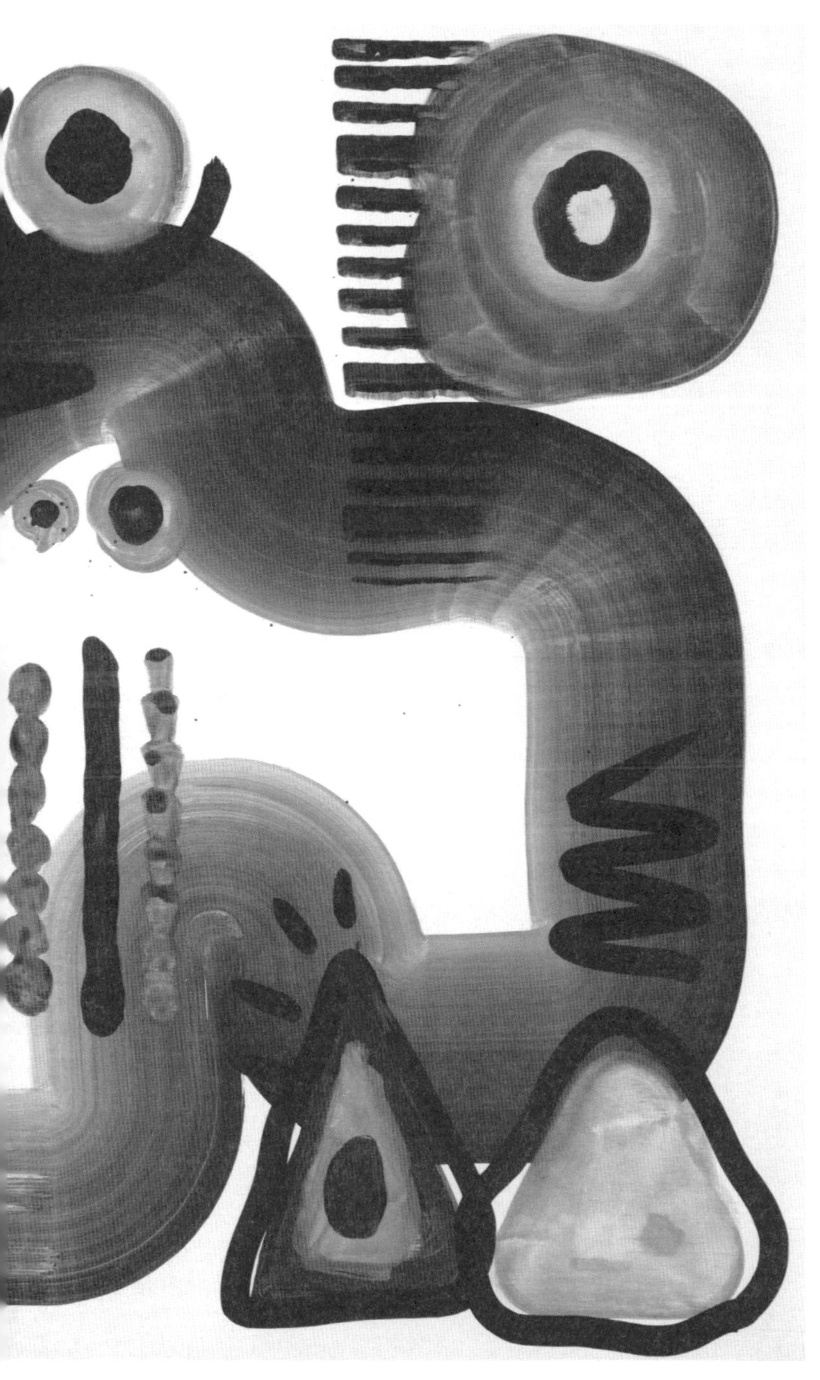

20241012 멀티벙커 찰나의 존재들 포텐셜에너지 #16 80.3x60.6cm 나무판넬에 먹

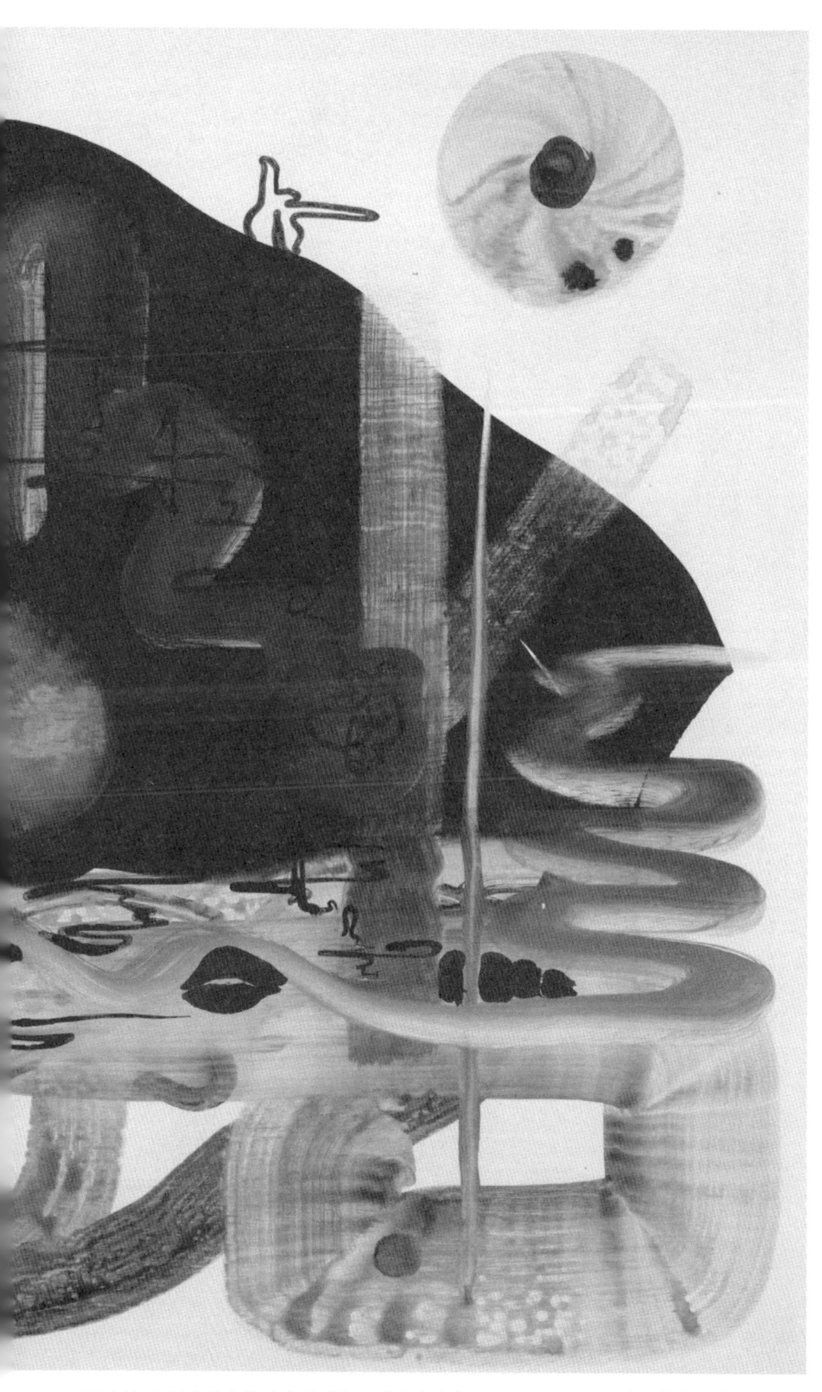

20241012 멀티벙커 찰나의 존재들 포텐셜에너지 #18 80.3x60.6cm 나무판넬에 먹

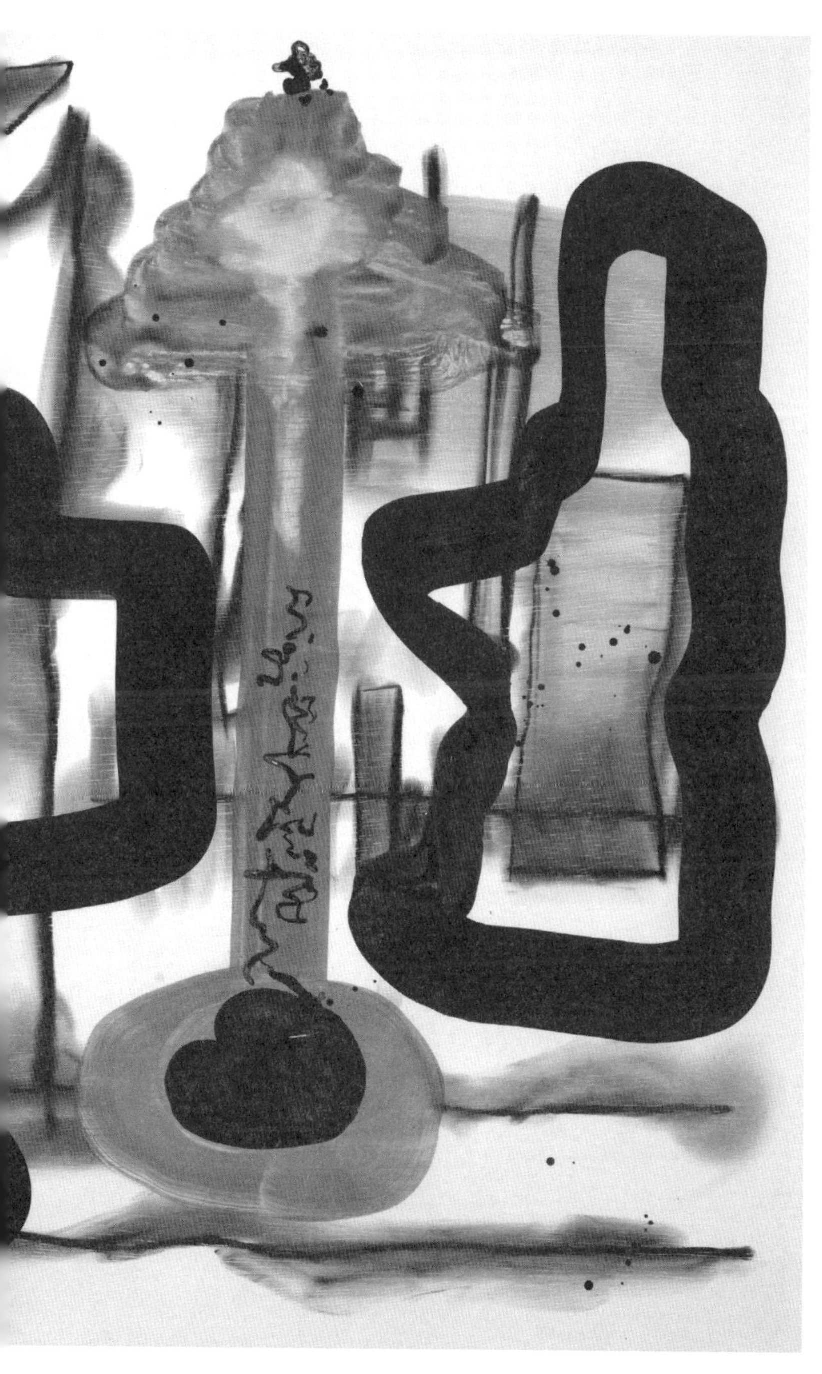

20241012 멀티벙커 찰나의 존재들 포텐셜에너지 #19 80.3x60.6cm 나무판넬에 먹

202201009 밖거리 운정과 즉흥드로잉 #1 79x54.2cm 종이에 먹

202201009 밖거리 운정과 즉흥드로잉 #2 79x54.2cm 종이에 먹

202201009 밖거리 운정과 즉흥드로잉 #3 109x79cm 종이에 먹

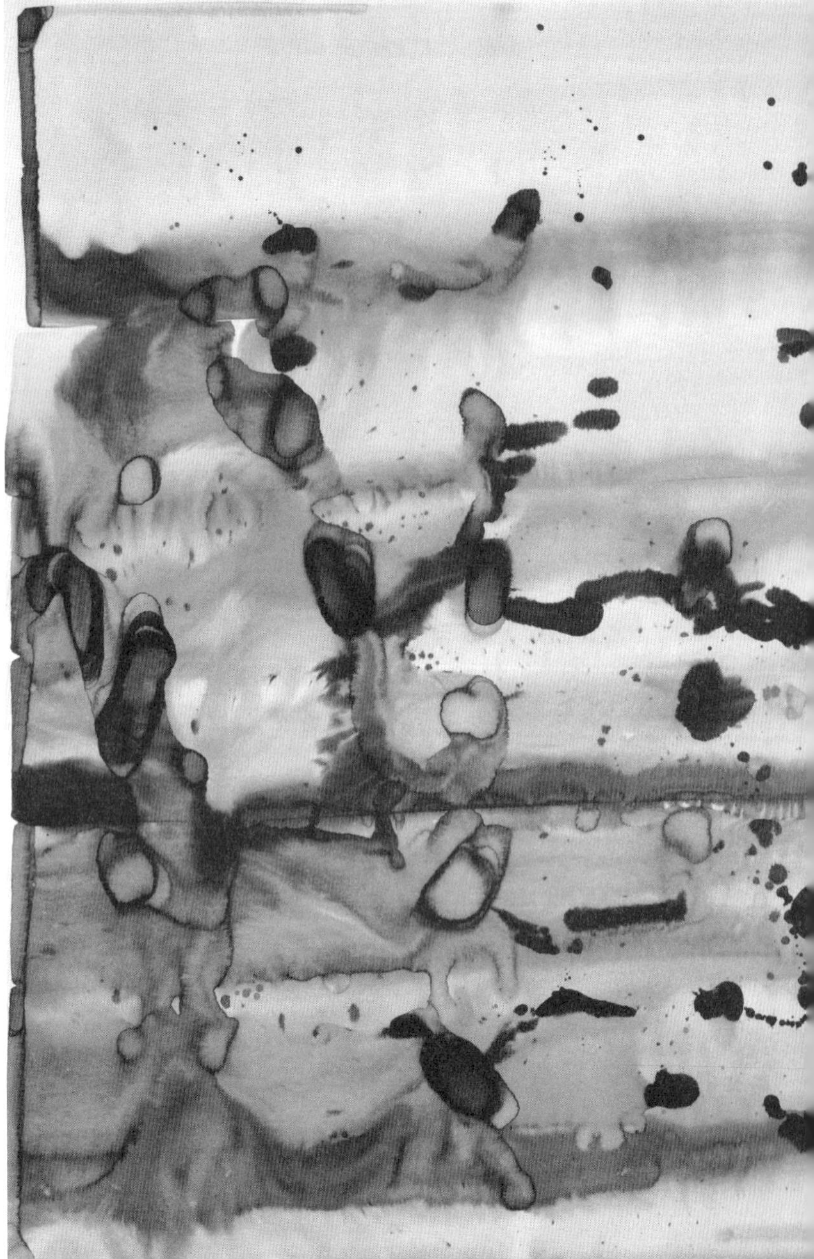

202201009 박거리 운정과 즉흥드로잉 #4 109x79cm 종이에 먹

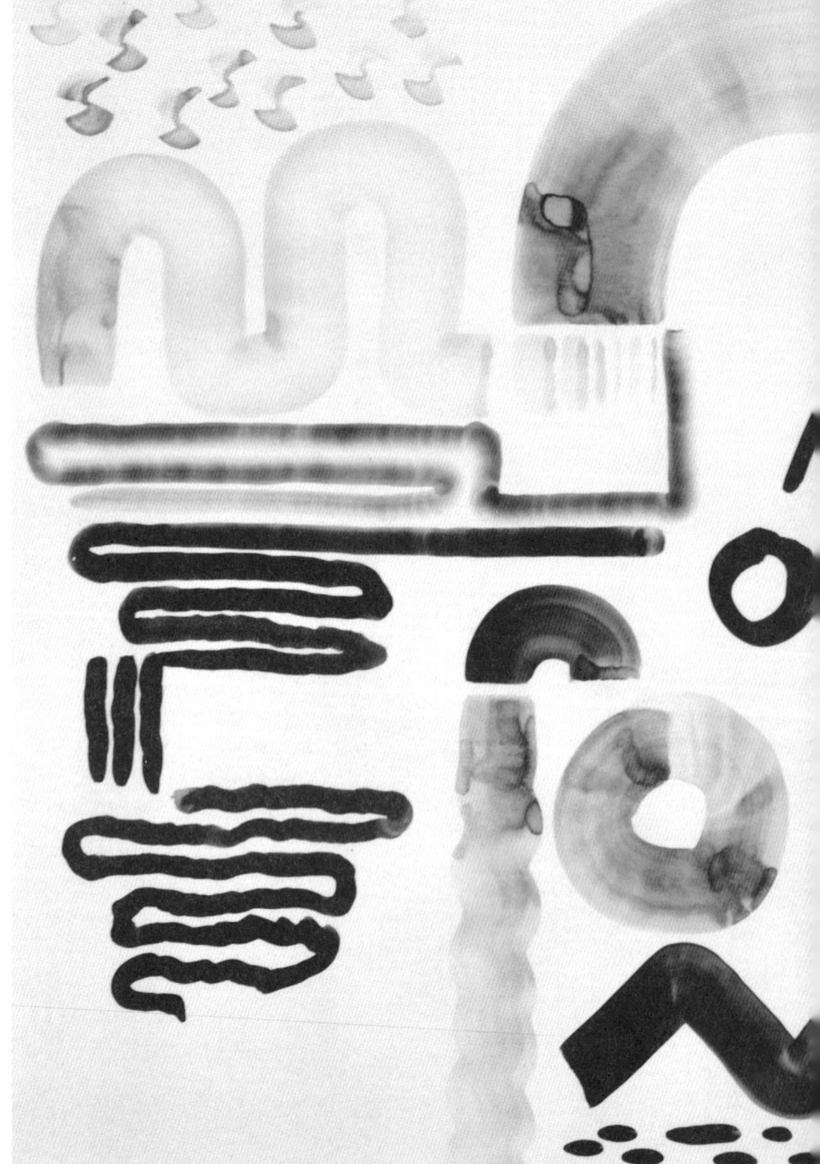

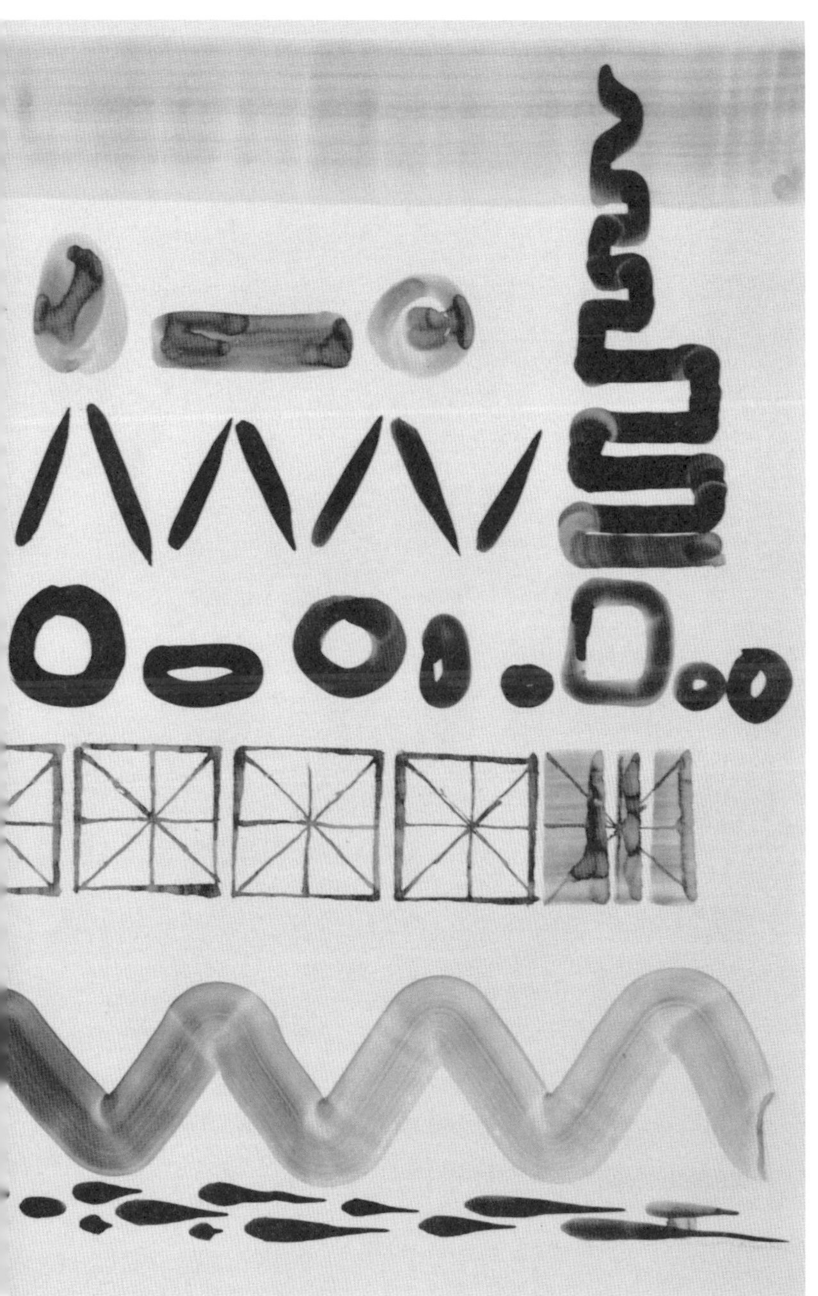

202201009 밖거리 운정과 즉흥드로잉 #5 109x79cm 종이에 먹

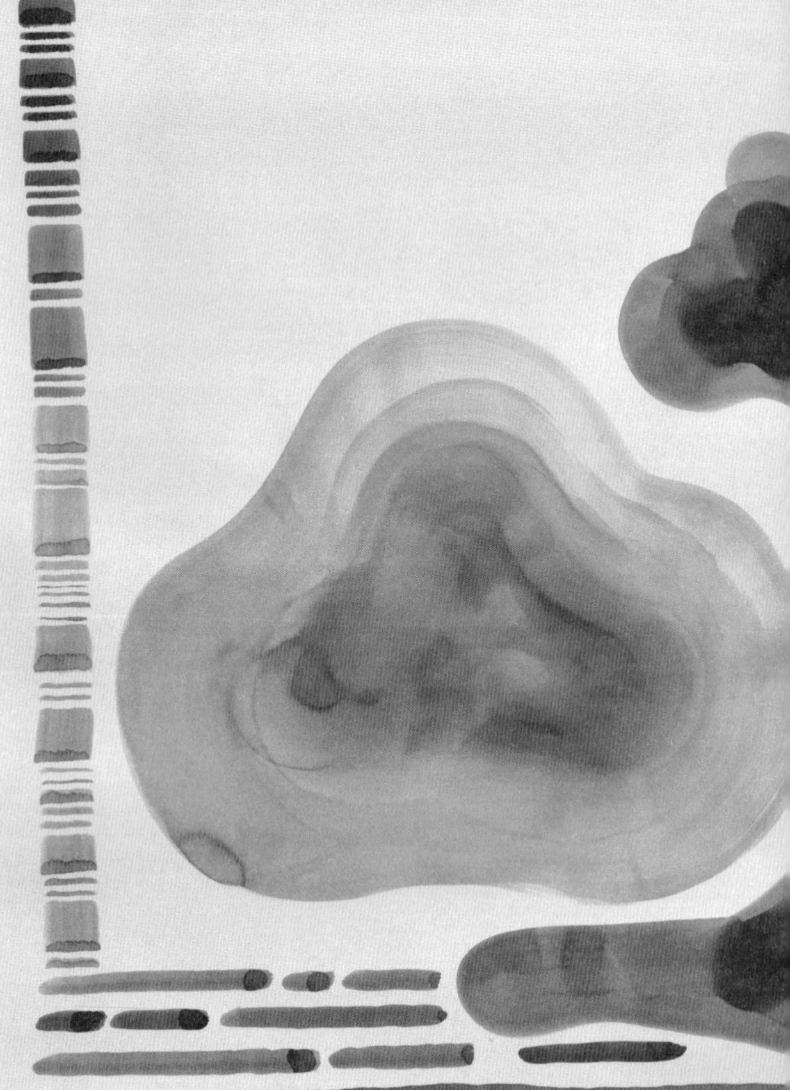

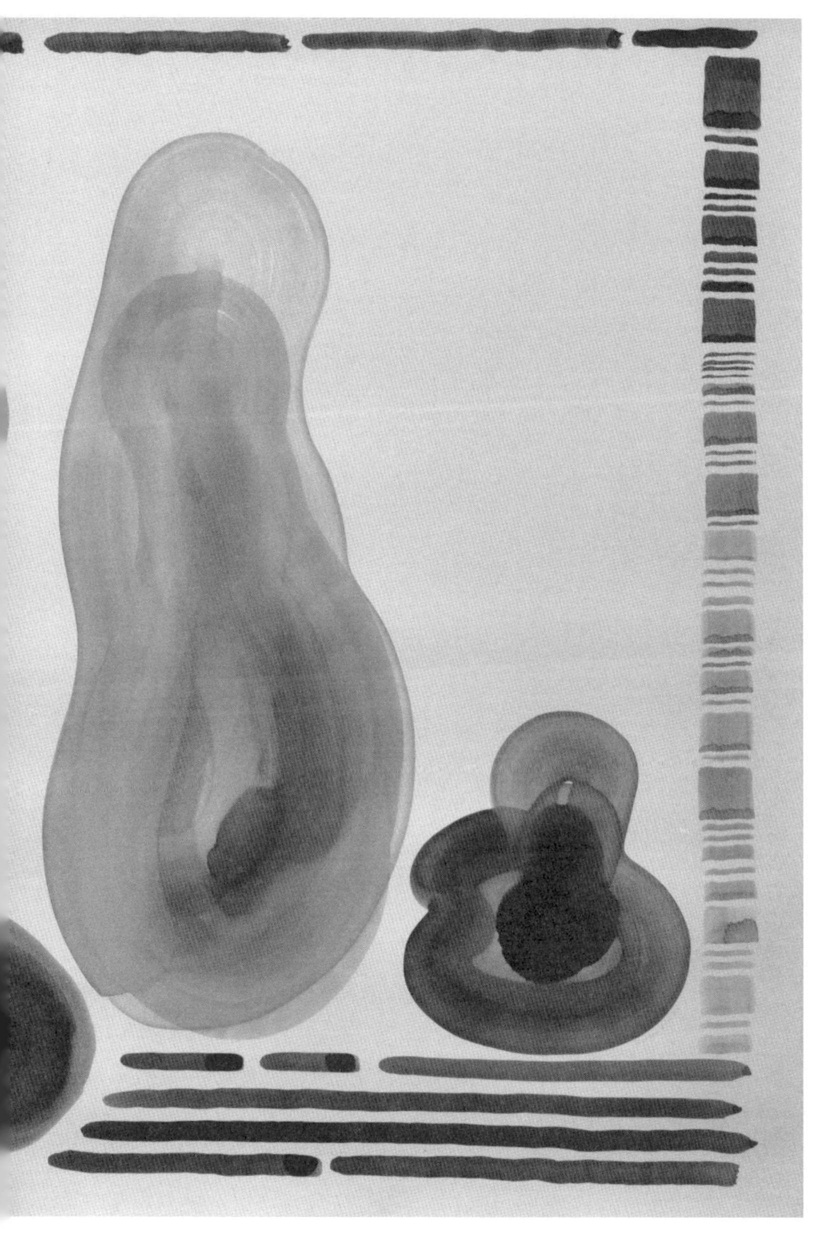

202201009 박거리 운정과 즉흥드로잉 #6 109x79cm 종이에 먹

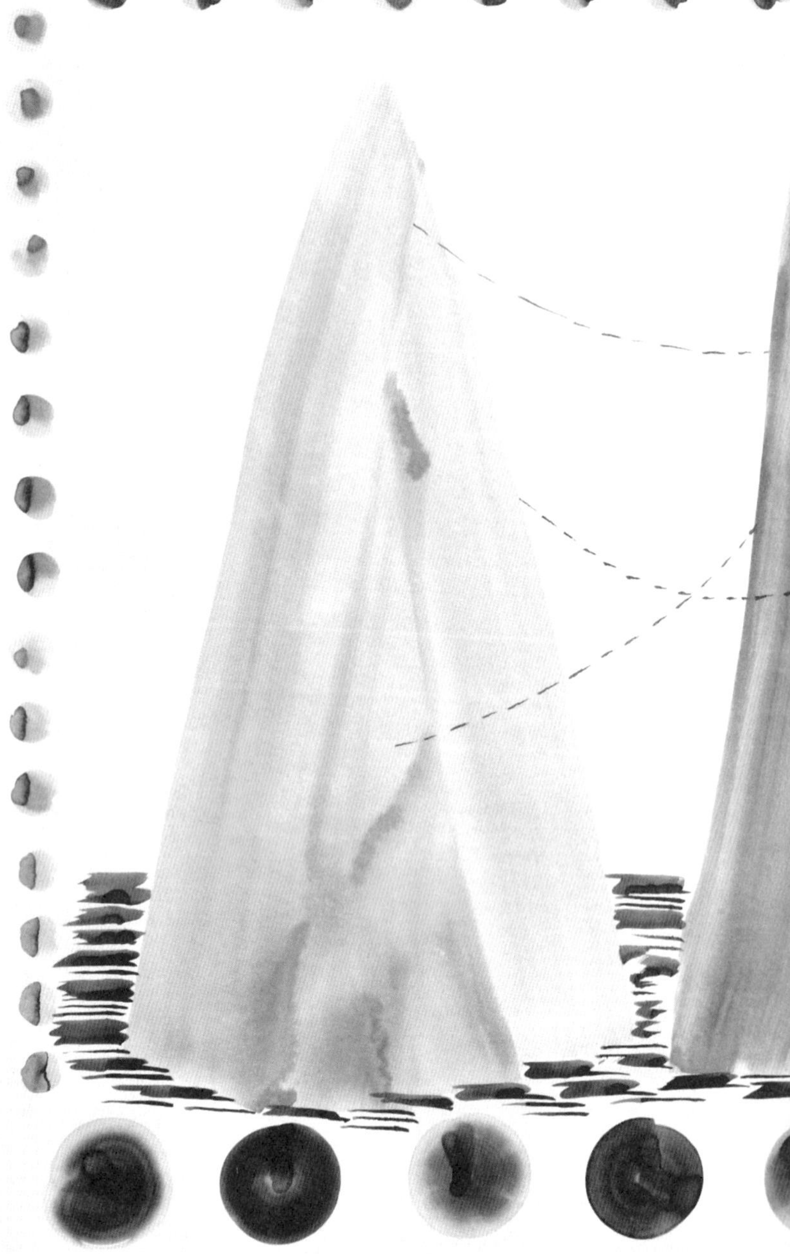

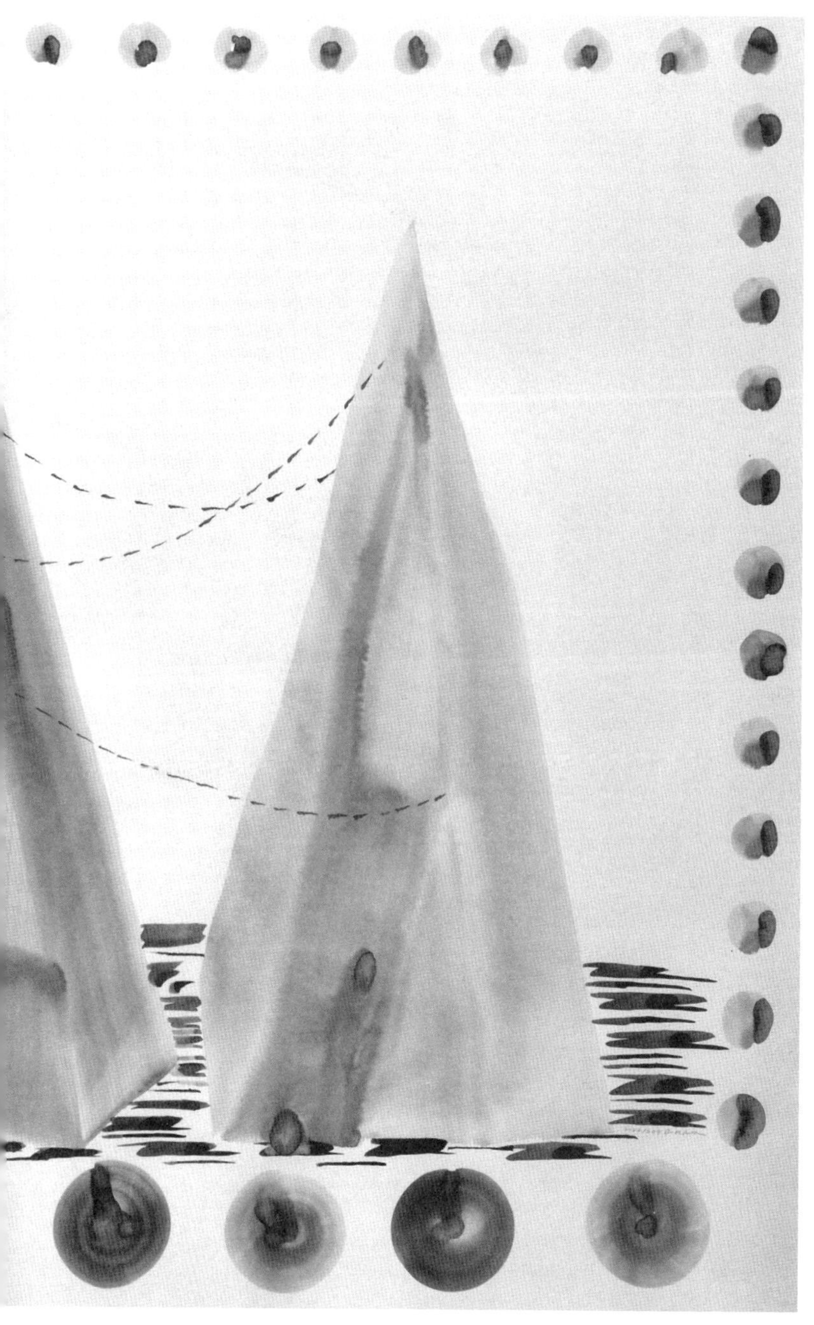

202201009 밖거리 운정과 즉흥드로잉 #7 140x95cm 종이에 먹

202201009 밖거리 운정과 즉흥드로잉 #8 140x95cm 종이에 먹

202404017 흥잼 나와 융 #12 70x96.6cm 종이에 먹

202404017 흥잼 나와 윰 #13 70x96.6cm 종이에 먹

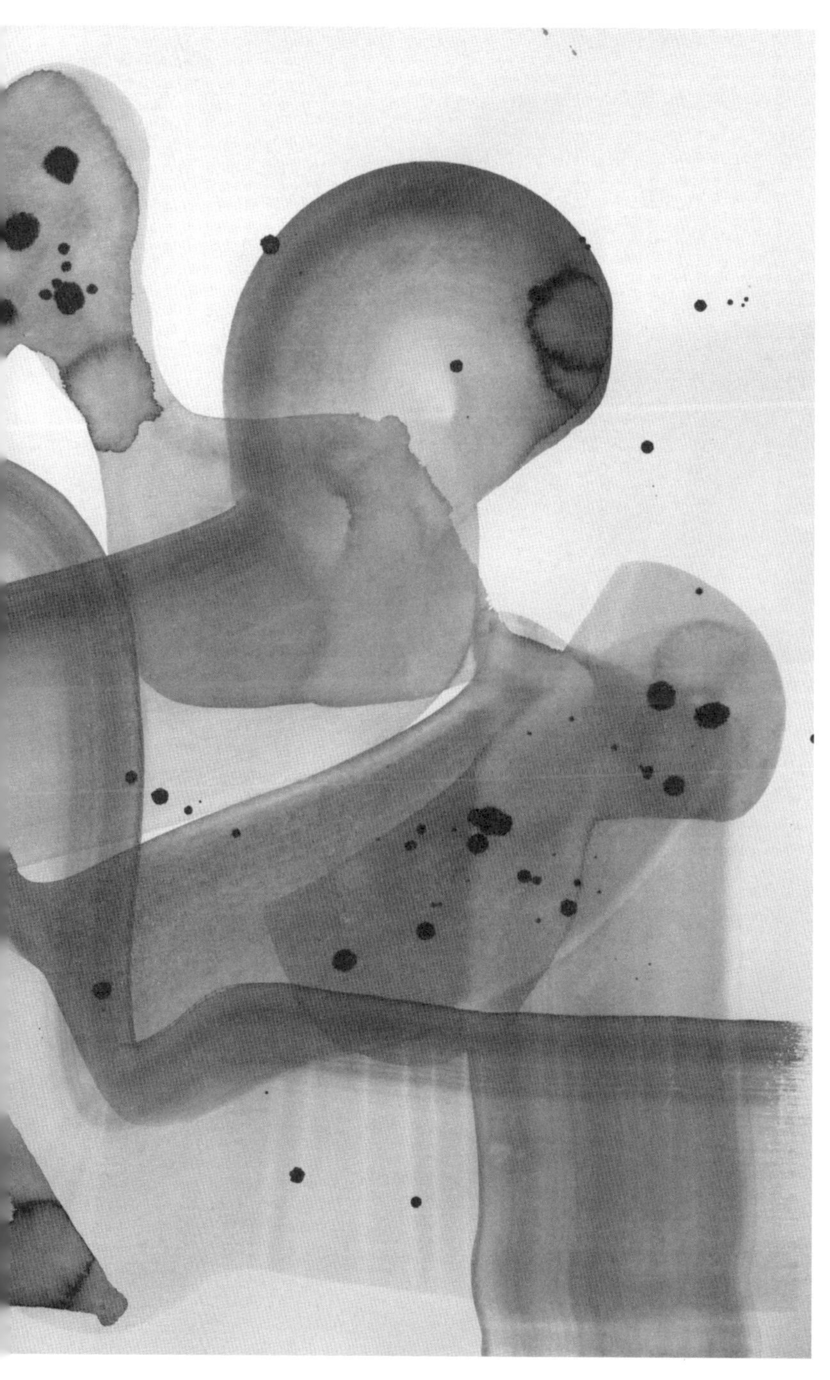

202404024 흥잼 나와 윱 #14 70x96.6cm 종이에 먹

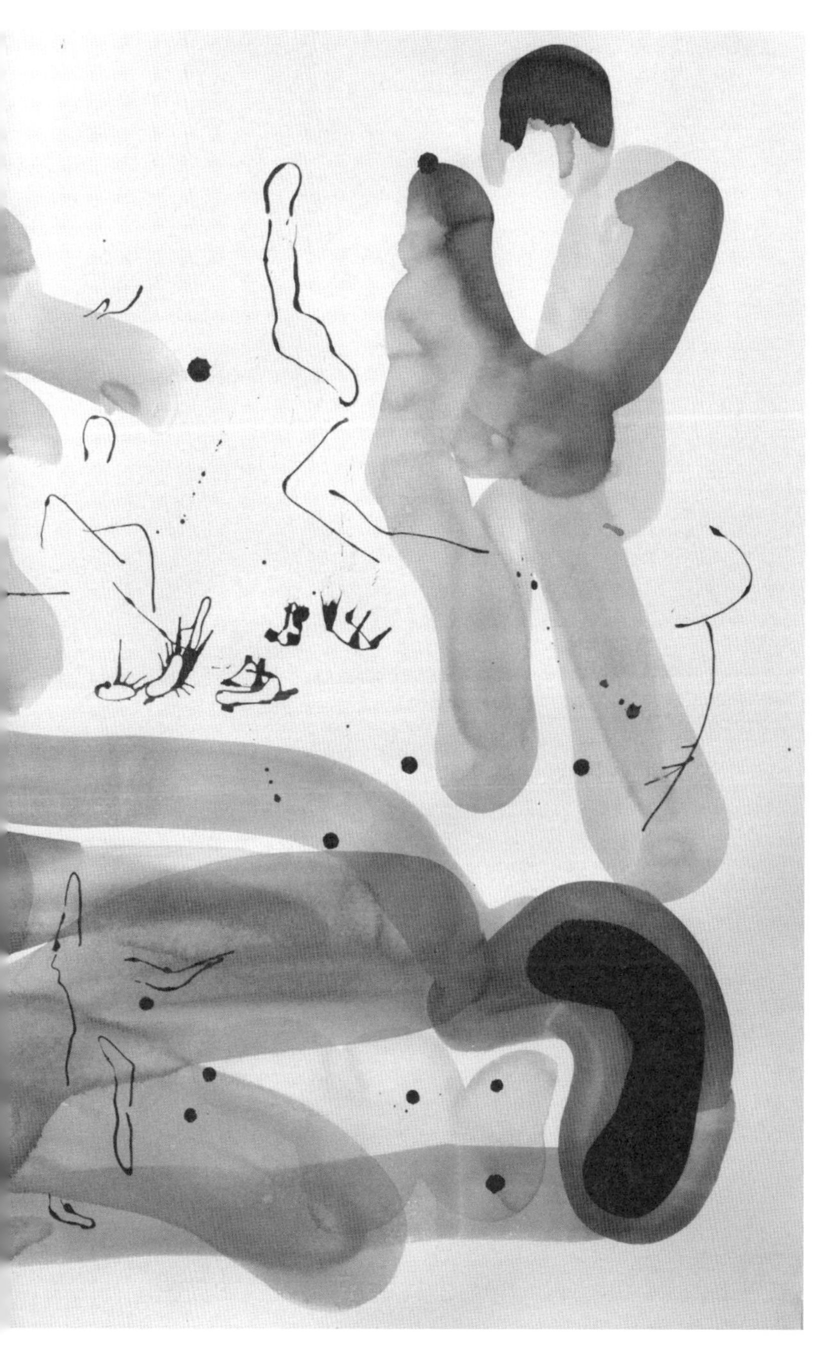

202404024 흥잼 나와 욥 #15 70x96.6cm 종이에 먹

+ 평론

어둠, 부드러운, 우호적인, 위안이 되는 _ 고충환

닫지 못하는 틈으로 _ 안팎

홍보람의 조형

어둠, 부드러운, 우호적인, 위안이 되는

고충환(Kho Chunghwan 미술평론)

헨리 무어는 템즈 강변을 산책하다가 주워온 조약돌에서 착상을 얻어 현대조각의 문을 열었다. 모난 데가 없이 순한 곡선으로 이어진 유기적인 형태와 형태에 구멍이 뚫린, 그래서 공간과 공간을 이어주는 조각, 공간과 공간을 여는 조각, 그러므로 조각의 영역을 공간으로까지 확장하는 조각이다. 유기적인 형태도 공간적인 조각도 모두 자연에서 유래한 것이었고, 손에 쏙 들어오는 작은 조약돌에서 유래한 것이었다. 조약돌은 원래 산에서 온 것일 터이다. 산이 바위가 되고, 바위가 돌이 되고, 돌이 자갈이 되고, 그리고 마침내 조약돌이 된 것일 터이다. 비와 바람이, 천둥과 번개가, 폭풍과 파도가, 낮과 밤이, 시간과 세월이, 그러므로 자연이 산을 조약돌로 만들었을 것이다. 그렇게 자연이 하나의 형태를 빚어내기까지 상상도 할 수 없는 번민과 헤아릴 수 없는 시간이 소요되었을 것이다.

홍보람의 작업이 그렇다. 그의 작업은 얼핏 그 형태가 아리송한 추상처럼 보인다. 관념적 추상? 감각적 추상? 아니면 자연적 추상? 아마도 어느 정도 이 모두가 합치되었을 그의 작업을 가만히 보고 있으면 특히 자연을 추상화한 형태에 가깝다는 생각이 든다. 조약돌 같고, 조가비 같고, 부목 같고, 섬 같고, 풍경 같다고 해야 할까. 작가가 제주도에 산다는 것이 힌트가 될까. 제주도에 산다는 것은 자연 속에 산다는 것이며, 자연과 더불어 산다는 것이다. 일반화하기는 그렇지만, 어떤 사람에게는 그렇고, 작가가 그렇다. 환경결정론이다. 환경이 작업에 영향을 미치고 작업의 성향을 결정한다. 모든 결정론에 대해서는 일정하게 경계해야 할 일이지만, 예외적인 경우가 있고, 작가가 그렇다. 아마도 애당초 작가적 유전자에 자연에 대한 끌림이 있었고, 그 끌림을 따라 제주도에 정박하게 되었을 것이다. 제주도 해변에 떠밀려온 이름 모를 부목처럼. 시간에 등 떠밀린 조약돌처럼.

자연주의자 훈데르트바서는 자연에는 직선이 없다고 했다. 작가의 조형은 이처럼 모난 데가 없이 순한 곡선으로 이어진 유기적인 형태와 함께, 하나같이 칠흑 같은 흑색을 머금고 있는 것이 인상적이다. 자세히 보면, 그 표면에 크고 작은 정형 비정형의 구멍이 뚫린 것도 같다. 색도 구멍도 제주도에 흔한 화산석이며 현무암에서 온 것일 터이다. 칠흑 같은 밤바다와 별이 총총한 밤하늘에서 유래한 것일 터이다. 바람과 시간과 어둠이 공모한 풍화와 풍파가 작가의 내면에 스며든, 그렇게 파고들면서 일깨워진 파토스가 외화된 것일 터이다. 자연의 어둠(벨벳처럼 부드럽고 우호적인 질감으로 존재를 감싸는)과 작가의 어둠(쉼과 휴식, 치유와 정화, 그리고 때로 격정의 거소인)이 하나로 합치되었다고 해야 할까. 자연에서 캐낸 자기, 그러므로 자연에 투사된 작가의 인격의 색감이며 질감이라고 해야 할까.

그렇게 작가의 조형은 조약돌 같고, 조가비 같고, 부목 같고, 섬 같고, 풍경 같다. 그중에는 아마도 구름을, 바람을, 파도를, 장대처럼 쏟아져 내리는 비, 아니면 유리창에 흘러내리다 맺힌 빗방울의 질감을, 그리고 밤에 보면 칠흑 같은 어둠을 머금은 실루엣이 더 오롯해 보이는, 오름을 추상화한 형태도 있을 것이다. 때로 꼭 자연에서 온 것이라고는 할 수 없는, 내면적인 관념이 추상화된 형태도 있을 것이다. 이 일련의 형태들을 작가는 《존재하기 — 위안의 형태들》이라고 부르고, 아니면 그냥 《위안의 형태들》이라고만 부른다. 존재하기. 그러므로 작가의 작업은 존재의 안부를 묻고 안위를 묻는 작업이었다. 존재론적 작업이고 자기반성적인 작업이었다.

하이데거는 예술이 존재의 존재다움을 실천하고 실현하는 일이라고 했다. 여기서 존재의 존재다움, 그러므로 존재다운 상태란 어떤 상태이며, 또한 무슨 의미일까. 어쩌면 저마다 지향하는 의미가 다르고 형식이 다르지만, 이 모든 다름과 차이가 결국에는 존재가 존재다운 상태를 찾아가는 과정이기도 하다는 점에서 하나로 통한다고 해도 좋고, 그것이 예술이라고 해도 좋을 것이다. 그리고 작가는 존재의 존재다움, 그러므로 존재다운 상태를 위안을 주는 형태들에서 찾는다. 그리고 예상했겠지만, 작가는 자연(그러므로 어쩌면 내면화된 자연)에서 위안을 찾는다. 모난 데가 없이 순한 곡선으로 이어진 자연의 유기적인 형태에서, 벨벳처럼 부드럽고 우호적인 질감으로 존재를 감싸는, 쉼과 휴식, 치유와 정화, 그리고 때로 격정의 거소이기도 한 자연의 어둠에서 위안을 얻는다.

이처럼 손안에 꼭 쥐어진, 온기가 그대로 전해져 오는, 헤아릴 수도 없는 시간을 기억으로 고이 간직하고 있을 하나의 작은 조약돌이 주는 위로, 그러므로 자연이 주는 위안의 형태들을 작가는 직접 만들고 그리는데, 송판을 자르고 붙이고 깎아서 형태를 만든다. 일정한 두께를 갖는, 벽 위로 돌출돼 보이는 저부조 형식의, 틀로 치자면 변형 캔버스라고 해도 좋을 형태를 만든다. 그리고 그 위에 호분과 때로 종이 분을 발라 피부를 입힌다.

그리고 먹으로, 때로 목탄으로 촘촘하게 선을 그어 교차시키는데, 그렇게 교차 된 선들이 모여 형태는 흑색을 덧입는다. 중첩된 먹선이 칠흑 같은 어둠과 함께 표면에서 번쩍거리는 발광 효과를 준다면, 목탄의 경우에는 상대적으로 더 부드럽고 우호적이고 내면화된 질감이 느껴진다. 선을 교차시켜 면을 만들고 색을 형성시키는 경우라고도 할 수가 있을 것인데, 그렇게 교차된 선과 선 사이로 드문드문 맨살이 드러나 보이는 것이 꼭 구멍이 숭숭 뚫린 현무암의 표면 질감을 보는 것 같고, 별이 총총한 밤하늘을 올려다본 것도 같다.

앞서, 자연에는 직선이 없다고 했다. 그렇다면 이 직선들, 사선들에 대해서는 어떻게 보아야 할까(엄밀하게 말해 자연에 직선이 없다고만 할 수는 없다. 예컨대 사선을 그리며 내리는 비와 같은). 자연의 유기적인 형태(그 자체 곡선으로 나타난)에 대한 작가의 개입과 간섭과 해석이 직선으로 나타난 것으로 볼 수는 없을까. 자연에서 찾아낸 내적 질서, 자연의 기하학, 자연과 작가가 부합하는, 그러므로 자연에 투사된, 정작 작가 자신의 질서 의식의 표상, 다시 그러므로 작가가 희구하는 질서 의식의 표상으로 볼 수는 없을까.

자연에 직선이 없을지는 모르나, 규칙과 패턴은 있다. 아마도 그런, 자연의 내적 질서, 자연에 내재된 규칙과 패턴이 외화된 것이라고 해도 좋을 것이다. 그게 뭔가. 결이고, 겹이고, 주름이다. 자연의 피부 위로 드러나 보이는 것이, 때로 피부 아래 숨겨진 것이 결이고, 겹이고, 주름이다. 자연이 살아온 삶의 증명이며, 시간이 아로새긴 증거라고 해도 좋다. 그렇게 교차 되는 직선으로, 중첩되는 사선으로 작가는 구름이, 바람이, 나무가, 조약돌이, 숲이, 바다가, 하늘이, 낮이, 밤이 겪었을 삶의 시간을 증언하고 있었나. 그렇게 작가의 조형은 다만 소리로만 보이는, 조약돌과 파도가 희롱하는, 별빛이 어둠을 애무하는, 어떤, 경계의 풍경 앞에 서게 만든다.

Hong Boram's Sculpture

Dark, Gentle, Friendly, Comforting

Kho Chunghwan (Art critic)

Henry Moore found inspiration in a pebble he came across while walking along the banks of the Thames River, which opened the door to modern sculpture. It is sculpture that seamlessly connects organic forms with gentle curves, with openings in the form that link space and space, creating sculpture that extends the realm of sculpture into space itself. Both organic forms and spatial sculpture were derived from nature and originated in small pebbles that fit comfortably in the hand. It is probable that pebbles originally came from the mountains. Mountains turned into rocks, rocks into stones, stones into gravel and finally into pebbles. Rain and wind, thunder and lightning, storms and waves, day and night, time and years – all these elements of nature must have contributed to the transformation of mountains into pebbles. It is unimaginable to consider the countless struggles and the incalculable time it took for nature to shape a single form in this way.

Hong Boram's work is just like that. At first glance, her work may appear somewhat ambiguously abstract. Conceptual abstraction? Sensory abstraction? Or perhaps natural abstraction? A combination of all these can probably be found in her work, but when closely observed, it is natural abstraction that especially stands out. Therefore, her work is closer to forms that abstract nature. Should we say that it's akin to pebbles, shells, driftwood, islands, or landscapes? The fact that the artist lives on Jeju Island might be a clue. Living on Jeju Island means living within nature, living alongside nature. It may be a generalization, but it applies to some people, and it applies to the artist. It's environmental determinism. The environment influences the work and determines its character. While one should beware when considering all forms of determinism, there are exceptions, and the artist is one of them. Perhaps the artist had a natural inclination in her artistic genes, and she followed that attraction to anchor herself on Jeju Island, much like the nameless driftwood washed up on Jeju

Island’s beaches. Like pebbles carried by the currents of time.

The naturalist Hundertwasser once said that there are no straight lines in nature. The artist’s sculpture is impressive in that it features smooth organic forms without any roughness, all enveloped in a deep black, coal-like hue. Upon closer inspection, the surface seems to be dotted with both large and small structured irregular holes. It seems that the color and the holes are both derived from the volcanic basalt rock commonly found on Jeju Island. It’s as if they come from the pitch-black sea at night and the starry night sky. The erosion and storms conspired by wind, time, and darkness have seeped into the artist’s inner self, and it is through this deep introspection that pathos has been awakened and externalized. One could say that the darkness of nature (enveloping existence with a velvety, gentle, and friendly texture) has merged with the artist’s darkness (a place of repose, rest, healing, purification, and at times, intense emotions). It’s a fusion of the self discovered in nature, so one could describe it as the artist’s personality projected onto the colors and textures of nature.

In this way, the artist’s sculpture resembles pebbles, shells, driftwood, islands, and landscapes. Among them, there might be abstract forms of oreum volcanic cones bearing silhouettes of clouds, wind, waves, a cascade of rain pouring down, or the texture of raindrops sliding down a glass pane. At times, there may be abstract forms that cannot strictly be attributed to nature but are conceptual and internal, thus representing an internal abstraction. The artist refers to this series of forms as <Existing - Forms of Solace>, or simply ‘Forms of Solace.’Existing. Therefore, the artist’s work is an inquiry into the well-being of existence and a quest for solace. It is a work that delves into existentialism and self-reflection.

Heidegger once said that art is the realization and practice of the essence of existence. Now, what is the essence of existence, and what does it mean to be in a state of existence? Perhaps each person has their own interpretation and form of expression, but in the end, all these differences and distinctions can converge into one in that existence is on a journey toward discovering a state of authentic existence. And it can be said that this is what art is about.

In this context, the artist seeks the essence of existence, the state of authentic existence, in forms that bring solace, thus in comforting forms. And as expected, the artist finds this solace in nature (perhaps an internalized nature). In the organic forms of nature, seamlessly connected with gentle curves, enveloped in a velvety, friendly texture that cocoons existence, in the darkness of nature that serves as a place of rest, healing, purification, and sometimes even intense emotion – in all of this, the artist finds solace.

In this way, the artist directly creates and draws the forms of solace that nature offers, ones that are tightly grasped in the hand, radiating warmth, and storing immeasurable moments as cherished memories. Therefore, the artist cuts, attaches, and carves wood panels to shape these forms. She creates a form that protrudes above the wall with a consistent thickness, a kind of altered canvas. She then applies aleurone and sometimes paper pulp to give it a skin.

And then, using ink or sometimes charcoal, she meticulously draws lines, intersecting them closely. As these intersecting lines converge, the form is clothed in black. When overlapping ink lines create a luminous effect that shimmers on the surface along with an intense blackness, charcoal conversely provides a relatively smoother, friendlier, and more internalized texture. It could be said to be a process of intersecting lines to create a surface and form color. In doing so, the occasional glimpses of bare skin between the intersecting lines might remind one of the pockmarked surface texture of basalt or even resemble looking up at a starry night sky.

It was earlier mentioned that there are no straight lines in nature. How should we perceive, therefore, these straight and diagonal lines? (Strictly speaking, one cannot claim that there are no straight lines in nature; consider, for example, rain falling in diagonal lines.) Can't we see that the artist's intervention, interference, and interpretation of nature's organic forms (which naturally manifest in curves) are represented by these straight lines? Is it possible to view these straight lines as a manifestation of the artist's internal order found in nature, a geometry of nature, a harmonization between nature and the artist, and therefore a projection onto nature, ultimately serving as a representation of the artist's own sense of order, and consequently a representation of the artist's pursuit of a sense of order?

While it's uncertain whether there are straight lines in nature, there are rules and patterns. Perhaps it's fair to say that these straight lines represent the internal order of nature, the inherent rules and patterns within nature externalized. What are they? They are wrinkles, folds, and overlaps. They are the testimony of the life that nature has lived, the evidence etched by time. Through these intersecting straight lines and overlapping diagonal lines, the artist bears witness to the passage of time experienced by clouds, wind, trees, pebbles, forests, the sea, the sky, days, and nights. In this way, the artist's sculpture creates a presence that stands in front of a landscape, like a pitch-black night visible only through sound, where pebbles and waves taunt, starlight caresses darkness, and it all forms a boundary landscape.

닫지 못하는 틈으로

안팎

면이 거친 합판으로 마감한 낮고 좁고 환한 방. 아직 비어 있지만 들어가기는 조심스럽다. 한쪽에는 화구가, 한쪽에는 악기가 놓인 두 개의 자리가 두 사람을 기다리고 있다. 곧 홍보람과 심운정이 들어오면 한쪽은 선방禪房 같아, 한쪽은 신당神堂 같아 보일 방이다. 둘은 여기서 서로를 의식하며 — 서로를 살피고 서로에게 답하고 서로를 밀거나 당기며, 때로는 부러 외면하며 — 이리저리 선을 긋고 이런저런 소리를 낼 참이다. 아직 별다른 일은 일어나지 않고 있는 그곳을 보러 가는 길에, 둘의 퍼포먼스를 앞질러 눈과 귀에 들어오는 것들이 있다. 틈들, 구멍들, 그리로 들고 나는 것들. 좁은 방은 낡은 건물의 이 층에 있다. 가파른 계단을 올라가는데 왼쪽으로 보와 지붕 사이를 비집고 들어와 벽을 타는 덩굴이 보인다. 계단 끝에 닿아 가느다란 난간 너머로 고개를 내밀면 커다란 구멍이, 구멍으로는 부산한 아래층이 보인다. 철근으로 만들어 몸이 닿을 때마다 희미하게 울리는 난간을 따라 한 바퀴를 빙 돌자니 카펫 아래에서 마루가 종종 삐걱댄다.

*

이윽고 두 사람이 자리에 앉는다. 선방 같아 보이고 신당 같아 보이지만 속으로 침잠하는 이도, 미지의 무언가와 만나는 이도 없다. 대신 여기에는 좁은 방 가운데의 빈 공간에서 서로를 만나는 두 사람이 있다. 누가 먼저 움직이기 시작했을까, 이제 둘은 마주 앉아 서로를 좇으며 각자의 길을 간다. 홍보람은 심운정의 소리를, 심운정은 홍보람의 붓질을 신호 삼아 앞을 가늠하고 길을 튼다. 자신을 좇는 상대를 좇는 것이므로 실은 누가 누구를 좇는지 말하는 것은 무의미하다. 자신에게서 출발해 상대를 경유하고 또 자신에게 돌아오기를 반복하는 순환이거나 둘 사이의 틈에 머무르며 서로에게 기대고 엉겨 붙는 춤이다. 홍보람이 일순 손끝의 속도를 줄인다.

종이에서 붓을 떼려나 하는데 그대로 휙 꺾어서는 다시 속도를 높인다. 심운정이 들고 있던 쇠를 내려놓고 채를 한 움큼 집어 든다. 그중 한둘을 고르는 대신 채들을 비벼 쇠에서는 날 일 없는 소리를 낸다.

관객은, 정확히 말하자면 나는, 어딘가 불안하다. 이 즉흥적이고 상호적인 움직임이 어디로 나아가고 있는지 종잡을 수 없어서도 그렇지만, 움직이고 소리를 내는 것이 둘만이 아니어서 더더욱 그렇다. 문밖에 서서 볼 수 있는 것은 둘의 옆모습뿐이므로 비스듬하게나마 어느 한 사람의 정면을 보려면 관객은 좌우로 한두 발짝씩을 움직여야 한다. 그럴 때마다 마루가 삑 삑 소리를 낸다. 잠자코 있지 못하는 낡은 건물은 바깥의 소음을 거르는 법도 모른다. 좁은 골목을 지나는 사람들의 말소리, 누군가 끌고 가는 손수레 바퀴 구르는 소리 같은 것들이 자주 치고 들어온다. 아무도 지나지 않을 때면 기다렸다는 듯 바람이 불어 창틀을 흔든다. 조금 떨어져 앉은 두 사람이 보이는 것과 들리는 것을 주고받으며 만드는 무언가가 이 공간을 채우는 모습을 기다리고 있었던 나는, 기대와는 꽤 다른 일을 겪는다. 여기서 벌어지는 일은 바로 틈을 찾아 들어가는 일, 틈을 열어두는 일, 열린 틈으로 들어가 만난 것과 뒤섞인 채 다른 틈으로 빠져나가는 일이다.

얼마간 시간이 흐르면 객석 뒤쪽에 있는 새빨간 불빛이 초록색으로 바뀐다. 두 사람이 자리를 옮긴다는, 관객 역시 마음껏 움직여도 좋다는 뜻이다. 아직은 고요하다. 홍보람은 붓을 씻고 물접시를 닦는다. 심운정은 여럿을 오가는 사이 흐트러진 악기들을 정리한다. 마치 다시 돌아오리라는 듯 두 사람 다 일부만 챙겨서 일어선다. 초록 불은 바꾸어 말하자면 삐걱대는 마루를 개의치 않고 밟아도 좋다는 신호였겠으나 관객은 여전히 문간에 가만히 서 있다. 그 곁을 지나 두 사람이 아래로 내려간다. 이번에는 멀찌감치 앉는다. 홍보람은 거실에, 심운정은 거실을 지나 당도한 방의 단상에 앉았다. 심운정은 벽을 바라보고 있다. 홍보람의 시야에는 문 너머 앉은 심운정의 옆모습이, 그러나 뒤통수와 어깨와 등허리만이 보인다. 관객들은 끝내 머뭇거리다 현관쯤에서 홍보람의 등을 바라보고 섰다. 달라진 관계 속에서도 이 층에서 한 일과 무엇이 같고 무엇이 다른지를 짐작하기 어려운 손놀림들이 이어진다. 골목을 지나는 사람들이 내는 소리도, 바람이 내는 소리도 단속적으로 이어진다. 누군가가 흔들리는 현관문을 등으로 지그시 누른다.

*

두 번째 시간. 이번에는 멀리서 시작한다. 심운정은 이 층 한구석에, 홍보람은 일 층 한가운데에 앉는다. 관객들은 난간 창살을 가로질러 심운정을, 구멍을 통해 홍보람을 보지만 둘은 서로를 보지 못한다. 아까의 심운정은 이따금 고개를 돌려 홍보람을 힐끔거렸지만 이제는 그조차 할 수 없다. 그저 홍보람이 소리를 들을 뿐이다. 적어도 한동안은 순환이, 혹은 서로 기대고 엉키는 일이 유예되고 위에서 흘러내린 소리가 아래의 종이에 고이는 형국에 놓인다. 하지만 일방적이지만은 않다. 둘 모두를 볼 수 있는 위치에서 관객 하나하나는 그 흐름의 지류가 된다. 종종 눈마저 감고 소리를 내는 심운정을 어디론가 이끌어 방향을 틀게 한 것이 있다면, 그 일부는 아마도 관객들이 아래로부터 끌어올린 무언가였을 것이다. 이번에도 관객들은 신중히 몸을 사리지만, 입을 열거나 발소리를 내지 않아도 이미 무언가 발하고 있다. 여기 모인 모두에게 어떤 틈이 있다. 혹은 여기 모인 모두가 모두 틈이다.

이윽고 다시 초록 불이 들어오고 두 사람은 아래층의 단상에 — 시야를 반쯤 가리도록 걸린 악기들을 사이에 두고 — 마주 앉는다. 따라 내려간 관객들이 둘을 에워싼다. 두 사람이 흘리지 못하고 모아두었던 것을 얹어 또 소리와 그림을 주고받는 동안 둘러앉은 관객들은 자리를 지킨다. 한동안 초록 불이 유지되는데도 자리를 옮기는 이가 없는 것이 좁은 통로를 지나며 다른 이의 시야를 막기 곤란해서인지 그 오감에 집중해서인지를 알기는, 여기서도 관객이 제각기 흐르는 지류였는지를 단언하기는 어렵다. 숨소리든 체온이든을 계속 흘렸다는 것, 한 칸 안으로 들어온 것뿐인데도 거리의 소음은 꽤나 멀어졌지만 여전히 그곳이 그저 고요하지는 않았다는 것, 아무런 개입 없이 두 사람이 마음껏 채울 수 있는 백지

같은 공간은 아니었다는 것을 알 뿐이다. 달리 말하자면 이날 여기서 무슨 일인가가 벌어질 수 있었던 것은 틈을 열어두기로 한 두 사람의 이를테면 용기와 환대 덕분이기도 하지만 애초에 틈이란 빠짐없이 메울 수 없는 것이기 때문이기도 하다는 뜻이다.

이들이 보여주고 들려준 것이 '찰나의 존재'라고 한다면 그것은 그저 음악이란 사라지기 때문이거나 음악이 끝날 때 붓질도 멈추기로 했기 때문이 아니라 애초에 거기 모인 모든 것이 찰나의 존재들, 닫을 수 없는 틈으로 수많은 것이 드나들기에 늘 흔들리고 시달리고 변하는 존재들이기 때문이기도 하리라는 뜻이다. 어떤 소리에 반응에 붓을 튼다. 어떤 선에 반응해 소리를 그친다. 창밖에서 들어오는 그림자에 혹은 소음에 맞추어 점을 찍고 박자를 바꾸었을지도 모를 일이다. 무언가를 받아들이는 일은 또한 종종 무언가를 내보내는 일이기도 하므로, 혹은 무언가가 들어온다는 것은 또한 종종 무언가가 밀려난다는 것이기도 하므로 — 찰나의 존재로 채우기로 한 이 공간의 주인공은 어쩌면 언뜻 나타난 소리나 선이나 두 사람이 말없이 나누는 대화가 아니라 오히려 그 모든 것이 흐르고 새는 틈들, 그 무엇으로도 단단히 메울 수는 없었던 틈들이었다.

*

그저 이들의 용기나 환대 덕분이기보다는 애초에 틈이 열려 있는 탓이라고 했지만, 닫지 못하는 것은 애써 닫지 않기로 하는 것, 피하지 않고 스스로 틈이 되기로 하는 것은 기꺼이 스러지고 벌어지기도 하는 용기이기도 하다. 이것저것 그러모아 제 것으로 삼고 단단해지는 대신, 막지 않고 받아들인 것을 아끼지 않고 다른 틈에 흘려 넣고 자기는 다시 텅 비기로 하는 환대이기도 하다. 시간이 끝나고 몇몇씩 모인 관객들이 자신이 무엇을 보고 무엇을 들었는지, 무엇을 상상하고 무엇을 잊었는지 이야기하는 것을 훔쳐 들으며 두 사람이 자리에 남겨 두고 온, 지켜보는 이 없이 남아 있는 화구와 악기를 생각했다. 당장이라도 누군가가 먹을 뿌리거나 징을 울릴 수 있을 것임을, 당장이라도 그 위로 무언가가 쏟아질 수 있을 것임을 생각했다.

Through the Gaps That Can't Be Closed

Aanpaak

A low, narrow, and bright room finished with rough plywood. Although it's still empty, you feel cautious entering. Two seats awaiting two people have been prepared, with art supplies on one side and musical instruments on the other. When HONG Boram and SIM Woonjung come in, one side will be like a meditation hall and the other like a shrine. They will draw lines here and there and make various sounds in this place, being conscious of each other —observing, responding, pushing, pulling, or sometimes ignoring each other. Ahead of their performance, on the way to that place where nothing much is yet happening, there are things that catch the eye and ear. Gaps, holes, things coming in and going out through them. The narrow room is on the second floor of the old building. As you climb the steep stairs, you can see ivy climbing the wall between the roof and the roof timbers. When you reach the end of the stairs and lean over the thin railing, you can see a large hole, through which is revealed the bustling floor below. As you go around once, following the railing made of iron bars, which faintly ring with every touch, you sometimes hear the floorboards creaking beneath the carpet.

*

Eventually, the two take their seats. Although it may look like a meditation hall or a shrine, neither is sinking into meditation nor encountering the unknown. Instead, the two people meet each other in the empty space in the middle of the narrow room. Who started moving first? They now sit facing one another, following each other, each going their own way. HONG Boram follows SIM Woonjung's sound, while SIM Woonjung navigates forward, taking HONG Boram's brushstrokes as signals. Since they follow each other, it's meaningless to say who is following whom. It's a cycle of departing from oneself, passing through the other, and repeatedly returning to oneself, or a lingering dance in the gap between them, leaning on each other and sticking together. HONG Boram momentarily slows down the speed of her fingertips. As if about to lift the brush off the paper, she bends it and then speeds up again. SIM Woonjung puts down the gong she was holding and picks up a handful of sticks. Instead of choosing one or two of them, she rubs the sticks, making a sound that can't be made from gongs.

The audience, or more precisely, I, feel somewhat uneasy. Not only because I can't grasp where this spontaneous and reciprocal movement is heading, but also because it's not just the two of them moving and making sounds. Standing outside the door, all I can see is their side profiles, so the audience must shift a step or two to the left or right to catch a glimpse of the front of either. Every time this happens, the floorboards creak. The old building, unable to remain quiet, doesn't know how to filter out the noise from outside. Sounds often seep in, of people passing through the narrow alley, the rumble of a cart being pulled. When no one passes by, the wind blows as if waiting, shaking the window frames. Expecting to witness something filling this space through the exchange of sights and sounds between the two slightly distant figures, I experience something quite different from anticipation. What unfolds here is precisely about finding gaps, leaving gaps open, entering through open gaps, encountering and blending with what's met within, and then slipping out through other gaps.

After some time passes, the bright red light behind the audience changes to green. It signifies that the two people can change seats, and the audience is also free to move around as they please. It's still quiet. HONG Boram rinses her brush and wipes the water dish. Going back and forth, SIM Woonjung tidies up the scattered instruments. As if they will return shortly, they both stand up, taking only a few things with them. The green light, so to speak, might signal that it's okay to step on the creaky floorboards, but the audience still stands quietly near the door. Passing by them, the two descend downwards. They sit further apart this time. HONG Boram sits in the living room, while SIM Woonjung sits on the platform in the room, passing through the living room. SIM Woonjung is looking at the wall. From HONG Boram's perspective, she can see SIM Woonjung sitting beyond the door, but only the back of her head, shoulders, and back are visible. The audience hesitates but eventually stands near the entrance, gazing at HONG Boram's back. Amid the changed dynamics, subtle gestures continue, but it is hard to guess what is the same and what is different from what they did on the second floor. The sounds of people passing through the alley and the wind persistently continue. Someone lightly presses against the shaking front door with their back.

*

Second act. This time it begins from afar. SIM Woonjung sits in one corner of the second floor, while HONG Boram sits in the middle of the first floor. Although the two artists cannot see one another, the audience peers at SIM Woonjung through the railing and glimpses HONG Boram through the holes. Earlier, SIM Woonjung occasionally turned his head to glance at Hong Boram, but now she cannot even do that. HONG Boram just listens to the sound that SIM Woonjung makes. At least for a while, the cycle or the intertwining of each other is postponed, and the sound flowing down from above settles on the paper below. However, it's not entirely one-sided. From the vantage point where they can see both, each audience member becomes a tributary of this flow. If something led SIM Woonjung, sometimes closing her eyes and making sounds, to turn in a certain direction, perhaps it was something that the audience collectively pulled up from below. Once again, the audience carefully observes, but they still emit something without opening their mouths or making a sound. There's a gap for everyone gathered here. Or perhaps everyone gathered here is the gap itself.

Eventually, the green light returns, and the two sit facing each other on the platform of the lower floor — with instruments hung to partially obscure their view. They are surrounded by the audience that followed them down. While the two exchange sounds and images by adding what they've gathered as they were unable to spill, the surrounding audience maintains their positions. Although the green light persists for a while, there is no one trying to change their position or their seats. It is not easy to know whether the lack of movement is due to being immersed in their senses or concern over blocking another's view while passing through the narrow passage. It is also hard to assert whether the audience here is each a flowing tributary. What's clear is that even though sounds like breathing or body heat continued to flow, and although the distant noise decreased significantly when entering this space, it still wasn't entirely silent. It wasn't a blank canvas for the two to freely fill without intervention. In other words, what could happen here on this day was not only due to the courage and hospitality of the two who chose to leave gaps open but also because gaps are inherently impossible to completely fill.

If what they showed and conveyed is called 'ephemeral existence,' it's not simply because music fades away or because the brush stops when the music ends. It's also because everything gathered there has an ephemeral existence—beings constantly trembling, struggling, and changing as numerous things freely come and go through the gaps that cannot be closed. Reacting to a sound, HONG shifts the brush. Responding to a line, SIM stops making sounds. It may be that they dotted and changed the rhythm in response to shadows or noise coming in from outside. Accepting something is often also an act of emitting something, and the arrival of something often means the displacement of something else. Thus, the protagonists of this space, intended to be filled with ephemeral existence, were perhaps not just the fleeting sounds or lines or the silent conversation between the two, but rather the gaps through which everything flows and breathes, the gaps that could not be solidly filled by anything.

*

Although I mentioned above that it was not just because of their courage or hospitality, but rather because the gaps were initially open, not closing them is also a courageous act of willingly embracing and becoming those gaps themselves. Instead of claiming and solidifying various things as their own, it's also hospitality to willingly pour what they accept into other gaps without holding back and emptying oneself again. After the session, as I overheard a few gathered audience members discussing what they saw, heard, imagined, or forgot, I thought about the art supplies and instruments left behind by the two, remaining there without anyone to watch over them. I thought that someone could spray ink or play the gong there at any moment, that something could be poured into them right away.

홍 보 람

1978년 서울 출생.

서울대학교와 동대학원 서양화과 판화전공을 졸업했다.

자신과 주변의 관계에서 마주하는 문제들을 자연 안의 무수한 서로 다른 것 사이의 관계들을 조망하는 자연과의 교류 속에서 답을 얻고 그 과정이나 결과를 추상적 이미지나 구체적 관계 맺기 행동으로 표현하여, 우리가 각자이며 동시에 함께 지금 여기에 균형을 잡으려 노력하며 존재하고 있음을 추상적/구상적 드로잉, 커뮤니티 아트, 아티스트북, 설치작업 등으로 드러내고 있다.

1997년부터 소통에 관심을 갖고, 관객참여, 설치, 아티스트북 등 체험의 공유를 위한 다각적 소통방식을 연구했고 2002년 핀란드 ALTO 대학원 교환 수업으로 환경미술과 아티스트북을 수학했다.

2002년 핀란드에서 사람과 사람 사이를 벌처럼 날아 꿀 같은 공감을 나누고 싶어《바쁜 벌 공작소 BUSY BEE WORKS》를 만들고 장소에 담긴 기억을 나누는 공동체 미술 프로젝트《마음의 지도》를 만든 후 이십여 년 간 헬싱키, 후쿠오카, 홍대, 대학로, 인천, 전주, 강정마을 등에서 《마음의 지도》를 진행하고 아티스트북을 만들어 참여자들과 나누었다.

2006년 국립현대미술관《젊은 모색》전, 2009년 국립현대미술관 서울관 예정지에서 열린《신호탄》전, 2017년 국립현대미술관 미술관 축제 MMCA《예술로 오름》에 참여했다. 4.3유족, 북한 이탈 주민들과 함께 프로젝트를 진행했고, 그 과정에서 우리 안의 극단적인 이분법을 마주하게 되며 느낀 것들을 2015년과 2019년《붉고 푸른 당신과 나 사이》전으로 엮어 전시했다.

2008년 버몬트 예술가 거주프로그램을 계기로 자연에 머물며 자신을 돌아보는 시간을 가지며 그린 작업들로 미국 버몬트에서《융합-흔들리는 자아, 흔들리는 세계》전을 열었고, 그런 자연이 좋은 곳을 찾던 중 2009년 이중섭 창작스튜디오 1기로 제주에 입도하여 자연으로부터 받은 질문에 대한 답들을 추상작업으로 표현하기 시작해 2009년《상상-생각의 꼴》전, 2014년《균형의 여정》전을 열었다.

그림과 짧은 글로, 자연으로부터 많은 것을 배우고 있는 자신의 삶을 비유적으로 표현한 매일 그림 작업을 지속해오고 있으며 2014년《Talk to her》전, 2021년《시간을 느끼며 기다리기》전을 열었다.

2008년부터 자연의 형태들에 자신을 이입하여 진행해오던 평면추상 드로잉 작업의 형상들을 평면이라는 바탕으로부터 벗어나 스스로 존재할 수 있도록 저부조 드로잉 작업으로 발전시켜 2023년 《존재하기-위안의 형태들》전시에서 발표하였다.

서성이는 발걸음

작품, 글, 작업과정 사진 - 홍보람

평론 - 고충환, 안팎
국문 교정 - 주원익
영문 번역 - 한영숙
디자인 - 김보라 @deer_studio_in
인쇄처 - 인타임플러스

초판 1쇄 발행 - 2025년 3월 15일

발행처 - BUSYBEEWORKS 바쁜벌 공작소
등록 - 2012년 9월 14일 제 652-251002012000178호
주소 - 제주도 서귀포시 남원읍 한신로 197
메일 - busybeeworks@gmail.com / sns - @boram1100

가격 35,000원
ISBN 979-11-975373-3-2 03650

이 책은 문화체육관광부와 (재)예술경영지원센터의
2024 전속작가지원제 지원 사업을 통하여 발간하였습니다.